ERICH BARTON

AF141309

Die Mankohaftung von Filialleitern

Sozialwissenschaftliche Abhandlungen

herausgegeben von der

Hochschule für Sozialwissenschaften
Wilhelmshaven - Rüstersiel

Heft 8

Die Mankohaftung von Filialleitern

Von

Dr. Erich Barton

DUNCKER & HUMBLOT / BERLIN

Meiner Mutter

Vorwort

Mit der Mankohaftung von Filialleitern, der Schadenshaftung von Arbeitnehmern in Filialbetrieben, haben sich zahlreiche Autoren beschäftigt, ohne daß bisher in den wesentlichen Punkten eine Übereinstimmung erzielt werden konnte. Entsprechendes gilt auch für die sehr häufig mit der Frage befaßte Judikatur.

Die seit langem in Schrifttum und Rechtsprechung bestehenden Divergenzen erklären sich vorwiegend aus einer unterschiedlichen Beurteilung der zugrunde liegenden allgemeinen dogmatischen Probleme. Eine umfassende, geschlossene Gesamtdarstellung, in der nicht nur bestimmte Detailfragen eingehender zur Sprache kommen, fehlt jedoch bisher. Hieraus und aus dem Fehlen klarer Begriffsbestimmungen mögen die Meinungsverschiedenheiten teilweise zu erklären sein. Darüber hinaus wird eine allgemeine Verständigung dadurch erschwert, daß die im Schrifttum und in den Entscheidungen vertretenen Auffassungen oft nicht hinreichend begründet sind oder den Wandlungen der arbeitsvertraglichen Theorie nicht gebührend Rechnung tragen.

Dem Verfasser stellte sich daher die Aufgabe, das Problem in seinen systematischen Zusammenhängen zu behandeln und den Versuch zu unternehmen, in kritischer Auseinandersetzung mit den in Literatur und Judikatur vertretenen Ansichten eine der heutigen arbeitsrechtlichen Doktrin gerecht werdende Lösung zu entwickeln. Die Darstellung bemüht sich um angemessene Berücksichtigung der praktischen Erfordernisse, die sich aus der filialbetrieblichen Unternehmensorganisation ergeben. Um sie ersichtlich zu machen, mußte ein umfangreiches Rechtstatsachenmaterial aufgearbeitet werden.

Die Abhandlung lag der Hochschule für Sozialwissenschaften in Wilhelmshaven-Rüstersiel als Dissertation im Fach Arbeits- und Sozialrecht vor. Sie wurde von Herrn Prof. Dr. Paulus, dem derzeitigen Dekan der Rechts- und Staatswissenschaftlichen Fakultät der Christian-Albrechts-Universität zu Kiel, betreut. Für die ihm zuteil gewordene, überaus wohlwollende Förderung ist der Verfasser Herrn Prof. Dr. Paulus zu aufrichtigem Dank verpflichtet. Besonderen Dank schuldet er ferner Herrn Prof. Dr. Neumann-Duesberg, Direktor des Instituts für Arbeits-, Sozial- und Wirtschaftsrecht der Hochschule für Sozialwissenschaften und dem Senat der Hochschule für Sozialwissenschaften für die Aufnahme der Arbeit in die Schriftenreihe ‚Sozialwissenschaftliche Abhandlungen'."

Den Arbeitgebern, Arbeitgebervereinigungen und Gewerkschaften, die dem Verfasser durch Hinweise und durch Überlassung von reichhaltigem Quellenmaterial behilflich waren, sei an dieser Stelle ebenfalls herzlich gedankt.

Wilhelmshaven-Rüstersiel, im März 1961

Erich Barton

Inhaltsverzeichnis

Anhang

Abkürzungsverzeichnis der Zeitschriften, Entscheidungssammlungen, Nachschlagewerke und Festschriften

ABR	=	Archiv für Bürgerliches Recht, Berlin (Bd.)
AcP	=	Archiv für die civilistische Praxis, Tübingen (Bd.)
AmtsblBay.	=	Amtsblatt des Bayerischen Staatsministeriums für Arbeit und soziale Fürsorge, München (Jhg.)
Angest.-Recht	=	Angestellten-Recht, Arbeitsrechtliche Informationen der Deutschen Angestellten-Gewerkschaft, Hamburg (Nr./Jhg.)
AP	=	Arbeitsrechtliche Praxis — Nachschlagewerk des Bundesarbeitsgerichts —, München und Berlin (Jhg./St.)
Arbeitgeber	=	Der Arbeitgeber, Zeitschrift der Bundesvereinigung der Deutschen Arbeitgeberverbände, Düsseldorf (Jhg.)
Arbgericht	=	Das Arbeitsgericht, „Gewerbe- und Kaufmannsgericht", Berlin (Jhg.)
AR-Blattei	=	Arbeitsrecht-Blattei für die Arbeitsrecht-Praxis, Stuttgart (Forkel) (St.)
Arbrecht	=	Arbeitsrecht, Zeitschrift für das gesamte Dienstrecht der Arbeiter, Angestellten und Beamten, Stuttgart (Jhg.)
ARS	=	Arbeitsrechts-Sammlung — Entscheidungen des Reichsarbeitsgerichts und der Landesarbeitsgerichte (Bensheimer Sammlung), Mannheim, Berlin, Leipzig (Bd.)
ARST	=	Arbeitsrecht in Stichworten — Arbeitsrechtliche Entscheidungssammlung, Hamburg (Bd.)
AuR	=	Arbeit und Recht, Köln-Deutz (Jhg.)
BAGE	=	Entscheidungen des Bundesarbeitsgerichts, Berlin (Bd.)
BABl.	=	Bundesarbeitsblatt, Stuttgart u. Köln (Jhg.)
BB	=	Der Betriebs-Berater, Heidelberg (Jhg.)
Betr.	=	Der Betrieb, Düsseldorf (Jhg.)
BetrVerf.	=	Die Betriebsverfassung, Frankfurt a. M. (Jhg.)
BGHZ	=	Entscheidungen des Bundesgerichtshofes in Zivilsachen, Berlin-Köln (Bd.)
BlättSteuerr.	=	Blätter für Steuerrecht, Sozialversicherung und Arbeitsrecht, Neuwied a. Rh. (Jhg.)
DAR	=	Deutsches Arbeitsrecht, Mannheim, Berlin, Leipzig (Jhg.)
Der kfm. Angest.	=	Der Angestellte, Zeitschrift der Deutschen Angestellten-Gewerkschaft, Ausgabe Der kaufmännische Angestellte, Hamburg (Monat, Jahr)
DJZ	=	Deutsche Juristenzeitung, Berlin (und München) (Jhg.)
DR	=	Deutsches Recht, Berlin, Leipzig, Wien (Jhg.)

Festgaben Ennec- cerus	=	Festgaben für Ludwig Enneccerus zum 70. Geburtstage, Marburg 1913.
Festschrift Herschel	=	Festschrift für Wilhelm Herschel, Stuttgart 1955.
Festschrift Nipperdey	=	Festschrift für Hans Carl Nipperdey zum 60. Geburts- tage, München u. Berlin 1955.
Festschrift Raape	=	Festschrift für Leo Raape zu seinem 70. Geburtstage, Hamburg 1948.
GewKfmGer.	=	Gewerbe- und Kaufmannsgericht (seit 1927: Das Arbeitsgericht), Berlin, (Stuttgart, Dresden) (Jhg.)
GHBV-Ausblick	=	GHBV-Ausblick, Zeitschrift der Gewerkschaft Handel, Banken und Versicherungen, Sonderausgabe Konsum, Düsseldorf (Monat, Jahr)
GruchBeitr.	=	Beiträge zur Erläuterung des Deutschen Rechts. Begründet von Dr. J. A. Gruchot, Berlin (Bd.)
Handb- GewKfmGer.	=	Handbuch für Gewerbe- und Kaufmannsgerichte (Hrsg. Georg Baum), Berlin 1912.
Handwb-BW	=	Handwörterbuch der Betriebswirtschaft, 3. Aufl., Stuttgart 1957.
Handwb-SozWiss.	=	Handwörterbuch für Sozialwissenschaften, Stuttgart, Tübingen, Göttingen 1956.
HansGerZtg/AR	=	Hanseatische Gerichtszeitung. Arbeitsrecht, Hamburg (Jhg.)
IfA	=	Informationsdienst für Arbeitgeber über Arbeitsrecht und Sozialpolitik, Frankfurt (Jhg.)
IherJb.	=	Iherings Jahrbücher für die Dogmatik des bürgerlichen Rechts, Jena (Bd.)
Int-Handwb- Genossensch.	=	Internationales Handwörterbuch des Genossenschafts- wesens, Berlin 1928.
JbKfmGer.-Bln.	=	Jahrbuch des Kaufmannsgerichts Berlin, 2. Bd. Berlin 1910.
JW	=	Juristische Wochenschrift, Leipzig, Berlin (Jhg.)
JZ	=	Juristenzeitung, Tübingen (Jhg.)
LZ	=	Leipziger Zeitschrift für Deutsches Recht, München, Berlin, Leipzig (Jhg.)
mensch und arbeit	=	mensch und arbeit, Zeitschrift für schöpferische Betriebsführung, München (Jhg.)
MittIHK-Bln.	=	Mitteilungen der Industrie- und Handelskammer zu Berlin, Berlin (Jhg.)
NJW	=	Neue Juristische Wochenschrift, München und Berlin (Jhg.)
NZfAR	=	Neue Zeitschrift für Arbeitsrecht, Mannheim, Berlin, Leipzig (Jhg.)
OLGR	=	Mugdan-Falkmann (Hrsg.), Die Rechtsprechung der Oberlandesgerichte auf dem Gebiete des Civilrechts, Leipzig (Bd.)
RABl.	=	Reichsarbeitsblatt, Berlin (Jhg.)

RAGE	=	Entscheidungen des Reichsarbeitsgerichts, Berlin und Leipzig (Bd.)
Recht (Beilage)	=	Das Recht (Beilage: Deutschlands oberstrichterliche Rechtsprechung), Hannover (Nr./Jhg.)
RdA	=	Recht der Arbeit, München und Berlin (Jhg.)
RdA (Wien)	=	Das Recht der Arbeit, Wien (Jhg.)
RGZ	=	Entscheidungen des Reichsgerichts in Zivilsachen, Berlin und Leipzig (Bd.)
SAE	=	Sammlung Arbeitsrechtlicher Entscheidungen, Hrsg. (Bundes-)Vereinigung der Deutschen Arbeitgeberverbände, Berlin, (Düsseldorf) (Jhg.)
SeuffA	=	J. A. Seuffert's Archiv für Entscheidungen der obersten Gerichte in den deutschen Staaten, München und Berlin (Bd.)
SozPrax.	=	Soziale Praxis, Berlin (Jhg.)
StatJb.	=	Statistisches Jahrbuch für die Bundesrepublik Deutschland, Stuttgart (Jhg.).
Verbraucher	=	Der Verbraucher, Konsumgenossenschaftliche Rundschau, Hamburg (Jhg.)
WA	=	Westdeutsche Arbeitsrechtsprechung, Bad Homburg (Jhg.)
WirtschStat.	=	Wirtschaft und Statistik, Neue Folge, Stuttgart (Jhg.)
ZZP	=	Zeitschrift für Zivilprozeß, Köln-Berlin (Bd.)

A. Einführung, Begriffsklärung und -abgrenzung

I. Einführung

Seitdem es Filialbetriebe als besondere Betriebsformen neuzeitlicher Handelsunternehmen gibt, wird die Frage nach der Mankohaftung von Filialleitern immer wieder aufgeworfen. Die Problemstellung soll ein einfacher Fall verdeutlichen:

Der Kaufmann K. betreibt auf dem Gebiete des Einzelhandels ein Handelsgewerbe. Das Unternehmen besteht aus einem zentralen Einkaufs- und Verwaltungsbetrieb und mehreren räumlich voneinander getrennten Verkaufsstellen (Ladengeschäften). In einem dieser Filialbetriebe arbeitet der Angestellte F. als Filialleiter. Ihm obliegt es, den Filialbetrieb nach Weisungen des K. zu verwalten, insbesondere für die ordnungsgemäße Lagerung und Veräußerung der angelieferten Güter und für die Rücklieferung der Verkaufserlöse Sorge zu tragen. Für die Abwicklung des täglichen Geschäftsverkehrs sind ihm weitere Arbeitnehmer des K. als Hilfskräfte beigegeben.

Obwohl der K. den F. häufig kontrolliert und keine Unregelmäßigkeiten entdeckt, wird eines Tages anläßlich der üblichen Monatsinventur eine Bestandsdifferenz im Warenlager des Filialbetriebes ermittelt. Der F. führt an, er wisse nichts über den Verbleib der Fehlmenge. Er könne sich auch nicht vorstellen, wie sie zustande gekommen sei. Die täglichen Abrechnungen der laufenden Einnahmen hätten immer gestimmt. Ob das Personal den Schaden herbeigeführt habe, könne er nicht sagen.

Der K. gibt sich mit diesen Erklärungen nicht zufrieden. Er macht geltend, daß der F. als Filialleiter für die ordentliche Geschäftsführung verantwortlich sei. Unstimmigkeiten im verwalteten Warenbestand deuteten auf eine fehlerhafte Wahrnehmung der übernommenen Aufgabe hin. F. müsse deshalb für die festgestellte Fehlmenge haften.

Kann der Arbeitgeber K. den Arbeitnehmer F. bei dieser Sachlage auf Schadensersatz in Anspruch nehmen, oder muß der K. das „Manko" als Geschäftsverlust abbuchen? Welches sind die anspruchsbegründenden Voraussetzungen, und wen trifft hierfür die Beweislast?

In allgemeiner Form stellen sich diese Fragen auch der vorliegenden Abhandlung. Es ist im einzelnen zu untersuchen, wann Arbeitnehmer, die einen Filialbetrieb leiten, dem Arbeitgeber für Fehlbestände oder Fehlbeträge in diesen Filialbetrieben einzustehen haben.

Im Rahmen des Themas gelangt nur ein engbegrenztes Teilgebiet des Arbeitsvertragsrechts zur Darstellung. Verschiedene Einzelprobleme berühren aber gleichzeitig Grundfragen des Arbeitsrechts wie des allgemeinen Vermögensrechts, auf die gelegentlich eingegangen werden muß, soweit dies die Klärung streitiger Punkte fördern kann. Es wird sich dabei als nützlich erweisen, mitunter auch auf relevante Wechselwirkungen zwischen vorrechtlichen Gegebenheiten — insbesondere wirtschaftlicher und soziologischer Art — einzugehen[1].

II. Begriff und Rechtscharakter von Filialbetrieben

1. Verkaufs- und Verteilungsstellen im Wirtschaftsleben

Unter Filialbetrieben im Sinne der Darstellung werden solche dem Güterumsatz und Warenverkehr dienenden Einzelhandelsgeschäfte, Verkaufs- und Selbstbedienungsläden, Verkaufs- und Verteilungsstellen, Auslieferungslager mit Verkauf u. ä.[1a, 2] verstanden, die vom zentralen Hauptunternehmen (häufig einem Großbetrieb) beliefert werden und die nur der unmittelbaren Versorgung der Letztverbraucher mit Waren und Dienstleistungen dienen[3]. Räumliche Trennung von der Zentrale und voneinander, organisatorische Verbindung aller Teilbetriebe bei Erfüllung annähernd gleicher Aufgaben und bei gleichzeitiger Unterordnung unter ein gemeinsames Willenszentrum sind die für Filialbetriebe wesensnotwendigen Begriffsmerkmale[4]. Filialbetriebe brauchen weder reine Handelsbetriebe zu sein[5] (z. B. Annahmestellen von Wäschereien[6], Reparaturanstalten, Bäckerei- oder Fleischereifilialbetriebe[7]), noch bleiben sie auf bestimmte Branchen[8] oder Geschäftstypen (Fachgeschäfte, Gemischtwarenläden, Massenfilialgeschäfte) beschränkt[9].

---

[1] Vgl. dazu ausführlich *Kaufmann*, 34 ff.; *Heymann*, 1 ff.; *Reinhardt(-König)*, 24 ff.

[1a] D. h., alle „Verkaufsstellen, in denen Waren zum Verkauf feilgehalten werden" (§ 2 d. Ges. z. Schutz d. Einzelhandels v. 12. 5. 1933, RGBl I, 262).

[2] Käufhäuser, Warenhäuser und ähnliche Großbetriebe, sowie Zweigstellen und Filialen von Banken und Sparkassen scheiden für die Darstellung aus; zur Abgrenzung vgl. *Marx*, Arbrecht 33, 150 ff.

[3] *Enger Marx*, Arbrecht 33, 150 ff.; vgl. auch *Ehrlicher*, 4 ff.; *Splettstößer*, 111 ff.; *Hirsch*, 3 ff.; *Gablers* Wirtschafts-Lexikon I, „Filialbetriebe".

[4] *Alewell*, Handwb-BW I, 1779; dort auch weitere Spezifizierungen; vgl. ferner *Ehrlicher*, 4.

[5] *Seyffert*, 189; *Gablers* Wirtschafts-Lexikon I, „Filialbetriebe"; a. A. *Marx*, Arbrecht 33, 153.

[6] Vgl. LAG Bayern, AmtsblBay. 56, 40 C.

[7] Vgl. RAGE 4, 250.

[8] Einzubeziehen sind auch alle „gemischten Unternehmen", z. B. Fertigung in eigenen Produktionsstätten und Verkauf in angeschlossenen Filialbetrieben (Lederfachhandel, Textilhandel); ferner landwirtschaftlicher Produktenhandel (Molkereien) oder Großhandel bei Vertrieb durch eigene Detailfilialbetriebe; vgl. *Ehrlicher*, 8 ff., 48 ff., 53 ff.

[9] *Seyffert*, 189 ff.; *Ruberg*, 109 ff.; *Ehrlicher*, 162 ff.

Betriebswirtschaftlich gesehen, vereinen Filialbetriebe in ihrer horizontalen Konzentration die Vorteile der filialbetriebslosen Unternehmen (unmittelbare Marktnähe) mit den Vorteilen von Großbetrieben (rationelle Einkaufs-, Lagerhaltungs- und Belieferungsmöglichkeiten, sowie einheitliche Zentralverwaltung)[10]. Daß mit der Errichtung von Filialbetrieben insoweit günstigste Voraussetzungen für Umsatz und Ertrag geschaffen werden, bedarf keiner näheren Begründung[11].

Die volkswirtschaftliche Bedeutung der Filialbetriebe veranschaulicht ein Größenvergleich im Einzelhandel, wo diese Betriebsform am häufigsten anzutreffen ist[12]. Betrug z. B. der Anteil der Unternehmen mit mehr als einer Verkaufsstelle 1949 nur etwas über 3 % aller Einzelhandelsunternehmen in der Bundesrepublik[13, 14], so entfielen auf diese Filialbetriebe 20 % des gesamten Einzelhandelsumsatzes[15, 16, 17]. Die rasch fortschreitende Entwicklung und Ausbreitung der filialbetrieblichen Unternehmensorganisation belegen die absoluten Zahlen der Filialbetriebe: Im Jahre 1939 gab es im ehemaligen Reichsgebiet 13 746 Unternehmen des Einzelhandels mit mehr als einem Filialbetrieb[18], im Jahre 1956 waren es nur im Bundesgebiet schon rund 13 000[19, 20]. In diesen Zahlen sind die oft als typisch angesehenen Filialbetriebe der Großunternehmen (z. B. Konsumgenossenschaften, Kaisers-Kaffee-Geschäfte) ebenso enthalten wie die der mittleren und kleineren Unternehmen mit nur wenigen Filialbetrieben.

---

[10] Vgl. *Ehrlicher*, 1 ff., 29 ff.; *Splettstößer*, 27; *Weber* (Diss.), 23.

[11] Vgl. im einzelnen *Ehrlicher* 1 ff., 141 ff.; *Seyffert*, 190 ff.; *Splettstößer*, 27, 68.

[12] *Ehrliche*, 8 ff.; *Seyffert*, 189 f.; *Splettstößer*, 27, 31 f.; 66; *Gablers* Wirtschafts-Lexikon I, „Filialbetriebe".

[13] Wirtschaftskunde, 255.

[14] Berechnungen auf Grund der Angaben von *Seyffert*, 189 ff., ergeben für das ehemalige Reichsgebiet den gleichen vom-Hundert-Satz; vgl. auch *Splettstößer*, 69 f.

[15] Wirtschaftskunde, 255.

[16] Die (1949) 6139 Verteilungsstellen der Konsumgenossenschaften allein waren daran mit einem Monatsumsatz (Dez. 1949) von 81 760 000,00 DM beteiligt (WirtschStat., Zahlenteil [Monatszahlen] 1950, 1405); im Dez. 1959 betrug der Umsatz (in 9315 Filialbetrieben) rund 312 900 000,00 DM (vgl. Statistisches Jahrbuch 1960, 281).

[17] Weitere Einzelheiten bei *Seyffert*, 189 ff.; Wirtschaftskunde, 236 ff., 252 ff.; *Splettstößer*, 69 f.; *Ehrlicher*, 9 ff.

[18] Nach *Seyffert*, 189.

[19] *Gablers* Wirtschafts-Lexikon I, „Filialbetriebe".

[20] Vgl. nur die Zunahme der konsumgenossenschaftlichen Verteilungsstellen: 1949 = 6139 (vgl. oben, Anm. 16) — Dezember 1959 = 9315 (vgl. Statistisches Jahrbuch 1960, 281).

2*

2. Stellung in der Unternehmungsordnung als Betrieb

a) In wirtschaftlicher Hinsicht

Das Spannungsverhältnis zwischen zentralisiertem Einkauf und dezentralisiertem Absatz[21] kennzeichnet die Betriebsform der Filialbetriebe. Es legt gleichzeitig auch ihre wirtschaftliche Stellung in der Unternehmensordnung fest. Obwohl die räumliche Einheit von Betrieb und Unternehmen aufgehoben ist, sind Filialbetriebe erwerbswirtschaftlich abhängige Betriebsteile des Gesamtunternehmens[22]. Hierin unterscheiden sie sich wesentlich von den herkömmlichen Ladengeschäften des selbständigen, mittelständischen Einzelhandels[23]. Während der selbständige Unternehmer *alle* Geschäftsvorgänge *in einem* Betrieb zu erledigen hat (wie Einkauf, Lagerhaltung, Absatz, Finanzierung, Betriebsführung), werden in Filialbetrieben nach Weisungen der Unternehmensleitung nur *Teilaufgaben* erfüllt, weil es sich um die bloße Verwaltung fremder Vermögenswerte handelt. Soweit es der Geschäftsgang erfordert, können den verantwortlichen Angestellten zwar innerbetriebliche Handlungsfreiheiten und Entscheidungsrechte eingeräumt werden. Solche betrieblichen Dispositionsbefugnisse der Filialleiter kommen in den verschiedensten Regelungen zum Ausdruck[24]. Die Abhängigkeit von der Zentrale im betriebswirtschaftlich-unternehmerischen Sinne bleibt jedoch in allen Punkten erhalten.

Filialbetriebe können insoweit schon wirtschaftlich den ebenfalls unselbständigen Betriebsabteilungen reiner Produktionsstätten gleichgestellt werden. Der organisatorischen Aufgliederung einer Fabrik in einzelne Fertigungszweige entspricht hier die Aufgliederung des (Handels-) Unternehmens in dezentralisierte, untergeordnete Filialbetriebe.

b) In rechtlicher Hinsicht

Da Filialbetriebe nicht *neben*, sondern *unter* dem Hauptgeschäft stehen, besitzen sie auch in rechtlicher Hinsicht nur den Charakter unselbständiger[25] Unternehmensteile[26]. Sie können als solche keine rechtlichen Verpflichtungen eingehen[27] und bleiben stets der zentralen Willensbildung des Unternehmers unterworfen. Der Mangel eigener Rechtspersönlichkeit unterscheidet Filialbetriebe somit von den wirtschaftlich und rechtlich selbständigen Unternehmen und Unternehmenseinheiten,

[21] Bzw. dezentralisierter Auftragsannahme und Auslieferung und zentraler Auftragserledigung (z. B. Schuhbesohlanstalten).

[22] *Ruhberg*, 100; *Ehrlicher*, 4.

[23] Vgl. *Seyffert*, 174; *Ehrlicher*, 3 ff.; *Ruberg*, 60 ff.; *Weber* (Diss.), 27 ff.

[24] Vgl. *Alewell*, Handwb-BW I, 1782 f.; *Ehrlicher*, 71 ff.

[25] Vgl. als Ausnahme das Beispiel in der Entsch. LAG Berlin, ARS (LAG) 33,28 f. (Der Begriff der „Selbständigkeit" ist dort jedoch nicht eindeutig).

[26] *Schumann*, I, 58; *Marx*, Arbrecht 33, 150 ff.; vgl. auch *Splettstößer*, 140; *Ehrlicher*, 4.

[27] *Schlegelberger-Hildebrandt*, Anm. 4 zu § 13.

die als Hauptniederlassung oder als nachgeordnete Zweigniederlassung[28] des Stammhauses eine nach Art und Zweck gleiche, das Unternehmen wirtschaftlich kennzeichnende Gesamtaufgabe wahrnehmen[29]. Weil Filialbetriebe demgegenüber nur Teilaufgaben des Unternehmens erfüllen[30] und keine weiteren Mittelpunkte des (Haupt-) Geschäftes verkörpern[31], zählen sie nicht zu den eigentlichen „Filialen"[32] im Rechtssinne[33]. Zweigniederlassungen, Tochtergeschäfte oder Kommandite[34] (§ 13 HGB) und Filialbetriebe sind deshalb begrifflich und rechtlich auseinanderzuhalten[35].

III. Rechtsstellung von Filialleitern

1. Begriff, Aufgaben und Verantwortlichkeit

a) Begriff des Filialleiters

Im Hinblick auf die rechtliche und wirtschaftliche Unselbständigkeit von Filialbetrieben ist es im Grunde nicht zutreffend, die für den Geschäftsablauf verantwortlichen Arbeitnehmer „Filialleiter" zu nennen. Dieser Ausdruck hat sich im Arbeitsrecht dennoch als Allgemeinbegriff für Verkaufs- und Verteilungsstellenleiter, Verkaufs- und Verteilungsstellenverwalter, Leiter von Auslieferungslagern, Leiter (Ladenmeister) von Fleischabgabestellen[1], Fischgaststätten und ähnlichen (Filial-) Betrieben[2] eingebürgert[3]. Wie der gemeinsame Oberbegriff „Filialleiter" wol-

---

[28] *Würdinger* in RGRK, Anm. 4, 5 zu § 13.

[29] *Pisko*, 270 f.; *Würdinger* in RGRK, Anm. 17 zu § 13.

[30] Vgl. besonders *Isay*, 49 ff., 92.

[31] *Schlegelberger-Hildebrandt*, Anm. 5 zu § 13.

[32] Die hier in Rede stehenden Filialbetriebe werden allerdings im Sprachgebrauch oft fälschlich „Filialen" genannt.

[33] *Schumann* I, 58 f.; ebenso *Marx*, Arbrecht 33, 153 f.

[34] *Schlegelberger-Hildebrandt*, Anm. 7 zu § 13.

[35] Vgl. zum Ganzen eingehend *Marx*, Arbrecht 33, 150 ff.

[1] Vgl. den Fall LAG München, ARS (LAG) 24, 153.

[2] Vgl. als Beispiel die Klassifizierung in § 5, K 3 GehaltsTV für die Angestellten der Firmen „Nordsee" AG und „Deutsche See" GmbH. Bremerhaven v. 13. 12. 1956.

[3] Vgl. aus der Fülle der Beispiele nur einige der üblichen Bezeichnungen in Einzelarbeits- und Tarifverträgen (= TV): Geschäftsanweisung I/Anhang, S. 143 ff. („*Verteilungsstellenleiter*") — Geschäftsanweisung II/Anhang, S. 147 ff. („*Verkaufsstellenleiter*") — § 4 GehaltsTV für den Einzelhandel Nordrhein-Westfalen v. 23. 4. 1956 („*Verkaufsstellenverwalter*"; „*Verkaufsstellenleiter*") — Ziff. 3 ff. GehaltsTV zum MantelTV für die Angestellten der Lebensmittel-Filialbetriebe Hamburgs v. 30. 1. 1956 („*Erstverkäufer und -verkäuferinnen* = Leiter von Verkaufsstellen ohne Mankohaftung"; „*Lagermeister*"; „*Filialleiter* = Leiter von Verkaufsstellen mit Mankohaftung") — § 4 GehaltsTV und LohnTV für die Konsumgenossenschaften des Landes Niedersachsen v. 21. 2. 1957 („*Verteilungsstellen-Leitungen*") — § 12 MantelTV für die Angestellten des Einzelhandels in Baden-Württemberg v. 15. 11. 1956 („*Lagerverwalter*"; „*Verkaufsstellenleiter*"; „*Filialleiter*"; „*Leiter von Haupt- und Zentrallägern*") — Ziff. III GehaltsTV für die Angestellten im Einzelhandel von Schleswig-Holstein v. 18. 12. 1956 („*Verkäufer in Einmann-Filia-*

len diese Bezeichnungen regelmäßig nur den fachlichen Wirkungsbereich bzw. die Betriebsart und das betriebliche Rangverhältnis der betreffenden Arbeitnehmer wiedergeben[4]. Im Interesse einer einheitlichen Terminologie wird der Ausdruck „Filialleiter"[5] mit diesem Begriffsinhalt[6] auch hier beibehalten.

b) Pflichtenkreis und Tätigkeitsmerkmale

Der Begriff „Filialleiter" gibt zunächst nur über die innerbetriebliche Stellung dieser Arbeitnehmer Aufschluß. Von den zahlreichen Tätigkeitsmerkmalen, die den Pflichtenkreis von Filialleitern spezifizieren, seien nur die wichtigsten hervorgehoben: Lagerverwaltung, Warenveräußerung, Geldvereinnahmung sowie Abrechnung über den Waren- und Geldverkehr[7]. Ausführlichere Kennzeichnungen sind in kollektiv- und individualrechtlichen Vereinbarungen zu finden. In Tarfverträgen werden Filialleiter beispielsweise nach Arbeitsaufgaben[8] oder nach Beschäftigungsgruppen[9] unterschieden. Genauere Einzelheiten enthalten auch Be-

---

len"; „Leiter von Filialen mit ... Beschäftigten"; „Lagerverwalter") — Gehaltsgruppeneinteilung zum MantelTV für die Angestellten der BAYWA-AG München und des Raiffeisen-Kraftfutterwerkes GmbH. Würzburg v. 23. 3. 1955 („Lagerhalter"; „Lagerhausverwalter").

[4] *Streller*, Wörterbuch der Berufe, 38, nennt Filialleiter nicht als Berufsbezeichnung, sondern lediglich als Aufstiegsposition.

[5] Die Bezeichnung gehört seit alters zum Begriffsbestand des Arbeitsrechts in Schrifttum und Rechtsprechung; Vgl. *Titze*, 774, mit Hinweisen (Anm. 7) auf die ältere Judikatur; *Landsberger*, GewKfmGer. 09,212; KfmGer. Solingen, GewKfmGer. 08,40; *Stritzke*, NZfAR 09,23; in neuerer Zeit *Galperin*, AR-Blattei, C. III. 2; BAGE 2,333; BAG, BB 60,940. — Der Begriff „Filialleiter" wird sich etwa in den Jahren 1860—1880 herausgebildet haben (vgl. *Splettstößer*, 67; *Hirsch*, 12 ff.; *Weber*, Int-Handwb-Genossensch., 567), d. h. in einer Zeit, der die heutige arbeitsrechtliche Gesamtordnung noch fremd war (vgl. *Hueck-Nipp* I, 8 ff.).

[6] Der Begriff meint also hier nicht den „echten" Filialleiter (z. B. den Leiter einer Bankfiliale).

[7] So *Bulla*, Betr. 52,58; vgl. ferner *Grub*, AR-Blattei I, A; *Endemann*, AuR 53,297.

[8] „Verkaufsstellen*verwalter* ist, wer das für die Verkaufsstelle Notwendige (Waren, Inventar, Dekorationen usw.) von der Geschäftsleitung anfordert oder den Empfang des Angelieferten bescheinigt oder die vereinnahmten Beträge feststellt, aufbewahrt und abliefert oder sonstwie (!) für den geordneten Geschäftsgang innerhalb der Verkaufsstelle sorgt und den übrigen Arbeitnehmern in der Verkaufsstelle vorsteht, ihre Arbeiten beaufsichtigt oder die Lehrlinge ... unterweist oder die Durchführung der vom Arbeitgeber gegebenen Dienstanweisungen überwacht ...
Verkaufstellen*leiter* ist, wer über die Tätigkeit eines Verkaufsstellenverwalters hinaus größere Verantwortung zu tragen hat, insbesondere für nicht schuldhaft verursachte Verluste haftet. Als Verkaufsstellenleiter gilt ebenfalls, wer als Verkaufsstellenverwalter in der Regel mehr als 15 Arbeitnehmern einschließlich Lehrlingen vorsteht". (§ 4 des GehaltsTV für den Einzelhandel Nordrhein-Westfalen v. 23. 4. 1956 — im folgenden GehaltsTV EH Nordrh.-Westf.).

[9] Vgl. z. B. § 12 des MantelTV für die Angestellten des Einzelhandels in Baden-Württemberg v. 15. 11. 1956, Gruppe III: „Angestellte mit selbständiger Tätigkeit im Rahmen allgemeiner Anweisungen (z.B. ... Verkaufsstellen-

triebsvereinbarungen und insbesondere Arbeitsverträge[10]. Schließlich sind hinsichtlich des Pflichtenkreises noch die zusätzlichen Gestaltungsmöglichkeiten zu berücksichtigen, die sich aus dem Direktionsrecht des Arbeitgebers ergeben.

Die dem Filialleiter obliegenden Einzelaufgaben sind lediglich Bestandteile der übergeordneten Gesamtaufgabe: Leitung des Filialbetriebes. Im Hinblick auf diese weitgespannte Leistungspflicht ist es nicht möglich, die einzelnen Tätigkeitsbereiche vollständig gegeneinander abzugrenzen. Sie können deshalb auch nicht isoliert betrachtet werden. „Leitung" bedeutet *sowohl* Verwaltung der Betriebsmittel, des Warenbestandes, der Erlöse *als auch* Abwicklung der laufenden Geschäftsvorgänge, d. h. des Güterumschlages zwischen Zentrale und Filialbetrieb, der Abrechnung und des täglichen Ladenverkaufs, gleichzeitig aber auch Disposition und Aufsicht über die Mitarbeiter, allgemeine Betriebskontrolle und Überwachung des Kundenverkehrs[11]. Die Aufgabenstellung bringt eine Unterteilung in eine Fülle verschiedenartiger Arbeitsgänge mit sich; alle Verrichtungen hängen jedoch innerlich zusammen und sind in vielfältiger Weise miteinander verbunden. Die Arbeitsleistung des Filialleiters als solche[12] kann infolgedessen nur als einheitliches Ganzes verstanden werden.

2. Rechtsbeziehungen zwischen Filialleiter und Arbeitgeber

a) *Arbeitsvertrag als Grundlage der Stellung des Filialleiters*

Bezüglich der Rechtsstellung von Filialleitern besteht Einigkeit darüber, daß sie Arbeitnehmer im Sinne des Arbeitsrechts sind. Zu den Arbeitnehmern gehören nach überwiegender Auffassung alle Personen, die auf Grund privatrechtlichen Vertrages zur Arbeit im Dienste eines anderen verpflichtet sind[13]. Ein solches Rechtsverhältnis liegt im Regelfall auch hier vor. Wegen der Art der von ihnen in einem Handelsgewerbe

---

leiter, denen bis zu 4 Verkaufskräfte unterstellt sind)"; Gruppe IV: „Angestellte mit selbständiger und verantwortlicher Tätigkeit (z. B. . . . Verkaufsstellenleiter, denen mehr als 4 Verkaufskräfte unterstellt sind)"; Gruppe V: „Angestellte in leitender Tätigkeit mit Dispositionsbefugnissen oder mit besonderer Verantwortung (z. B. . . . Filialleiter mit Dispositions- und Einkaufsbefugnissen)".

[10] Vgl. z. B. die in den Geschäftsanweisungen I und II, S. 143 ff., umschriebenen Aufgaben; aus früherer Zeit berichtet *Hirsch,* 36, von einer Dienstanweisung, die lediglich an allgemeinen Vorschriften 40 eng bedruckte Seiten umfaßte. Hinzu kamen in weiteren 42 Artikeln kurzgefaßte Anweisungen über den Warenverkehr.

[11] Die zusätzliche Mitarbeit des Filialleiters im Filialbetrieb wird dadurch nicht ausgeschlossen (z. B. Bedienung — „Erstverkäufer", vgl. oben, S. 22, Anm. 3 — und Beratung von Kunden, Schaufensterdekoration oder Werbung); vgl. Ziff. 2, 9, 10, 11 der Geschäftsanweisung II, Anhang, S. 147, 150.

[12] Zum Ganzen vgl. *Ehrlicher,* 71 ff., der allerdings von einem erheblich weiteren Filialleiterbegriff ausgeht.

[13] *Hueck-Nipp* I, 34.

(§ 1 HGB)[14] zu verrichtenden Arbeit („kaufmännische Dienste") werden Filialleiter als Handlungsgehilfen (§ 59 HGB) grundsätzlich zu den Angestellten[15] zu zählen sein[16], in wenigen Ausnahmefällen vielleicht auch[17] zu den gewerblichen Arbeitern (VII. Titel GewO)[18].

Als Arbeitnehmer ist der Filialleiter seinem Arbeitgeber weisungsunterworfen und zu Gehorsam verpflichtet. Durch die Eigentümlichkeit seiner Vertragsstellung wird dem Arbeitgeber das umfassende Recht eingeräumt, von der Arbeitskraft des Filialleiters in jeder zulässigen Weise Gebrauch zu machen[19]. Eine so weitgehende persönliche Unterordnung unter den Gläubigerwillen begründet nur der Arbeitsvertrag. Daneben darf es keiner zusätzlichen Verpflichtungsgeschäfte[20], denn der Filialleiter schuldet *jede* Arbeitsleistung unmittelbar und ausschließlich aus der arbeitsvertraglichen Übereinkunft[21] mit dem Arbeitgeber (§§ 59 HGB, 611 BGB)[22].

Die von Fall zu Fall sehr unterschiedliche[23] Selbständigkeit von Filialleitern innerhalb eines Filialbetriebes ist für ihre Arbeitnehmereigenschaft unbeachtlich[24]. Sowohl bei der Verfügungsgewalt über die verwalteten Vermögenswerte des Unternehmens als auch bei den Weisungsrechten gegenüber dem Personal handelt es sich nur um abgeleitete, beschränkte und jederzeit widerrufliche[25] Machtbefugnisse. Auf Grund des Direktionsrechtes bleiben letzte Entscheidungen stets dem Arbeitgeber vorbehalten. Jede betriebsinterne Selbständigkeit eines Filialleiters läßt deshalb seine persönliche und wirtschaftliche Abhängigkeit[26] als Arbeit-

---

[14] Oder in einer Genossenschaft; diese sind Kaufleute kraft Gesetzes (§ 17 Abs. 2 GenGes.).

[15] Vgl. § 3 AngVersGes. i. d. F. v. 23. 2. 1957.

[16] Im Einklang mit der allgemeinen Meinung; vgl. *Schlegelberger-Schröder*, Anm. 23 zu § 59; *Würdinger* in RGRK, Anm. 7 zu § 59; *Rewolle-Köst*, Anm. 2 zu § 59 HGB; *Titze*, 774; *Marx*, Arbrecht 33, 155 f.

[17] A. A. *Marx*, ebenda, 156.

[18] § 1 Ziff. 2 des MantelTV für gewerbliche Arbeitnehmer, selbständig arbeitende Ladnerinnen, sowie Expedientinnen in Kleiderfärbereien und chemischen Reinigungsbetrieben, Wäschereien und Plättereien im Bundesgebiet v. 3. 4. 1951, läßt auf eine solche Möglichkeit schließen; vgl. dazu LAG Bayern, AmtsblBay. 56, C. 41, ferner LAG Düsseldorf, BB 57,1072.

[19] Vgl. RAG, ARS 34, 51; ArbG Magdeburg, Arbgericht 27,409; *Marx*, Arbrecht 33, 153.

[20] Vgl. auch *André*, Festgaben *Enneccerus*, 27.

[21] Unter Berücksichtigung kollektivrechtlicher Normen.

[22] Vgl. *Staud-Nipp*, Anm. 60 zu § 611; *Siebert*, Handwb-SozWiss. I, 377 f.; *Kleeis*, BABl. 50, 304.

[23] Vgl. *Ehrlicher*, 71 ff. und demgegenüber z. B. Geschäftsanweisung I, Anhang, S. 143 ff.

[24] Vgl. RAG, ARS 34, 51 f.; *Marx*, Arbrecht 33, 154 ff.

[25] Vgl. RAG, ARS 34, 45 ff.

[26] Die wirtschaftliche Abhängigkeit ist für die Arbeitnehmereigenschaft unwesentlich (vgl. *Hueck-Nipp* I, 34; *Staud-Nipp*, Vorbem. 17 vor § 611); ihr kommt aber bei der Mankohaftung von Filialleitern eine nicht unerhebliche Bedeutung zu — vgl. unten, S. 83 ff., 114 ff., 119 ff.

nehmer unberührt. Das Merkmal der persönlichen Abhängigkeit[27] ist das entscheidende Kennzeichen seiner arbeitsvertraglichen Rechtsstellung. Es unterscheidet ihn deutlich von dem aus selbständigem Dienstvertrag gemäß § 611 BGB Dienstverpflichteten; eine Abgrenzung[28] ist auch gegenüber selbständigen Pächtern (§§ 581 ff. BGB), Kommissionären (§ 383 HGB) und Handelsvertretern — Agenten — (§ 85 HGB) geboten[29].

b) Inhalt der arbeitsvertraglichen Leistungspflicht

Der Arbeitsvertrag als Sonderform[30] des Dienstvertrages (§ 611 BGB) verpflichtet den Filialleiter zur Leistung abhängiger, vom Arbeitgeber nach Art und Umfang näher zu bestimmender *Arbeit*. Er hat im Rahmen des Arbeitsverhältnisses als vertragliche Leistung eine *fortlaufende Tätigkeit* zu erbringen, also keine Sachleistung oder — wie beim Werkvertrag — ein konkretes Arbeitsergebnis[31]. Demgemäß wird das Arbeitsentgelt, die Gegenleistung des Arbeitgebers, lediglich nach der aufgewandten Arbeitszeit berechnet. Der Anspruch des Filialleiters auf sein Gehalt bestimmt sich nicht nach einzelnen Teilleistungen, sondern nach der in einem zusammenhängenden Zeitraum erbrachten Arbeitsleistung in ihrer Gesamtheit[32]. Auf diese einheitlich zu beurteilende[33] *Gesamtleistung* kommt es an, nicht auf die Art der einzelnen Tätigkeiten[34]. Es kann infolgedessen dahingestellt bleiben, in welche spezifischen Verrichtungen und Erfüllungshandlungen sich die Arbeitsleistung des Filialleiters aufgliedern läßt[35]. Da ein auf bestimmte oder unbestimmte Zeitdauer[36] abgeschlossenes *Arbeits*verhältnis besteht, ist es bedeutungslos, zu welchen Verrichtungen der Arbeitsvertrag den Filialleiter im einzelnen verpflichtet[37]. Die verschiedenen Obliegenheiten werden sich gerade

---

[27] Vgl. dazu besonders Molitor (Arbeitsvertrag), 111; Jacobi (Einführung), 61 f.; *Staud-Nipp*, Vorbem. 15 zu § 611; kritisch *Nikisch*, RdA 60, 1 ff.

[28] Vgl. RAG, ARS 13, 605 f. = RAGE 9, 287; RAG, ARS 33, 320; LAG Königsberg, ARS (LAG) 35, 3 mit Anm. Dersch.

[29] Vgl. bereits *Landsberger*, GewKfmGer. 09, 213; LandG Berlin I, GewKfmGer. 10, 264 ff.; LandG Stettin, GewKfmGer. 18, 187; ArbG Magdeburg, (GewKfmGer.) Arbgericht 27, 409; *Marx*, Arbrecht 33, 154 f.

[30] Vgl. *Hueck-Nipp* I, 116 ff.; *Nikisch* (Lehrb.), 135; *Staud-Nipp*, Vorbem. 2 ff. vor § 611; *Ennecc-Lehm*, § 145. II.

[31] Aus der reichhaltigen Literatur vgl. besonders *Hueck-Nipp* I, 119 f.; *Richter*, 7 ff.; *Siebert*, Handwb-SozWiss. I, 377 f.; *Jacobi* (Grundlehren), 53 ff.; *Kleeis*, BABl 50, 304 f.; *Sello*, MittIHKBln. 28, 779.

[32] Vgl. *Oertmann* (Lehrb.), 11 ff.; ders. (Arbeitslohn), 32 f.; BGHZ 10, 187 (190).

[33] *Hueck-Nipp* I, 180, Anm. 1; vgl. auch *Silberschmidt*, LZ 27, 286 f.

[34] *Staud-Nipp*, Vorbem. 21 vor § 611.

[35] Vgl. *Jacobi* (Grundlehren), 54 f.; *Nikisch* (Grundformen), 115.

[36] Als fortlaufende Tätigkeit ist jede abhängige Arbeitsleistung schon durch den Zeitablauf, nicht erst durch die Art der Arbeit gekennzeichnet; vgl. *Nikisch* (Grundformen), 14; ders. (Lehrb.), 135; *Bretschneider* (Diss.), 45 ff.; *Hueck-Nipp* I, 118 f.; *Jacobi* (Grundlehren), 46 f., 48.

[37] So ausdrücklich das Reichsarbeitsgericht, ARS 6, 239; vgl. auch *Jacobi* (Grundlehren), 48 ff.

bei seiner Tätigkeit nur aus der Gesamtheit aller Umstände des Vertrags-abschlusses[38] ergeben.

Den gleichen Maßstab legen auch das *Reichsarbeitsgericht*[39] und das *Bundesarbeitsgericht*[40] bei der Beurteilung vergleichbarer Tätigkeiten an. In den einschlägigen Entscheidungen[41] wird eine aus verschiedenartigen Verrichtungen zusammengesetzte Tätigkeit niemals in mehrere, nebeneinanderstehende Teilleistungen aufgespalten, sondern als Einheit „gemischte (komplexe) Arbeit" aufgefaßt. Das gleiche muß auch für die arbeitsvertragliche Leistung des Filialleiters gelten. Nur in der Tätigkeit als solcher[42] kann sich der vertragliche Leistungsinhalt ausdrücken. Den vielfältigen Einzelverrichtungen kommt im Arbeitsverhältnis rechtlich keine selbständige Bedeutung zu.

3. Kritik der Lehre vom Bestehen eines gemischtvertraglichen Rechtsverhältnisses

Demgegenüber ist in Schrifttum und Rechtsprechung mitunter eine andersartige Interpretation einzelner Arbeitsverrichtungen des Filialleiters anzutreffen. Auf dieser Interpretation beruht die Ansicht, daß es sich bei den Rechtsbeziehungen zwischen Arbeitgeber und Filialleiter um ein gemischtvertragliches Rechtsverhältnis handele. Die ausführlichste Darstellung dieser Theorie gibt *Bulla*[43], nachdem bereits früher im wesentlichen gleiche[44] oder ähnliche[45] Standpunkte eingenommen worden waren. Die Auffassung wird von anderen Autoren[46] und Gerichten[47] bis in die jüngste Zeit[48] geteilt. Im folgenden wird von Darlegungen *Bullas*[49] ausgegangen.

---

[38] *Hueck-Nipp* I, 182; vgl. ferner *Schumann* I, 142.

[39] Vgl. z. B. RAGE 7, 109 (Schlafwagenschaffner); desgl. SAE 32, 465 f.

[40] Vgl. z. B. AP Nr. 1 und Nr. 2 zu § 59 HGB (Verkaufsfahrer).

[41] Vgl. Anm. 39) und 40).

[42] Vgl. *Hueck-Nipp* I, 119; *Hoeniger* (Diss.), 105; *Jacobi* (Grundlehren), 48; *Oertmann* (Lehrb.), 143.

[43] Betr. 52, 58.

[44] Z. B. LAG München, ARS (LAG) 24, 155; KfmG Hamburg, HansGerZtg/ AR 27, 5; LandG Mainz, GewKfmGer. 11, 412; KfmG Charlottenburg, Gew-KfmGer. 10, 161; LandG I Berlin, GewKfmGer. 07, 131; *Krönig*, GewKfmGer. 14, 317.

[45] Z. B. *Elster* AR-Lexikon, 162; *Cohn*, GewKfmGer. 09, 278 (aber abweichend *Landsberger*, GewKfmGer. 10, 198 ff. und GewKfmGer. 09, 212 ff.).

[46] Z. B. *Galperin*, AR-Blattei, C. III. 2; *Larenz*, Anm. zu ArbG Bremen, AP Nr. 1 zu § 254 BGB; gleicher Ansicht auch *Trescher*, Verbrauchei 53, 285.

[47] Z. B. LAG Bremen, AP Nr. 3 zu § 611 BGB, Haftung des AN mit zust. Anm. *Larenz*; dass., Betr. 57,460; AmtsG Kiel, Urt. v. 27. 4. 1950. (16 0410/50) — unveröfftl.

[48] Zuletzt ArbG Bremen, ARST XXII, Nr. 517 und ARST XXV, Nr. 442.

[49] a. a. O.

a) Die Konstruktion dieser Lehre

Bulla schließt aus der Eigenart der Leistungspflicht des Filialleiters[50] auf das Bestehen eines besonderen Vertrages mit einer eigenen Rechtsnatur. Man habe es mit einem Arbeitsvertrag zu tun, der als „weitere Elemente" einen Geschäftsbesorgungsvertrag (§ 675 BGB) und einen entgeltlichen Verwahrungsvertrag (§ 688 BGB) mitenthalte. Dies folge daraus, daß dem Filialleiter im Rahmen seiner arbeitsvertraglichen Stellung Waren, Güter, Geld des Arbeitgebers in größerer Menge zur Verwahrung, Verwaltung, Veräußerung, Vereinnahmung für den Arbeitgeber dergestalt anvertraut würden, daß der Filialleiter weitgehend selbständig arbeite und zwischen ihm und dem Arbeitgeber in mehr oder weniger festbestimmten Abständen nur eine Abrechnung über den Waren- und Geldverkehr nach Anlieferung, Abgang und Bestand und nach den dafür vereinnahmten Geldbeträgen stattfinde. Wegen dieser „Mischung mehrerer Vertragstypen" will Bulla für die Verpflichtung des Filialleiters und der ihm gleichzustellenden Arbeitnehmer zur Rechenschaftslegung (Abrechnung) sowie zur Herausgabe des für den Arbeitgeber vereinnahmten Geldes und der restlichen Warenbestände „nicht so sehr die allgemeinen vertragsrechtlichen Erwägungen maßgebend" sein lassen. Es gälten hier vielmehr direkt oder analog „die konkreten Bestimmungen der §§ 675, 665 ff., 688, 695 BGB". Dennoch dürfe man die umrissenen „Pflichtenkomplexe" „nur aus einem spezifisch arbeitsvertragsrechtlichen Aspekt" sehen, da sie „sämtlich auf der Basis und im Rahmen des Einzelarbeitsvertrages" stünden.

b) Kritik der Theorie des gemischten Vertrages

Diese Betrachtungsweise wird dem Wesen des Arbeitsvertrages nicht gerecht. Die Konstruktion *Bullas* und der ihm Folgenden kompliziert vielmehr die Frage der Mankohaftung von Filialleitern in den entscheidenden Punkten und führt zu arbeitsrechtlich nicht gesicherten Ergebnissen.

aa) Bestimmtheit des Vertragstyps Arbeitsvertrag

Auf die rechtliche Problematik[51] der gemischten Verträge braucht nicht näher eingegangen zu werden. Auch die Frage, ob und wann ein Arbeitsvertrag überhaupt Teil eines gemischten Vertrages sein kann[52], ist nur zu streifen. Der Arbeitgeber muß den Arbeitnehmern in aller Regel im Rahmen des Arbeitsverhältnisses bewegliche Sachen anvertrauen, die sie

---

[50] Der gleichen Beurteilung sollen allgemein Vertragsverhältnisse von Arbeitnehmern unterliegen, denen eine ähnliche Verwaltung fremder Sachwerte obliegt (z. B. Abteilungsleiter in Warenhäusern).

[51] Vgl. aus der Fülle der Literatur besonders *Schelp*, Festschrift Herschel, 88, 90 ff.; *Ehrenzweig*, Arbrecht 31, 475 ff.; allgemein Ennecc-Lehm, § 100 und die dort Zitierten.

[52] Vgl. *Schelp*, Festschrift Herschel, 95 f.

vor, während und nach der Bearbeitung zu „verwahren"[53] oder hinsichtlich deren sie einer „Geschäftsbesorgung", einem „Auftrag" nachzukommen haben. Wollte man den Inhalt der arbeitsvertraglichen Leistung in diesem Sinne interpretieren, ließen sich in fast allen Arbeitsverhältnissen „Elemente" anderer schuldrechtlicher Vertragstypen feststellen[54]. Eine solche Betrachtungsweise ist dem Arbeitsrecht jedoch fremd. Da sich die Rechtsstellung von Filialleitern von der anderer Arbeitnehmer nicht unterscheidet, kann es nicht zulässig sein, die arbeitsvertraglichen Verrichtungen und Erfüllungshandlungen dieses engeren Arbeitnehmerkreises als nebeneinander stehende, einzeln geschuldete Leistungen mit jeweils eigenen Rechtswirkungen anzusehen.

Wenn man[55] einräumt, daß den Rechtsbeziehungen des Filialleiters in jedem Falle ein Arbeitsvertrag zugrunde liegt, wird man nicht umhin können, das „große Prinzip der Einheit des Arbeitsverhältnisses, d. h. der einheitlichen rechtlichen Behandlung des Arbeitsverhältnisses, das sich durch das ganze Arbeitsrecht als organische Notwendigkeit durchzieht"[56], anzuerkennen. Dieser Grundsatz wird aber aufgegeben, wenn man auf einzelne, dazu noch ineinandergreifende Arbeitsverrichtungen abstellt und den Arbeitsvertrag zergliedert, ohne auf das persönliche Abhängigkeitsverhältnis und auf die in einen Betrieb eingegliederte[57] Tätigkeit des Filialleiters Rücksicht zu nehmen.

Der Arbeitsvertrag ist als Vertragstyp tatsächlich und rechtlich hinreichend bestimmt[58] und aus der Interessenlage des Arbeitsverhältnisses in seiner Rechtsnatur weithin festgelegt[59]. Sämtliche von den Ahängern der Theorie des gemischten Vertrages geforderten Leistungspflichten werden bereits durch den Arbeitsvertrag begründet[60, 61]. Demgegenüber

---

[53] Dies jedoch als Aufbewahrung, nicht als Verwahrung i. S. des § 688 BGB.

[54] Vgl. auch *Kröger*, 19 f.; *Schelp*, a. a. O., 89.

[55] So jedenfalls *Bulla*, a. a. O.; ausdrücklich auch *Galperin*, AR-Blattei, C. III. 2.

[56] *Kaskel-Dersch* I, 74.

[57] Vgl. RAG, ARS 34, 51; *Müller*, BB 55, 577 (zur Rechtsprechung des Bundesarbeitsgerichts).

[58] Vgl. auch *Dersch*, Anm. zu RAG, ARS 13, 609.

[59] Im Vergleich dazu ist die Rechtsnatur der Geschäftsbesorgung nach § 675 BGB umstritten; vgl. die bei *Staud-Nipp*, Anm. 4 ff. zu § 675, dargelegten verschiedenen Ansichten.

[60] Die Verpflichtung zur Rechnungslegung ergibt sich ebenfalls nicht aus den §§ 259 ff BGB (unklar *Kaskel-Dersch* I, 169); diese Vorschriften setzen das Bestehen jener Verpflichtung voraus und regeln lediglich die Art und Weise ihrer Erfüllung (vgl. *Palandt*, Anm. 1 a zu § 259).

[61] In seiner grundlegenden Untersuchung über die gemischten Verträge führt *Hoeniger* (Grundformen), 96, aus, daß sich mit jedem Vertrage auf Sachüberlassung selbstverständlich die Rechtsfolge verknüpfe, daß die überlassene Sache auch verwahrt werden müsse. Bei Dienst- und Werkverträgen sei dies nicht minder häufig. Hoeniger unterscheidet scharf zwischen dieser generellen Verwahrungspflicht als „Rechtsfolge anders gearteter Leistungsverspre-

dürfte schon die Subsumtion der „gemischtvertraglich" geschuldeten Einzelleistungen (-verrichtungen) unter die verschiedenen Vertragstypen des Schuldrechts sowohl qualitativ als auch quantitativ recht schwierig sein[62]. Wie die erforderliche Aufteilung in Arbeits-, Verwahrungs- und Geschäftsbesorgungsvertrag vorzunehmen ist, kann den fraglichen Beiträgen und Entscheidungen[63] indessen nicht entnommen werden. Bei gemischten Verträgen ist eine solche Trennung für die Ableitung der „konformen Rechtsfolgen"[64] unentbehrlich. Außerdem fehlt eine Begründung, warum sich die „Rechtsnatur des Vertrages"[65] nach den Elementen „Verwahrungs-" und „Geschäftsbesorgungsvertrag" zu richten habe. Denn selbst wenn das Vorliegen eines gemischen Vertrages nicht von vornherein zu bestreiten wäre, könnte geltend gemacht werden, daß alle dem Hauptzweck des Vertrages untergeordneten Leistungen (hier: „Verwahrung", „Geschäftsbesorgung") vom Grundtypus Arbeitsvertrag absorbiert[66] würden, weil er nach Lage der einzelnen Umstände das ganze Rechtsverhältnis dirigiere, also qualitativ überwiege[67]. Auch in der von *Hoeniger*[68] entwickelten „Kombinationstheorie"[69], in der auf *Schreiber*[70] zurückgehenden „Theorie der analogen Rechtsanwendung"[71] oder in anderen[72] Lösungsversuchen wird nicht die Möglichkeit verneint, einen tatsächlich gemischten Vertrag — unbeschadet aller Klassifizierungen[73] — unter bestimmten Voraussetzungen einheitlich nach dem Grundtypus zu beurteilen[74]. Eine derartige Auffassung könnte man sich mit *Enneccerus-Lehmann*[75] zu eigen machen. Danach sei z. B. bei „typischen Verträgen

---

chen" und der „im Tatbestande zugesagten Verwahrerleistung" (ebenda, S. 157). Zur letzteren werden Bankdepot-, Safe- oder Stahlkammerfachverträge gerechnet. Von einem „Filialleitervertrag" ist auch nicht andeutungsweise die Rede. — Vgl. ferner *Schelp*, Festschrift Herschel, 89 ff.; zur Unterscheidung zwischen Haupt- und Nebenleistungen vgl. besonders *Kröger*, 9 ff.; *Fritz* (Diss.), 8 ff.

[62] Vgl. nur den Passus: „Verkaufsstellenleiter ist, wer ... *sonstwie* für den geordneten Geschäftsgang innerhalb der Verkaufsstelle sorgt" (§ 4 GehaltsTV EH Nordrh.-Westf.).

[63] Vgl. die auf S. 27, Anm. 43 bis Anm. 48 Zitierten.

[64] *Lotmar* I, 236 ff.; *Hoeniger* (Diss.), 116 ff.; ders. (Grundformen), 114.

[65] *Bulla*, Betr. 52, 58.

[66] Im Sinne der auf *Lotmar* I, 177 ff., zurückgehenden Absorptionstheorie; ihm folgend z. B. *v. Blociszewski* (Diss.), 41 f.

[67] *Kaskel-Dersch* I, 74; eingehend Schelp, Festschrift Herschel, 95 ff. (kritisch 103 ff.); *Kröger*, 16 ff.; *Oertmann* (Lehrb.), 115 f.

[68] (Diss.), insbes. 89 ff.; ders. (Grundformen), 8 ff.

[69] Direkte Anwendung der Vorschriften aller Typen, die der gemischte Vertrag enthält.

[70] IherJb. 60, 106 ff.

[71] Mit Rücksicht auf Kollisionsfälle nur analoge Anwendung der Vorschriften aller Typen, die der gemischte Vertrag enthält.

[72] Vgl. z. B. Ochs (Diss.); *Mauritz* (Diss.).

[73] Vgl. z. B. die von *Ennecc-Lehm*, § 100, vorgenommene Aufteilung.

[74] Vgl. *Hoeniger* (Diss.), 104 f.; *Schreiber*, IherJb. 60, 196 ff.; Ochs (Diss.), 38; *Mauritz* (Diss.) 32 f.

[75] § 100, B. I.

mit untergeordneten andersartigen Leistungen" eine analoge Heranziehung der den andersartigen Vertragstypen entsprechenden Vorschriften *nur* zulässig, sofern die allgemeine Natur und der Gesamtzweck des Vertrages[76] keine Abweichungen erfordern[77].

bb) Eindeutiger Verpflichtungswille

Die Pflicht des Filialleiters zur Arbeitsleistung setzt eine das Arbeitsverhältnis begründende Willenseinigung voraus. Der Verpflichtungswille der Kontrahenten typenmäßig feststehender Vertragsverhältnisse kann sich auch hier nur nach Maßgabe derjenigen inhaltlichen Bestimmungsgründe rechtsbeständig verwirklichen, die dem zugehörigen Vertragstyp entsprechen[78]. Mit Abschluß des Arbeitsvertrages kann sich der Filialleiter demnach nur zur Leistung „persönlich abhängiger Arbeit" verpflichten[79], nicht dagegen zur „Verwahrung" und zur „Besorgung eines Geschäfts" im Sinne der §§ 688 ff., 675 BGB[80, 81]. Dies gilt auch in bezug auf die Grundsätze, die für die sonstige inhaltliche Ausgestaltung des

---

[76] Welche Bedeutung der „allgemeinen Natur" und dem „Gesamtzweck des (Arbeits-) Vertrages" in der arbeitsrechtlichen Rechtsprechung beigemessen wird, belegt in anderem Zusammenhang eine Entscheidung des Bundesarbeitsgerichts (AP Nr. 1 zu § 618 BGB mit zust. Anm. Hueck). Dem Sachverhalt lag das Arbeitsverhältnis einer Krankenschwester zugrunde. Im Rahmen ihrer Tätigkeit war ihr im Schwesternwohnheim ein Zimmer als Wohnung zugewiesen worden. Einen Schadensersatzanspruch der später im Wohnheim verunglückten Schwester bejahte das Bundesarbeitsgericht, jedoch nicht etwa auf Grund des bestehenden Mietvertrages, sondern auf Grund des Dienstvertrages, als dessen Ausfluß das Wohnen im Schwesternheim anzusehen sei. Der lebensmäßige Zusammenhang zwischen den Dienstleistungen einer Krankenschwester und ihrem Wohnen in einem Schwesternhaus müsse auch rechtlich anerkannt werden. Die Zerlegung des einheitlichen Rechtsverhältnisses in einen Dienst- und einen Mietvertrag bezeichnet das Bundesarbeitsgericht expressis verbis als lebensfremd; dazu kritisch *Schelp*, Festschrift Herschel, 103.

[77] Die Pflicht des Arbeitgebers zur sicheren Aufbewahrung von Arbeitnehmereigentum im Betrieb (Fahrräder, Kleider, Werkzeuge) beruht ebenfalls nicht — wie früher fälschlich angenommen (vgl. darüber Bulla, RdA 50, 80 ff. und die bei Hueck-Nipp I, 371, Zitierten) — auf einem neben dem Arbeitsvertrag bestehenden Verwahrungsvertrag (§ 688 BGB). Die „Verwahrungspflicht" ergibt sich vielmehr auch über den Wortlaut des § 618 BGB hinaus mit Rücksicht auf die Treue- und Fürsorgepflicht des Arbeitgebers unmittelbar aus dem Arbeitsvertrag (vgl. zum Ganzen *Hueck-Nipp* I, 371 f.; *Nikisch* (Lehrb.), 414 ff. und das dort genannte Schrifttum; vgl. auch RAG, ARS 43, 262 f.; 46, 51 ff.; LAG Bremen, LAG Hamm, AP Nr. 2, 3 zu § 618 BGB; LAG Hamm, Betr. 56, 1211.

[78] Vgl. *Siebert*, Handwb-SozWiss. I, 388 f.; *Dersch*, Anm. zu RAG, ARS 13, 609 mit zahlreichen Judikaturhinweisen; RAG, ARS 34, 45 ff. (51); *Jacobi* (Einführung), 56 f.

[79] Ebenso *Sello*, MittIHK-Bln. 28, 779; vgl. auch *Crone*, RdA 52, 372; *Oertmann*, (Lehrb.), 10 ff., 115 f.; *Hoeniger* (Diss.), 105.

[80] Vgl. schon KfmG Frankfurt, GewKfmGer. 08, 215 f.; *Landsberger*, GewKfmGer. 09, 215; *Neumann*, JbKfmGer.-Bln., 157 f.; KfmG Danzig, HandbGewKfmGer., 628.

[81] Der Abschluß eines gemischten Vertrages würde übrigens auch die Frage aufwerfen, wie es sich mit der Anwendbarkeit zwingender Vorschriften des

Arbeitsverhältnisses maßgeblich sind. So sehen z. B. die herangezogenen Schuldrechtsvorschriften weder die Möglichkeit einer Versetzung[82] des Filialleiters in einen anderen Filialbetrieb oder an einen anderen Arbeitsplatz vor, noch lassen sie für die Anwendung der besonderen arbeitsrechtlichen Kündigungsschutzbestimmungen Raum. Auch Treu- und Fürsorgepflicht, Direktionsrecht und Gehorsamspflicht oder ein Recht auf Erholungsurlaub sind der nicht-personenrechtlichen Verwahrung und Geschäftsbesorgung fremd. Nähme der Filialleiter an einem legitimen Streik teil, würde er bezüglich seiner Pflichten aus den entgeltlichen Verwahrungs- und Geschäftsbesorgungsverträgen ohne weiteres in Schuldnerverzug geraten, — ein Beispiel, das besonders deutlich erhellt, welche rein arbeitsrechtlichen Probleme die Fiktion des gemischten Vertrages in sich birgt. Wenn Arbeitgeber und Filialleiter mit ihrer Vereinbarung *alle* für ein Arbeitsverhältnis typischen Rechte und Pflichten begründen wollen, besteht für sie daher nur die Möglichkeit *einen Arbeitsvertrag*[83] abzuschließen. Weitere Willenserklärungen zur Begründung eines gemischtvertraglichen Rechtsverhältnisses sind nicht nötig, weil der vermeintlich „gemischtvertragliche" Leistungsinhalt schon im arbeitsvertraglichen enthalten ist[84]. Bei dieser Rechtslage besteht auch keine Veranlassung, einen abweichenden stillschweigenden Parteiwillen zu unterstellen.

cc) Weitere Bedenken gegen die gemischtvertragliche Lehre

Weitere Bedenken gegen die gemischtvertragliche Theorie seien nur beiläufig erwähnt. Die „Verwahrung" der dem Filialleiter anvertrauten „Sachen, Waren, Güter, Geld des Arbeitgebers"[85] entspricht nicht dem Leistungsbegriff einer Verwahrung im Sinne der §§ 688 ff. BGB[86]. Von der eigentlichen Verwahrung ist eine Aufbewahrung als Rechtsfolge[87],

---

Arbeitsschutzrechts (z. B. der Bestimmungen der Arbeitszeitordnung (AZO) oder der Lohnpfändungsschutzbestimmungen — §§ 850 ff. ZPO —) auf die „Elemente Verwahrung und Geschäftsbesorgung" verhält.

[82] Vgl. RAG, ARS 13, 603; KfmG Rixdorf, GewKfmGer. 07, 63.

[83] Vgl. *Staud-Nipp*, Anm. 60 zu § 611.

[84] Dies wird z. B. vom Landesarbeitsgericht Bremen, AP Nr. 3 zu § 611 BGB, Haftung des AN, nicht anerkannt, wenn es darlegt, daß der Filialleiter *darüber hinaus* verpflichtet sei, den Waren- und Geldbestand mit besonderer Sorgfalt zu verwalten und herauszugeben; wie LAG Bremen auch ArbG Bremen, ARST XXII, Nr. 517 und ARST XXV, Nr. 442 — Unhaltbar demgegenüber *Neumann*, JbKfmGer.-Bln., 159. Danach habe der Filialleiter keine Herausgabepflicht, da er überhaupt nichts an sich nehmen dürfe. — Wie hier auch *Endemann*, AuR 53, 298.

[85] *Bulla*, Betr. 52, 58.

[86] Mit *Sello*, MittIHK-Bln. 28, 779; *Marx*, Arbrecht 33, 158.

[87] *Neumann*, JbKfmGer.-Bln., 158 f.; KfmG Berlin, DJZ 17, 532; ebenso *Hoeniger* (Grundformen), 96 (vgl. oben, S. 29, Anm. 61).

Nebenpflicht[88] eines Vertrages zu unterscheiden[89]. Auch sachenrechtlich hat der Filialleiter nur die Stellung eines Besitzdieners (§ 855 BGB) inne[90], der Verwahrer dagegen die eines (unmittelbaren) Besitzers und Besitzmittlers (§ 868 BGB)[91].

Zweifelhaft erscheint ferner die Annahme einer Geschäftsbesorgung (§ 675 BGB)[92]. Welche Umstände für das Vorliegen dieses Schuldverhältnisses sprechen sollen, ist nicht zu ersehen, es sei denn die Verpflichtung des Filialleiters zur „Verwaltung, Veräußerung, Vereinnahmung und Abrechnung"[93]. Um eine Verbindlichkei gemäß § 675 BGB zu begründen, reicht aber die Ausübung der genannten Tätigkeiten allein nicht aus. Nach der vorherrschenden Auffassung, die eine enge Auslegung dieser Vorschrift befürwortet, fällt erst die *selbständige* Wahrnehmung fremder Vermögensinteressen[94] unter den Begriff der Geschäftsbesorgung im bürgerlich-rechtlichen Sinne[95]. Bei der Tätigkeit von Filialleitern liegen dafür aber ebensowenige Anhaltspunkte vor wie bei der Leistung anderer Arbeitnehmer. In solchen Fällen schließt die Verrichtung persönlich abhängiger Arbeit die gleichzeitige, selbständige Wahrnehmung von Pflichten aus einer Geschäftsbesorgung aus[96].

Einwände müssen auch erhoben werden, wenn *Bulla*[97] ausdrücklich verlangt, daß für die Verpflichtung zur Rechenschaftslegung (Abrechnung) sowie zur Herausgabe des vereinnahmten Geldes und der restlichen Warenbestände „nicht so sehr die allgemeinen vertragsrechtlichen Erwägungen maßgebend" sein sollten, sondern daß vielmehr die Bestimmungen der §§ 675, 665 ff., 688, 695 BGB zu gelten hätten. Trotzdem sollen die genannten „Pflichtenkomplexe" auf der Basis und im Rahmen des Arbeitsvertrages stehen und die jeweils konkreten Pflich-

---

[88] KfmG Danzig, Handb-GewKfmGer., 628; Sello, a. a. O., 779; *Marx*, a.a. O., 159; vgl. ferner *Fritz* (Diss.), 103 f.

[89] Vgl. *Kröger*, 37; *Staud-Nipp*, Vorbem. 4, 37 ff. vor § 688; RGRK z. BGB, Anm. 4 zu § 611.

[90] *Marx*, Arbrecht 33, 158; *Sello*, MittIHK-Bln. 28, 779; *Neumann*, JbKfmGer-Bln., 157; vgl. ferner *Staud-Seufert*, Anm. 3 ff., 11 zu § 855; *Nikisch*, Festschrift Nipperdey, 70.

[91] Vgl. *Staud-Seufert*, Anm. 28 zu § 868; *Larenz* II, 229 f.

[92] Vgl. z. B. *Larenz*, Anm. zu ArbG Bremen, AP Nr. 1 zu § 254 BGB.

[93] Bulla, Betr. 52, 58; ebenso *Larenz*, Anm. zu ArbG Bremen, a. a. O.

[94] *Larenz* II, 217.

[95] Vgl. auch *Oertmann* (Lehrb.), 11 ff., 115 f.; *Ruhrmann* (Diss.), 45.

[96] Ebenso z. B. *Sello*, MittIHK-Bln., 28, 779; KfmG Berlin, DJZ 17, 532; wie hier allgemein auch RGRK z. BGB, Anm. 1 zu § 675; — einschränkend *Titze*, 654; ähnlich *Isele*, 155 (vgl. aber auf S. 118); zustimmend ferner *Ennecc-Lehm*, § 164, I; *Larenz* II, 218; *Würdinger* in RGRK, Anm. 24 zu § 59, die — wie *Titze* a. a. O. — die in § 675 BGB vorgeschriebene analoge Anwendung der Auftragsregeln zulassen, wenn es sich um solche abgegrenzten Einzelleistungen handelt, bei denen kein Zusammenhang mit dem rechtlich selbständigen, unabhängigen Hauptvertrag besteht.

[97] Betr. 52, 58.

ten, auch wenn man sie aus den zitierten Vorschriften ableite, nur aus einem spezifisch arbeitsvertragsrechtlichen Aspekt gesehen werden. Eine Erklärung für diese Vermengung und eine Begründung für die Zulässigkeit „gewisser Modifizierungen für den konkreten Pflichtengehalt im Einzelfall"[98] wird nicht gegeben.

In den Fällen, in denen Arbeitsverhältnisse kollektivrechtlich gestaltet werden (z. B. durch Tarifvertrag), wäre schließlich noch der Frage nachzugehen, ob neben den herkömmlichen Vereinbarungen dieser Art auch Geschäftsbesorgungs- und Verwahrungsverträge oder Elemente hiervon kollektivrechtlich geregelt werden können.

Es bedarf nach alledem keiner weiteren[99] Ausführungen, um die Widersprüchlichkeit und Unzulänglichkeit der Konstruktion des gemischten Vertrages aufzuzeigen. Eine solche Theorie findet weder in den vermögensrechtlichen Vorschriften des bürgerlichen Rechts noch in den besonderen Bestimmungen des Arbeitsvertragsrechts eine Stütze. Sie ist deshalb abzulehnen.

IV. Mankobegriff und Mankohaftung

1. Inhalt des Mankobegriffs

a) Bedeutungslosigkeit der Entstehungsursachen

Unter einem Manko ist *jede* Differenz zwischen Soll- und Istbestand der im Filialbetrieb verwalteten Vermögenswerte des Unternehmens zu verstehen. Welche Entstehungsursachen einem derartigen Fehlbestand (an Gütern) oder Fehlbetrag (an Geld)[1] zugrunde liegen, ist für

---

[98] *Bulla*, a. a. O.

[99] So könnte noch auf die Konsequenzen eingegangen werden, die sich aus der Eingliederungstheorie (darüber *Nikisch* (Lehrb.), 135 ff., 140 ff.; ders., Festschrift Nipperdey, 65 ff.) ergeben. Nach *Nikisch* wird das Arbeitsverhältnis nicht durch Vertrag begründet, sondern erst durch die tatsächlichen Elemente der Einstellung und Arbeitsaufnahme, d. h. durch die „Eingliederung" des Arbeitnehmers in den Betrieb des Arbeitgebers. Im Hinblick auf die Elemente „Geschäftsbesorgung" und „Verwahrung" würde die Eingliederung des Filialleiters in den Filialbetrieb folglich nicht ausreichen, um das gemischt*vertragliche* Rechtsverhältnis zu begründen. Eine Eingliederung im arbeitsrechtlichen Sinne ist sowohl der Geschäftsbesorgung (§ 675 BGB) als auch der Verwahrung (§§ 688 ff. BGB) unbekannt. —
Prozessual wäre zu prüfen, vor welchen Gerichten Ansprüche aus den „gemischten Verträgen" geltend gemacht werden könnten. Die Frage läßt sich nicht ohne weiteres beantworten, wenn man bedenkt, daß die Elemente „Verwahrung" und „Geschäftsbesorgung" bei der Eigenart der Filialleitertätigkeit innerhalb des „gemischtvertraglichen" Rechtsverhältnisses bei weitem überwiegen würden.

[1] Im Ergebnis ist es unerheblich, ob das Manko im Waren- oder im Geldbestand nachgewiesen wird. Bei den üblichen Abrechnungs- und Kontrollverfahren verzichtet man vielfach auf genaue Spezifizierung der Verluste, die sich anläßlich periodischer Abstimmungen der Kassen- und Warenkonten zeigen. Diese pauschale Erfassung von Einbußen ist rechtlich nicht zu beanstan-

den Mankobegriff belanglos[2]. Den Ausschlag gibt allein das Vorhandensein einer Bestandsdifferenz. Dies ist der Fall, wenn zwischen den zu Buch stehenden Waren- und Geldwerten des Filialbetriebes und den anläßlich einer Inventur oder Kontrolle festgestellten Beständen eine Fehlmenge ermittelt wird[3] („Unterbilanz"[4,5]). Ein Manko schließt also auch natürliche Ausfälle[6] wie Schwund, Bruch, Wiegeverluste und andere Minderungen wie Einbußen durch unsachgemäße Warenbehandlung oder durch Eigentumsdelikte mit ein. Diese weite Auslegung[7] des Mankobegriffs erübrigt im Mankofall die überflüssige Vorprüfung, ob es sich um einen geschäftlichen oder sonstigen, außergeschäftlichen Vorgang[8] mit Mankofolge handelt. Rein rechnerische Mehr- oder Minderbeträge bzw. -bestände bleiben außer Ansatz. Aufgrund dessen liegt z. B. kein Manko vor, wenn der Kassenbestand niedriger ist, als er nach den Aufzeichnungen über Anfangsbestand, Einnahmen und Ausgaben sein müßte, der niedrigere Kassenbestand aber durch einen entsprechenden Überschuß im Warenbestand ausgeglichen wird[9].

b) Manko als Schaden im Rechtssinne

Wenn im Filialbetrieb ein Manko auftritt, erleidet der Arbeitgeber (Unternehmer) in der Regel einen wirtschaftlichen Nachteil. Als Schaden im Rechtssinne sind die Ausfälle jedoch nur insoweit zu werten, als sie eine tatsächliche Vermögenseinbuße hervorrufen. In Höhe dieser Wertminderung stehen dem Arbeitgeber unter Umständen Ersatzansprüche auf Wiederherstellung des vormaligen Vermögensstandes zu. Er kann sie gegen den Filialleiter geltend machen, wenn dieser zum Schadens-

---

den. Vgl. hierzu im einzelnen Urt. ArbG Oberhausen v. 9. 10. 1953 (1 Ca 565/ 53) — unveröffentl.; LAG München, ARS (LAG) 24, 155 f; zur Technik der Ermittlung eines Mankos vgl. *Krönig*, GewKfmGer. 14, 314 ff.; LAG München, a. a. O.; *Klebba*, BlättSteuerr. 52, 254.

[2] Zustimmend *Langer*, 11; ungenau und irrig *Grub*, AR-Blattei I, B. I.; *Schatter*, Der kfm. Angest., Nov. 52, 7.

[3] Vgl. im einzelnen *Klebba*, BlättSteuerr. 52, 254.

[4] *Krönig*, GewKfmGer. 14, 314; *Teichmann*, Angest.-Recht 6/55, 3.

[5] Dieser Begriff hat mit der eigentlichen Verlustbilanz eines Unternehmens nichts zu tun (vgl. *Schäfer*, 363 f.). Er kann jedoch die Vorstellung der wirtschaftlichen und rechtlichen Selbständigkeit von Filialbetrieben erwecken und sollte deshalb besser vermieden werden.

[6] Ebenso *Stritzke* NZfAR 29, 23 ff.; LAG Bayern, AmtsblBay. 55, C 89; LAG München, ARS (LAG) 24, 153 (156); — a. A. *Endemann*, AuR 53, 297; *Grub*, AR-Blattei I, B. I.

[7] Mehrdeutig und teilweise unrichtig *Schatter*, Der kfm. Angest., Nov. 52, 7.

[8] Nach *Grub*, AR-Blattei I, B. I., wäre zwischen „echten" Manki (aus außergewöhnlichen Geschäftsvorgängen) und „auch... eigentlich Manki" (aus gewöhnlichen Geschäftsvorgängen) zu unterscheiden. Schwund und Ähnliches sei als Manko nur bei gewöhnlichen Geschäftsvorgängen zu berücksichtigen. Diese Aufteilung ist nicht zweifelsfrei und kann unter anderem zu Widersprüchen führen, wenn es darum geht, „echte" und „unechte" Manki abzugrenzen.

[9] Vgl. im einzelnen LAG Düsseldorf, BB 60, 93.

ersatz verpflichtet ist (§ 249 BGB). Die Mankohaftung bezieht sich danach nicht ohne weiteres[10] auf jeglichen Fehlbetrag oder Fehlbestand.
Der Filialleiter ist vielmehr erst zum Schadensersatz verpflichtet, wenn
der Schaden als solcher feststeht[11] und wenn außerdem die sonstigen
Voraussetzungen seiner Inanspruchnahme vorliegen.

2. Mankohaftung aus dem Arbeitsvertrag und aus Delikt

a) Allgemeine Verschuldenshaftung

Hinsichtlich der vertraglichen Mankohaftung sind zwei Fälle zu
unterscheiden: Sofern keine besondere Abrede getroffen wird, regelt sich
die Ersatzpflicht nach den allgemeinen Bestimmungen. Danach hat der
Filialleiter grundsätzlich für jedes Manko einzustehen, das er durch
schuldhafte Verletzung seiner arbeitsvertraglichen Pflichten herbeiführt (§§ 59 HGB, 611 BGB in Vbdg. mit § 276 BGB). Diese Haftungsfälle
werden im folgenden unter dem Begriff der „allgemeinen Verschuldenshaftung" erörtert[12].

b) Mankohaftung kraft Zusatzvereinbarung

Von der allgemeinen Verschuldenshaftung ist die Mankohaftung
kraft Zusatzvereinbarung zu trennen. In diesen Fällen wird die Einstandspflicht des Filialleiters durch besondere Abreden regelmäßig
über das gesetzlich vorgeschriebene Maß hinaus erweitert. Die Verpflichtung zum Schadensersatz bestimmt sich nach den vereinbarten Voraussetzungen der Inanspruchnahme. Inhalt und Umfang der rechtsgeschäftlich ergänzten („vertraglichen"[13]) Mankohaftung sind in entsprechenden Haftungsklauseln niedergelegt[14].

Daneben kann der Filialleiter noch aus einer unerlaubten Handlung
(§§ 823 ff. BGB) in Anspruch genommen werden, sofern das Delikt für
das Manko kausal war[15].

---

[10] Z. B. dann nicht, wenn der Arbeitgeber die üblicherweise zu erwartenden kleinen Verluste (Schwund, Abfall, Verschnitt, Bruch, natürlicher Verderb) vorher oder nachträglich kalkulatorisch verrechnet, d. h. auf den Warenpreis aufschlägt, und das Manko sich um diesen Betrag vermindert oder ganz
wegfällt; vgl. *Grub*, AR-Blattei III, B. I., ders. aber ungenau in AR-Blattei.
I, B. I.

[11] Vgl. LAG Düsseldorf, BB 60, 93.

[12] Vgl. hierüber nachfolgend unter B., S. 38 ff.

[13] Auch die allgemeine Verschuldenshaftung wird durch (den Arbeits-) Vertrag begründet. Nicht unmißverständlich deshalb *Grub*, AR-Blattei I, B., C.,
der in gesetzliche und vertragliche Mankohaftung aufteilt; dazu kritisch *Endemann*, AuR 53, 298, Anm. 1.

[14] Vgl. hierüber unten, unter C., S. 94 ff.

[15] Vgl. hierüber unten, unter B. III., S. 52 f.

3*

3. Verhältnis der Mankohaftung von Filialleitern zur Mankohaftung anderer Arbeitnehmer

Von einem einheitlichen Mankobegriff ausgehend, spricht man[16] allgemein nur von *der* Mankohaftung, ohne zwischen der Mankohaftung von Filialleitern und der Mankohaftung anderer „mankogefährdeter"[17] Arbeitnehmer zu unterscheiden. Zu den letzteren werden insbesondere Verkäufer, Reisende (Handelsvertreter[18]) mit Verkaufslagern oder Inkassovollmacht, Verkaufsfahrer, Kassierer, Kassenleiter[19], Abteilungsleiter in Warenhäusern, Betriebskantinen- und Küchenverwalter, (Straßenbahn-) Schaffner[20] oder Tankstellenleiter[21] gezählt.

Gegen eine uneingeschränkte Gleichstellung[22] sind jedoch Bedenken anzumelden. Inwieweit die hier zu erörternden Haftungsgrundsätze für den vorgenannten weiteren Arbeitnehmerkreis gelten, kann sich nur aus den jeweiligen Rechtsbeziehungen und Sachverhaltsvoraussetzungen im Einzelfall ergeben. Dem gemeinsamen Mankobegriff ist für die Klärung dieser Frage zunächst nichts zu entnehmen.

Die Verantwortlichkeit eines Filialleiters unterscheidet sich z. B. von der Verantwortlichkeit eines Kassierers oder eines Straßenbahnschaffners erheblich; allerdings nicht deshalb, weil hinsichtlich der Leistungspflichten verschiedene Anforderungen gelten würden, sondern weil es sich um Pflichtenkreise verschiedenen Umfanges handelt. Die abgegrenzte und überschaubare Tätigkeit eines Verkäufers oder Kassenverwalters beschränkt deren Haftung von vornherein auf den kleineren Arbeitsbereich. Demgegenüber ist der Filialleiter für den *gesamten* Filial*betrieb* verantwortlich und zwar mit der Folge, daß er möglicherweise auch für Manki aus unvorhersehbaren und unberechenbaren Ausfällen (Personalmängel, betriebliche Schadensquellen) einstehen muß.

Die Mankohaftung von Filialleitern ist daher mit Rücksicht auf die Eigentümlichkeit filialbetrieblicher Verhältnisse stets gesondert zu betrachten. Wann und in welchem Umfang die für sie geltenden Maßstäbe auf die Mankohaftung anderer Arbeitnehmer übertragen werden können, läßt sich nur von Fall zu Fall entscheiden.

---

[16] Z. B. *Langer*, 9; *Endemann*, AuR 53, 297; *Güntner*, AuR 57, 169; mit Einschränkungen auch *Bulla*, Betr. 52, 58; *Grub*, Ar-Blattei I, A.; *Galperin*, AR-Blattei, C. III. 2.

[17] So *Langer*, 9.

[18] Vgl. aber oben, S. 24, unter 2. a).

[19] RAG, ARS 42, 429; LAG Düsseldorf und LAG Bremen, Betr. 54, 763.

[20] *Langer*, 9; *Güntner*, AuR 57, 169; vgl. ferner LAG Hamm, AP 54 I, 226; LAG Frankfurt, Betr. 55, 876.

[21] *Bulla*, Betr. 52, 58.

[22] Vgl. z. B. LAG München, ARS (LAG) 24, 155 (Mankohaftung eines Filialleiters) bezugnehmend auf RAG, ARS 20, 141 (Mankohaftung eines Konkursverwalters bzw. Kassierers).

V. Zusammenfassung

Wegen der Mannigfaltigkeit der persönlichen und sachlichen Verhältnisse ist es notwendig, klare Abgrenzungen und eindeutige Begriffsbestimmungen vorzunehmen. Eine einseitig kasuistische Betrachtungsweise kann hierbei trotz aller Unterschiede im Tatsächlichen vermieden
werden. Die wesentlichen Tatbestände lassen sich grundsätzlich einheitlich beurteilen. Die Berücksichtigung dieser rechtserheblichen Gemein-
samkeiten ist für die Klärung entscheidender Vorfragen und für die
Erörterung der Haftungsgrundsätze besonders wichtig.

Wie dargelegt, sind Filialleiter im Regelfalle Arbeitnehmer im Sinne
des Arbeitsrechts. Der Ansicht, daß ein gemischtvertragliches Rechtsverhältnis vorliege, kann nicht gefolgt werden. Zwischen Arbeitgeber
und Filialleiter besteht vielmehr ein reines Arbeitsverhältnis, das ausschließlich auf dem Arbeitsvertrag beruht. Die Theorie des gemischten
Vertrages hält einer näheren Prüfung nicht stand. Sie ist nicht zu billigen, weil sie die Beurteilung der Mankohaftung von Filialleitern mit
einer künstlichen Konstruktion belastet, die zu arbeitsrechtlich bedenk-
lichen Ergebnissen führen muß.

Im Arbeitsverhältnis ergeben sich die Rechte und Pflichten der Partner aus dem Arbeitsvertrag. Es besteht infolgedessen kein Anlaß, lediglich arbeitsvertragliche Schadensersatzforderungen auf andere, dem Arbeitsvertrag wesensfremde Anspruchsgrundlagen zu stützen.

B. Die gesetzlichen Grundlagen
der Mankohaftung von Filialleitern

I. Anwendung bürgerlich-rechtlicher Vorschriften

Der Arbeitsvertrag des Filialleiters ist grundsätzlich den Bestimmungen des bürgerlichen Rechts unterworfen. Der schuldrechtliche Charakter des Arbeitsverhältnisses wird heute weder von den Anhängern der Vertragstheorie[1] noch von den Anhängern der Eingliederungstheorie[2] bestritten. Die bürgerlich-rechtlichen Vorschriften gelten mithin auch für die Mankohaftung von Filialleitern[3], soweit sich nicht aus dem darüber hinaus personenrechtlichen Einschlag[4] des Arbeitsvertrages andere Rechtsfolgen ableiten lassen[5]. Solche Abweichungen sind gerechtfertigt, wenn die Voraussetzungen für das Eingreifen typischer arbeits- und sozialrechtlicher Schutzprinzipien vorliegen. Bei der Beurteilung dieser Ausnahmetatbestände[6] kommt es immer auf die Lage und auf die besonderen Umstände des Einzelfalles an[7].

II. Mankohaftung aus dem Arbeitsvertrag

1. Voraussetzungen der Inanspruchnahme

a) Tatsächlicher Mankoeintritt

Erste Voraussetzung jeder Ersatzforderung des Arbeitgebers ist das Vorhandensein eines Fehlbetrages oder -bestandes im Filialbetrieb. Es muß sich um ein Manko handeln, das nach Abschluß etwaiger Aufklä-

---

[1] Vgl. *Hueck-Nipp* I, 117 ff., mit den einschlägigen Literaturangaben.

[2] Vgl. *Nikisch* (Lehrb.), 136 f., 144 ff. und die dort Zitierten; vgl. auch oben, S. 33, Anm. 99.

[3] Im Einklang mit der vom Bundesarbeitsgericht, BAGE 2, 333 (und ausnahmslos auch von den Instanzgerichten für Arbeitssachen), fortgesetzten Rechtsprechung des Reichsarbeitsgerichts; vgl. z. B. RAG, ARS 22, 128; zum Ganzen vgl. auch BAG, Betr. 58, 25; BGHZ 16, 111 (116); RAG, ARS 41, 55; 41, 259; *Dersch*, AR-Blattei I, A. II., B. III.; *Galperin*, AR-Blattei, A. II. 1.; *Schlegelberger-Schröder*, Anm. 13 zu § 59.

[4] *Hueck-Nipp* I, 118; *Siebert*, RdA 58, 367; ferner RGRK z. BGB, Anm. 1 vor § 611; *Staud-Nipp*, Anm. 15 zu § 611.

[5] Trotz engerer Auslegung ebenso RGRK z. BGB, Anm. 15 vor § 611.

[6] Weitergehend besonders *Frey*, AuR 53, 7 ff.; LAG Stuttgart, AP Nr. 2 zu § 611 BGB, Haftung des AN; dagegen mit Recht *Hueck* in Anm. zu LAG Stuttgart, ebenda.

[7] BGHZ 16, 116 ff; BAG, Betr. 58, 25.

rungsversuche[8] als eindeutig feststehende Bestandsdifferenz tatsächlich zu verzeichnen ist. Da sich ein zunächst festgestellter Fehlbetrag durch Berichtigung von Falschbuchungen oder durch unternehmensinterne Maßnahmen, z. B durch Abzug von Schwund oder durch sonstige Gutschriften verringern[9] kann, kommt als effektiver Schaden nur das verbleibende, endgültige Manko in Betracht, dem keine kalkulatorischen oder sonstigen Fehlerquellen innewohnen[10]. Bloße Verrechnungsfehler, die keinen Schaden bewirken — etwa, wenn ein Kassenfehlbetrag durch einen entsprechend höheren Warenbestand aufgehoben wird — sind nicht zu berücksichtigen[11].

b) Adäquate Verursachung

Die Bestandsdifferenz muß ferner *durch* den Filialleiter *adäquat verursacht* worden sein. Es macht keinen Unterschied, ob er das Manko im Rahmen seiner Tätigkeit durch sein Tun oder Unterlassen unmittelbar herbeigeführt oder ob er das Zustandekommen des Schadens indirekt gefördert oder begünstigt hat[12]. Ein adäquater Kausalzusammenhang[13] zwischen dem Manko und dessen Herbeiführung besteht nicht, wenn es auf Einwirkungen Dritter zurückzuführen ist, deren Verhalten der Filialleiter nicht beeinflussen kann, wie z. B. bei Einbrüchen trotz getroffener Sicherheitsvorkehrungen. Der schadensbewirkende Zusammenhang ist jedoch gegeben, wenn der verantwortliche[14] Filialleiter es verabsäumt, den Filialbetrieb beim Verlassen zu verschließen, und er dadurch den Einbruchsdiebstahl ermöglicht[15]. Aus dem täglichen Geschäftsverkehr lassen sich zahlreiche weitere Beispiele adäquater Verursachung anführen: Veruntreuungen seitens des Filialleiters, Nachlässigkeiten und Unregelmäßigkeiten in der Geschäftsführung, mangelhafte Betriebskontrolle mit der Folge von Ladendiebstählen[16], aber auch verbotene Kreditgewährung oder — bei Verlusten durch Warenverderb — unsachgemäße Warenlagerung oder nicht rechtzeitige Rücklieferung an die Zentrale.

---

[8] Vgl. *Langer*, 11; *Krönig*, GewKfmGer. 14, 314 ff.; mit Vorbehalten auch *Grub*, AR-Blattei I, B.; *Endemann*, AuR 53, 297.
[9] Vgl. KfmG München, GewKfmGer. 16, 120; vgl. auch oben S. 35, Anm. 10.
[10] BAGE 2, 337; AP Nr. 4 zu § 611 BGB, Haftung des AN.
[11] Vgl. LAG Düsseldorf, BB 60,93.
[12] BAGE 2, 337, 339; *Grub*, AR-Blattei I, B. I., II; *Endemann*, AuR 53, 297.
[13] Vgl. darüber *Ennecc-Lehm*, § 15; RGRK z. BGB, Anm. III vor § 249; *Palandt*, Anm. 5. c. vor § 249.
[14] Vgl. Ziff. 2. r. der Geschäftsanweisung, Anhang, S. 144.
[15] Anders dagegen, wenn das Verschließen dem Arbeitgeber obliegt; vgl. *Grub*, AR-Blattei I, B. I. 2.
[16] Wenn aber der Arbeitgeber oder *dessen* Hilfspersonen den Filialleiter zeitweilig vertreten und sich in diesem Zeitraum Diebstähle ereignen, wird der Kausalzusammenhang unterbrochen; vgl. KfmG Charlottenburg, GewKfmGer. 10. 162; vgl. ferner BAGE 2, 337; *Stritzke*, NZfAR 29, 27.

c) Verschulden

Die Inanspruchnahme des Filialleiters setzt schließlich voraus, daß ihn an der Entstehung des Fehlbetrages bzw. -bestandes ein *Verschulden*[17] trifft. Er handelt schuldhaft, wenn er vorsätzlich oder fahrlässig Handlungen unternimmt oder unterläßt, die gegen die ihm obliegende Pflicht zur ordnungsgemäßen Arbeitsleistung verstoßen[18]. Entsteht infolge des (objektiv) verursachenden und (subjektiv) schuldhaften Verhaltens ein Manko, so hat er dies zu vertreten (§ 276 BGB). Er haftet dem Arbeitgeber wegen positiver Vertragsverletzung[19] (arbeitsvertraglicher Schlechtleistung[20]), §§ 59 HGB, 611 BGB, auf Ersatz[21] des Schadens[22], den dieser durch das Manko erleidet[23, 24].

Die Art der schuldhaften Schlechtleistung kann, wie bei mangelhafter oder unzureichender Vertragsleistung anderer Arbeitnehmer[25] sehr verschieden sein[26]. Hierin ist ebenfalls eine Auswirkung der von Fall zu Fall stark voneinander abweichenden Aufgaben, Verfügungsbefugnisse und Arbeitsbedingungen zu sehen[27]. Welche spezifischen Arbeits-, Sorge- und Obhutspflichten sich im einzelnen ergeben, hängt von den Inhaltsbestimmungen des jeweiligen Arbeitsvertrages ab. Die Gesamtver-

---

[17] Vgl. LAG Düsseldorf BB 60, 1097; zum Verschuldensbegriff vgl. ausführlich *Lehmann*, 325 ff.

[18] Abwegige Formulierung in GHBV-Ausblick Aug. 56, 3, wonach Verschulden bedeuten soll, daß der Arbeitnehmer hätte anders (sic!) handeln können.

[19] Vgl. im einzelnen *Galperin*, AR-Blattei, A.

[20] „Jede den Arbeitgeber irgendwie schädigende Handlung, die der Arbeitnehmer in Erfüllung seiner Arbeitspflicht vornimmt" — *Hueck-Nipp* I, 208; *Staud-Nipp*, Anm. 144 zu § 611; *Oertmann* (Lehrb.), 134 ff.; ders. (Arbeitslohn), 65 f.; *Titze*, 772 f.; auch LAG Stuttgart, BB 50, 899; ausführlich zum Ganzen *Fritz* (Diss.), 21 ff., 100 ff.

[21] Bei der Ersatzforderung des Arbeitgebers aus Mankohaftung handelt es sich nicht um einen arbeitsvertraglichen Erfüllungsanspruch (ungenau *Klebba*, BlättSteuerr. 52, 254; auch *Endemann*, AuR 53, 298, 299), sondern um einen Schadensersatzanspruch; vgl. dazu eingehend RAG, ARS 22, 130 ff.

[22] Vgl. *Hueck-Nipp* I, 209; *Nikisch* (Lehrb.), 268; *Staud-Nipp*, Anm. 147 zu § 611; *Schnorr von Carolsfeld*, 304; *Schlegelberger-Schröder*, Anm. 44 zu § 59; *Bobrowski*, 262; *Fritz* (Diss.), 103 f.

[23] *Grub*, AR-Blattei I, B.; *Endemann*, AuR 53, 298; *Langer*, 13; *Goetz Hueck* in Anm. zu BAG, AP Nr. 4 zu § 611 BGB, Haftung des AN; *Klebba*, BlättSteuerr. 52, 254; *Marx*, Arbrecht 33, 158 f.; *Sello*, MittIHK-Bln. 28, 779; *Neumann*, JbKfmGer.-Bln., 157 f.; 158 f.; — vom Standpunkt des österreichischen Rechts ebenso *Martinek*, RdA (Wien) 12./13. Heft 1954, 14 ff.
LAG Groß-Berlin, AR-Blattei, Haftung des AN, Entsch. 7; LAG Bayern, AmtsblBay. 55, C. 89; LAG Baden-Württemberg, Kam. Stuttgart, Betr. 57, 460 (nicht eindeutig); ArbG Nürnberg, ARST XVII, Nr. 79; ArbG Emden, ARST XIX, Nr. 78 und XIII, Nr. 639; ArbG Würzburg, ARST X, Nr. 679; ArbG Neumünster, ARST VI, Nr. 339; KfmG Berlin, DJZ 17, 532; KfmG Frankfurt. GewKfmGer. 08, 214.

[24] So im Grunde auch *Bulla*, Betr. 52, 58.

[25] Vgl. *Kaskel-Dersch*, I, 173.

[26] *Hueck-Nipp* I, 208.

[27] Vgl. oben, S. 22 ff.

antwortung bleibt jedoch stets gleich: Leistung guter, einwandfreier Arbeit[28]. Verletzt der Filialleiter diese Verpflichtung schuldhaft, und unterläuft ihm hierbei ein Manko, so muß er für den eingetretenen Schaden einstehen.

Der Filialleiter haftet für Manki nur aus dem Arbeitsvertrag. Wie dargelegt[29], ist die Annahme eines gemischtvertraglichen Rechtsverhältnisses nicht haltbar. Die Vorschriften über die Verwahrung (§§ 688 ff. BGB) oder Geschäftsbesorgung (§ 675 BGB) können daher für die durch Arbeitsvertrag begründete Mankohaftung nicht herangezogen werden.

2. Haftungsumfang im einzelnen

a) Haftung für Vorsatz

Nach § 276 Abs. 1 Satz 1 BGB hat der Filialleiter Vorsatz zu vertreten. Er muß also alle Manki verantworten, die er durch bewußt pflichtwidriges[30] Handeln herbeiführt. Dazu zählen auch Pflichtverletzungen, die daneben noch den Tatbestand einer unerlaubten Handlung erfüllen, z. B. im Falle einer schuldhaften, widerrechtlichen Eigentumsverletzung nach § 823 Abs. 1 BGB. Es kann nicht darauf ankommen, ob dieser Tatbestand der vorsätzlichen Schädigung „an sich auch durch einen arbeitsvertraglich völlig indifferenten Dritten gesetzt werden könnte"[31], und es wäre demnach falsch, wenn dem Filialleiter in solchen Fällen nur eine deliktsrechtliche Haftung auferlegt würde[32]. Der Filialleiter verletzt gerade *durch* das Eigentumsdelikt unmittelbar seine arbeitsvertragliche Hauptpflicht, die Pflicht zur ordnungsgemäßen Arbeitsleistung. Er verstößt gleichzeitig gegen die Treupflicht, die ihm aufgibt, die Interessen seines Arbeitgebers in jeder Weise wahrzunehmen[33], insbesondere alles zu unterlassen, was dem Betriebszweck abträglich sein[34] und den Arbeitgeber schädigen könnte[35]. Dieser grundlegenden Vertragspflicht handelt er zuwider, wenn er sich vorsätzlich am Eigentum seines Partners — gleichgültig ob während oder außerhalb der Geschäftszeit[36] — vergeht.

---

[28] Vgl. *Staud-Nipp*, Anm. 109 ff. zu § 611, RGRK z. BGB, Anm. 2 zu § 611; *Kleeis*, BABl. 50, 304.

[29] Oben, S. 28 ff.

[30] Das Bewußtsein der Pflichtwidrigkeit gehört zum zivilrechtlichen Vorsatzbegriff; vgl. *Larenz* I, 184, *Palandt*, Anm. 3 zu § 276.

[31] *Endemann*, AuR 53, 298; ihm folgend *Langer*, 11.

[32] Anderer Ansicht neben *Endemann*, a. a. O. und *Langer*, a. a. O. auch *Grub*, AR-Blattei I, A., B. II.

[33] *Hueck-Nipp* I, 220; *Kaskel-Dersch* II, 148 f.; RGRK z. BGB, Anm. 2, 4 zu § 611.

[34] *Nikisch* (Lehrb.), 383; RAG, ARS 15, 565.

[35] *Hueck-Nipp* I, 221; *Staud-Nipp*, Anm. 160 ff zu § 611; *Schlegelberger-Schröder*, Anm. 38 zu § 59.

[36] Die Treupflicht ist für das Gesamtverhalten des Arbeitnehmers während der Dauer seines Arbeitsverhältnisses maßgebend; vgl. *Hueck-Nipp* I, 220

b) Haftung für Fahrlässigkeit

Dem Filialleiter fällt grundsätzlich auch *jede*[37] fahrlässige Pflichtverletzung zur Last[38], d. h. jedes Verhalten, bei dem er die im Verkehr
erforderliche Sorgfalt außer acht läßt (§ 276 Abs. 1 Satz 2 BGB). Der
Haftungsmaßstab des bürgerlichen Rechts gilt uneingeschränkt auch im
Arbeitsrecht[39] und demgemäß auch für die Frage, ob der Filialleiter für
ein Manko aufzukommen hat. Eine andere Ansicht vertritt *Endemann*[40],
dem die „im Verkehr erforderliche Sorgfalt" als objektiver Haftungsmaßstab ungeeignet erscheint. Stattdessen soll die Verantwortlichkeit
des Filialleiters auf der „Verpflichtung zu einer gesteigerten Wachsamkeit und Gewissenhaftigkeit im Dienste seines Arbeitgebers" beruhen[41].
Diese Erwägungen schließen jedoch den Sorgfaltsmaßstab des § 276 BGB
keineswegs aus, sondern präzisieren ihn im Hinblick auf die bei der
Tätigkeit des Filialleiters zu berücksichtigenden Umstände. Erhöhte Sor-
ge- und Obhutspflichten ergeben sich schon aus der beruflichen und betrieblichen Stellung dieses Arbeitnehmers und aus der Eigenart der übernommenen Aufgabe[42], die darin besteht, fremdes Gut sachgerecht zu
verwalten und den Ablauf des gesamten Geschäftsbetriebes zu steuern.
Es kommt also darauf an, daß er bei der Ausübung seiner zahlreichen
Einzelverrichtungen diejenige Sorgfalt beobachtet, die seiner weitrei-
chenden Verantwortung entspricht, da sich nach dieser Verantwortung
die Art und Weise, das „Wie" jeder Arbeitsleistung bestimmt[43]. In diesem Zusammenhang ist es von besonderer Bedeutung, ob in einzelnen
Leistungsverstößen nicht auch ein arbeitsvertragswidriger Mißbrauch
seiner Vertrauensstellung und damit ein Verstoß gegen seine arbeits-

---

[37] Mit der herrschenden Meinung; vgl. *Hueck-Nipp* I, 209; *Kaskel-Dersch*
II, 144; *Nikisch* (Lehrb.), 266 f.; *Staud-Nipp*, Anm. 147 zu § 611; *Schlegelberger-Schröder*, Anm. 44 zu § 59; *Bobrowski*, 262; *Galperin*, AR-Blattei, A. II.
1.; — über vereinzelte Gegenansichten vgl. *Hueck-Nipp* I, 209, Anm. 27.

[38] Vgl. statt anderer *Grub*, AR-Blattei I. B. II. 1.; nicht unbedenklich *Dersch*,
AR-Blattei I, B. II., 1. b.; irrig (auf grobe Fahrlässigkeit beschränkend) *Langer*, 22; *Teichmann*, Angest.- Recht 6/55, 8.

[39] Vgl. besonders BAG, AP Nr. 1 zu § 276 BGB; *Galperin*, AR-Blattei, A. II. 2.;
Hueck-Nipp I, 209.

[40] AuR 53, 298 f.

[41] Vgl. auch *Scheuerle*, RdA 58, 247 ff., nach dessen Auffassung ein besonderer arbeitsrechtlicher Fahrlässigkeitsbegriff erforderlich sei; dagegen *Dersch*,
RdA 58, 442 f.

[42] Gleicher Ansicht *Endemann*, AuR 53, 298 (unzutreffende Kritik seiner
Meinung bei *Langer*, 14, Anm. 21); *Bulla*, Betr. 52, 58; LAG Bremen, AP Nr. 3
zu § 611 BGB, Haftung des AN, mit zust. Anm *Larenz*; LAG Saarbrücken,
ARST VI, Nr. 86; bereits früher *Neumann*, JbKfmGer.-Bln., 157; LandG I Berlin, GewKfmGer. 07, 134; KfmG Berlin, DJZ 17, 532; a. A. *Langer*, 14 und 19 f.

[43] Verlangt werden darf aber auch nur ein „normaler Durchschnitt an
Sorgfalt" (eines Filialleiters!) vgl. *Leonhard*, Festgaben Enneccerus, 66; die
Sorgfalt eines „ordentlichen Kaufmanns" (so z. B. *Larenz*, Anm. zu LAG Bremen, AP Nr. 3 zu § 611 BGB, Haftung des AN) ist dagegen vom persönlich
abhängigen, weisungsgebundenen Filialleiter nicht zu erwarten.

vertragliche Treupflicht zum Ausdruck kommt[44]. Nimmt er die Interessen seines Arbeitgebers nur unzureichend[45] wahr, so wiegt eine derartige Pflichtverletzung um so schwerer, je mehr sich seine betrieblichen Befugnisse und Handlungsfreiheiten auf das besondere Vertrauen[46] des Arbeitgebers gründen.

Wie einige Beispiele aus Rechtsprechung und Literatur zeigen, sind für die Beurteilung fahrlässigen Filialleiterverhaltens die verschiedensten Gesichtspunkte in Betracht zu ziehen:

Fahrlässig handelt ein Filialleiter, wenn er die Leitung des Filialbetriebes nicht niederlegt, obwohl er aus immer wieder auftretenden Fehlbeträgen schließen muß, daß er seiner Aufgabe nicht gewachsen ist[47], wenn er sich während der Geschäftszeit ohne Grund aus dem Filialbetrieb entfernt und dadurch seine Aufsichtspflicht vernachlässigt[48] oder wenn er es unterläßt, die Lieferscheine ordnungsgemäß nachzuprüfen[49]. Auch ein Verhalten, das — wenn auch nur zum Teil — auf Unerfahrenheit und Leichtsinn beruht (z. B. Leitung eines Filialbetriebes ohne entsprechende Ausbildung[50]), genügt nicht den Anforderungen der im Verkehr erforderlichen Sorgfalt. Grobe Fahrlässigkeit liegt vor, wenn der Filialleiter seiner Aufsichtspflicht so ungenügend nachkommt, daß in kurzer Zeit unverhältnismäßig hohe Fehlbeträge entstehen können, und er als der Verantwortliche dies nicht sofort bemerkt und dem Arbeitgeber meldet[51]. Unsachgemäße Geschäftsführung und Buchhaltung und sonstige unsorgsame Pflichterfüllung bei der Verwaltung der Kasse und des Warenlagers unter Verstoß gegen die Vorschriften des Arbeitgebers deuten gleichfalls[52] auf grobe Fahrlässigkeit hin.

Bei der Prüfung, ob der Filialleiter das Manko fahrlässig verursacht hat und bei der Ermittlung des Fahrlässigkeitsgrades sind die äußeren Verhältnisse mit in Betracht zu ziehen, z. B. Zustand und Organisation

---

[44] Andererseits ist aber auch zu bedenken, daß zu strenge Anforderungen an die Verantwortung des Filialleiters ungünstige Folgen nach sich ziehen können. So besteht die Gefahr, daß der Filialleiter aus beständiger Furcht, im Mankofall ersatzpflichtig gemacht und ggf. entlassen zu werden, Unredlichkeiten beim Verkauf oder bei der Abrechnung begeht, um die eingetretenen Verluste wieder „herauszuwirtschaften"; vgl. dazu *Richter*, mensch und arbeit 56, 10.

[45] Z. B. Unterlassung risikomindernder Maßnahmen, Nichtanzeige von Verlustquellen (mangelhafte Lieferungsverfahren, unzuverlässige oder unredliche Hilfskräfte), Nichtbeseitigung organisatorischer oder betrieblicher Unzulänglichkeiten.

[46] Vgl. auch *Hueck-Nipp* I, 220 ff.; *Nikisch* (Lehrb.), 283 ff.; *Kaskel-Dersch* II, 147 ff.

[47] LAG Saarbrücken, ARST VI, Nr. 86; ArbG Wilhelmshaven, BB 56, 401.

[48] *Stritzke*, NZfAR 29, 27.

[49] KfmG Berlin, DJZ 17, 532.

[50] RAG, ARS 22, 129.

[51] LAG Groß-Berlin, AR-Blattei, Haftung des AN, Entsch. 7.

[52] LAG Bremen, AP Nr. 3 zu § 611 BGB, Haftung des AN, mit zust. Anm. *Larenz.*

des Filialbetriebes, Unregelmäßigkeiten des Geschäftsverkehrs mit erhöhten bzw. verminderten Leistungsanforderungen oder andere Einflüsse. Auch aus den Anschauungen der Beteiligten des Arbeitslebens[53]
können ergänzende Anhaltspunkte gewonnen werden[54, 55]. Für alle
Fälle fahrlässigen Verhaltens enthält der § 276 BGB eine allgemeine Richt-
linie, die es gleichwohl erlaubt, Besonderheiten angemessen zu berücksichtigen[56].

3. Haftung für von Mitarbeitern herbeigeführte Manki

a) Im Regelfall keine Einstandspflicht des Filialleiters nach § 278 BGB

Wenn neben dem Filialleiter noch weitere Arbeitnehmer im Filialbetrieb beschäftigt sind und nicht feststeht, daß der Filialleiter ein aufge-
decktes Manko selbst schuldhaft verursacht hat, können Zweifel auftreten, wer für den Schaden haftet. Von *Bulla*[57] wird die Meinung vertreten, daß die Mitarbeiter des Filialleiters als dessen Erfüllungsgehilfen
im Sinne des § 278 BGB anzusehen seien. Dies treffe jedenfalls zu, wenn
der Filialleiter befugt gewesen sei, die Gehilfen als eigene Kräfte oder
doch nur zu seiner Unterstützung, wenn auch formell für den Arbeitgeber
dergestalt einzustellen, daß dieser keinerlei Einfluß auf Auswahl oder
Beaufsichtigung und Anleitung nehme. Ein Verschulden der Hilfskräfte
habe der Filialleiter deshalb gemäß § 278 BGB wie eigenes Verschulden
zu vertreten. Eine andere Entscheidung sei je nach Sachlage unter Umständen vielleicht zulässig, wenn der Arbeitgeber solche Gehilfen als
seine Arbeitnehmer zur Unterstützung des mankopflichtigen Arbeitnehmers, also hier des Filialleiters, diesem zuordne. Allerdings gelte die Aus-
nahmeregel nicht, wenn dem Arbeitnehmer (Filialleiter) nicht jede Beauf-
sichtigungs- und Weisungsbefugnis gegenüber den zugeordneten Gehilfen mit entsprechenden Sonderpflichten gegenüber dem Arbeitgeber
fehle[58].

Solche und ähnliche[59] Gedankengänge finden jedoch keine Stütze im
Gesetz. Die Vorschrift des § 278 BGB greift vielmehr nur bei sehr selte-
nen[60], wenig charakteristischen Ausnahmefällen[61] ein. In der Regel[62]

---

[53] Vgl. RGZ 126, 331 („Urteil besonnener und gewissenhafter Angehöriger
(dieses) ... engeren Verkehrskreises"); vgl. auch RGZ 102, 49; 119, 400.
[54] Vgl. *Galperin*, AR-Blattei, A. II. 2.; *Dersch*, BB 56, 501; *Kaskel-Dersch*
II, 144; BGHZ 16, 120; BAGE 2, 336 f.
[55] Vgl. zum Ganzen besonders *Hueck-Nipp* I, 209.
[56] Vgl. auch *Neumann*, JbKfmGer.-Bln, 162.
[57] Betr. 52, 58.
[58] *Bulla*, a. a. O.
[59] Vgl. *Endemann*, AuR 53, 299; auch *Grub*, AR-Blattei I, B. II. 1. d.
[60] Z. B. in dem von *Bulla*, a. a. O., als einzigen Beleg zitierten Fall in der
Entscheidung RAGE 9, 284 = ARS 13, 602, wenngleich die Inanspruchnahme

sind die Mitarbeiter keine Erfüllungsgehilfen des Filialleiters im Sinne der genannten Bestimmung[63].

aa) Fehlen der Tatbestandsvoraussetzungen

Dies ergibt sich schon aus dem Wortlaut des § 278 BGB. Danach müßte sich der Filialleiter der ihm unterstellten Hilfskräfte zur *Erfüllung* einer *ihm* obliegenden *Verbindlichkeit* bedienen. Auch wenn man cum grano salis vielleicht noch sagen könnte, der Filialleiter „bediene sich" der Mitarbeiter, indem er ihnen als Vorgesetzter die auf sie entfallenden Arbeiten zuweise und die Ausführung überwache, so fehlen doch die Voraussetzungen des zweiten Tatbestandsmerkmals des § 278 BGB. Die Mitarbeiter werden nicht tätig, um die Verbindlichkeit des *Filialleiters* gegenüber dem Arbeitgeber zu erfüllen[64], sondern um *ihre eigene* Vertragsleistung zu erbringen[65].

Etwas anderes wäre es, wenn der Filialleiter z. B. als „juristischer Arbeitgeber"[66] des Personals in Betracht käme. Dann läge auch zwischen Filialleiter und Hilfskraft ein Rechtsverhältnis, nämlich ein Arbeitsverhältnis, vor, und der Filialleiter würde sich der Mitarbeiter „zur Erfüllung *seiner* Verbindlichkeit" gegenüber dem Arbeitgeber bedienen. Mangels persönlicher Selbständigkeit von Filialleitern scheidet diese Möglichkeit jedoch aus. Die Rechtsstellung eines „konkreten Arbeitgebers"[67] kann der Filialleiter ebenfalls nicht innehaben[68]. Verkaufs- oder Verteilungsstellen sind keine rechtlich selbständigen Betriebe. Abgesehen davon übt ein Filialleiter in diesen abhängigen Betriebsabteilungen des Unternehmens auch nicht die oberste Befehlsgewalt aus. Daß ihm gegenüber dem unterstellten Personal eine Weisungsbefugnis

---

auch dort nicht auf der Rechtswirkung des § 278 BGB beruhte (vgl. unten, S. 46, Anm. 79).

[61] Ein solcher lag auch der Entscheidung LAG München, ARS (LAG) 24, 153, zugrunde.

[62] Aus den einschlägigen Entscheidungen geht nichts Gegenteiliges hervor. Dies trifft auch für tarif- oder einzelarbeitsvertragliche Vereinbarungen zu; vgl. statt anderer GehaltsTV Nordrh.-Westf. und die Geschäftsanweisungen I und II im Anhang, S. 143 ff.

[63] So auch *Grub*, AR-Blattei I, B. II. 1. d.; *Langer*, 37 f.; vgl ferner BAG, BB 60, 940.

[64] Vgl. BGHZ 13, 113 ff.; *Palandt*, Anm. 4 zu § 278; *Reinhardt* (Diss.), 53; *Weeber* (Diss.), 92.

[65] So ausdrücklich das Reichsgericht in Recht (Beilage) 12, Nr. 192; vgl. auch *Hueck-Nipp* I, 210 ff.; BGHZ 19, 111 ff.; (113 f.); 3, 46 ff. (49); — als Gegenbeispiel vgl. RAG, ARS 13, 607.

[66] Nach *Titze*, 549, auch „abstrakter" Arbeitgeber; vgl. ferner RAG, ARS 15, 551 f.

[67] Nicht als Träger des Anspruchs auf Arbeitsleistung, sondern als Inhaber der unmittelbaren, ausschließlichen Befehlsgewalt im (selbständigen) Betrieb; vgl. *Hueck-Nipp* I, 78.

[68] So auch *Hueck-Nipp* I, 78.

zusteht, ist insoweit ohne Bedeutung, denn als Arbeitnehmer[69] hat er alle Anordnungen nicht aus eigenem, sondern aus fremdem Interesse[70], gleichsam als „ausführendes Organ" der Unternehmensleitung zu treffen.

An den Voraussetzungen, die eine Inanspruchnahme nach § 278 BGB rechtfertigen würden, mangelt es auch, wenn der Filialleiter dem Personal als „leitender Angestellter" vorsteht. In dieser Stellung nimmt er ebenfalls nur übertragene Vorgesetztenaufgaben wahr und handelt gegenüber den Mitarbeitern lediglich als Vertreter des Arbeitgebers, immer in dessen wirtschaftlichem und rechtlichem Interesse[71]. Im übrigen ist zu bemerken, daß Filialleiter grundsätzlich keine leitenden Angestellten im Sinne des Arbeitsrechts[72] sind[73]. Selbst wenn ein Filialleiter dieser Arbeitnehmergruppe ausnahmsweise angehören sollte, bliebe seine Haftung für Manki hiervon unberührt. Auch ein leitender Angestellter ist echter Arbeitnehmer[74], so daß hinsichtlich der Verantwortlichkeit für Fehlstände insoweit[75] keine Unterschiede bestehen. Gegenteiliges läßt sich den Ausnahmebestimmungen für leitende Angestellte (z. B. den §§ 4 Abs. 2. c. BetrVerfGes, 12 Ksch G, 1 Abs. 2 AZO) nicht entnehmen.

Ein mittelbares[76] ‚Arbeitsverhältnis[77] zwischen dem Filialleiter und seinen Hilfskräften kann nur ausnahmsweise[78] bestehen. Fehlen weitere rechtserhebliche Voraussetzungen (z. B. Eigeninteresse des Filialleiters an der Beschäftigung von Mitarbeitern und wirtschaftlich selbstständige Stellung im Filialbetrieb bei Übernahme von Betriebskosten, insbesondere von Löhnen[79]), so ist ihm nicht einmal eine arbeitgeber-

---

[69] Hiervon wird stets ausgegangen; rechtlich und wirtschaftlich Selbständige (z. B. Pächter) sind nicht zu berücksichtigen (vgl. oben, S. 25).

[70] Vgl. auch *Weeber* (Diss.), 23 f.; *Reinhardt* (Diss.), 3 f.; *Voll* (Diss.), 11 f.

[71] *Hueck-Nipp* I, 67.

[72] Vgl. darüber *Bulla*, Festschrift Herschel, 121 f.

[73] Vgl. ArbG Bremen, ARST XV, Nr. 333; — so auch die Ansicht der Beteiligten; dahingehende Stellungnahmen liegen vor von: Hauptgemeinschaft des Deutschen Einzelhandels e. V., Köln; Zentralverband deutscher Konsumgenossenschaften e. V., Hamburg; VELA, Vereinigung Leitender Angestellten e. V. in der Union der leitenden Angestellten, Köln; Gesamtverband des Hamburger Einzelhandels e. V., Hamburg; Landesverband des Einzelhandels für Westfalen und Lippe e. V., Münster; Einzelhandelsverband Württemberg und Hohenzollern e. V., Stuttgart.

[74] Vgl. *Hueck-Nipp* I, 67.

[75] Unterschiede ergeben sich dagegen hinsichtlich der entsprechend höheren Leistungsanforderungen an leitende Angestellte.

[76] Zu unterscheiden vom Rechtsverhältnis des „mittelbaren Erfüllungsgehilfen" bei Außenverhältnissen; vgl. *Larenz* I, 194.

[77] Vgl. ausführlich *Nikisch* (Lehrb.), 205 ff.

[78] Zustimmend *Grub*, AR-Blattei I, B. II. 1 d.; *Marx*, Arbrecht 33, 154 f.; a. A. RAG, ARS 13, 606.

[79] Vgl. LAG München, ARS (LAG) 24, 153; ebenso RAG, ARS 13, 602; auf letztere Entscheidung berufen sich *Bulla*, Betr. 52, 58, Anm. 9 und *Endemann*, AuR 53, 299, Anm. 5; — wohl zu Unrecht, weil dieser außergewöhnliche Sach-

ähnliche Stellung zuzuerkennen, die beispielsweise ein Zwischenmeister innehat. Wenn jedoch ein derartiges Rechtsverhältnis durch *zusätzliche* Vereinbarung begründet wird, ist im Mankofall davon auszugehen. Ob der Filialleiter unter solchen Umständen als Arbeitgeber anzusehen ist oder ob er eine arbeitgeberähnliche Stellung einnimmt, „ob also nur zwischen ihm und dem Gehilfen ein echter Arbeitsvertrag vorliegt oder auch Rechtsbeziehungen zum Unternehmer selbst eintreten, kommt auf die Lage des Einzelfalles an"[80].

bb) Selbständigkeit der Vertragsstellungen des Filialleiters und der Mitarbeiter gegenüber dem Arbeitgeber

Auch der Umstand, daß der Filialleiter gelegentlich[81] zur Einstellung von Hilfskräften befugt ist, begründet keine Einstandspflicht nach § 278 BGB. Wie *Bulla*[82] richtig bemerkt, ist die Einstellung von Mitarbeitern ein „formeller" Vorgang. Der Filialleiter handelt *für* den Arbeitgeber, weil dieser ihn ermächtigt, ein dem Arbeitgeber selbst zustehendes Recht als Vertreter wahrzunehmen. Einstellung, Aufsicht und Anleitung beziehen sich tatsächlich und rechtlich auf ein *betriebliches* Bedürfnis des Arbeitgebers, für den die Mitarbeiter des Filialleiters ausschließlich arbeiten. Mit ihrer Eingliederung in den Filialbetrieb sind die Hilfskräfte, auch wenn sie vom Filialleiter eingestellt werden, wie der Filialleiter und neben ihm dem gemeinsamen Arbeitgeber als Arbeitnehmer auf gleicher Stufe in persönlicher Abhängigkeit verpflichtet[83]. Jedem von ihnen obliegen eigene Sorgfaltspflichten nach Maßgabe des jeweiligen Arbeitsvertrages[84]. Mithin haften alle Angestellten des Filialbetriebes aufgrund eigener Verantwortlichkeit für Manki, die von ihnen selbst schuldhaft herbeigeführt werden[85]. Soll einer dieser Arbeitnehmer auf Schadensersatz in Anspruch genommen werden, so muß ihm der Fehlbestand oder -betrag persönlich zurechenbar sein; eine gesamtschuldnerische Haftung mehrerer Beschäftigten kann sich jedoch nur ergeben, wenn und soweit jeden von ihnen an der Entstehung der Verluste ein Verschulden trifft[86].

Da ein selbständiges Rechtsverhältnis zwischen dem Filialleiter und seinen Mitarbeitern als Anspruchsgrundlage gemäß § 278 BGB nicht in

---

verhalt der genannten Entscheidung zugrunde lag. Im übrigen war die Haftung des Filialleiters für Mitarbeiterverschulden im *Vertrage* ausdrücklich *übernommen* worden (vgl. RAGE 9, S. 290 in Verbindung mit S. 285).

[80] RAG, ARS 13, 607.
[81] *Grub*, AR-Blattei I, B. II. 1 d.
[82] Betr. 52, 58 (vgl. oben, S. 44).
[83] Ebenso *Marx*, Arbrecht 33, 154 f.; vgl. ferner *Molitor* (Arbeitsvertrag), 87 f.
[84] Vgl. auch RG, Recht (Beilage) 12, Nr. 192; *Reinhardt* (Diss.), 53.
[85] Vgl. schon *Landsberger*, GewKfmGer. 09, 214.
[86] Vgl. RAG, ARS 15, 353 f.

Betracht kommt, braucht nur noch geprüft zu werden, ob nicht die tatsächlichen Verhältnisse die Anwendung der genannten Vorschrift dennoch rechtfertigen könnten. Dies wäre der Fall, wenn im Einzelfall schon aus den rein tatsächlichen Vorgängen hervorgeht, daß es sich bei der Tätigkeit der Mitarbeiter um eine vom Filialleiter gewollte oder gebilligte Mitwirkungshandlung bei *seiner* eigenen Vertragserfüllung handelt. Im Hinblick auf die Bestimmung des § 278 BGB wäre es bei solcher Sachlage unerheblich[87], in welchem rechtlichen Verhältnis die Hilfskräfte zum Filialleiter stehen[88]. Aus den vorstehenden Darlegungen geht jedoch hervor, daß auch die tatsächlichen Umstände die Anwendung des § 278 BGB ausschließen. Fälle, in denen der Filialleiter seine Hilfskräfte unberechtigterweise mit Aufgaben betraut, die ihm selbst obliegen, scheiden aus. Bei unbefugter oder verbotswidriger Gehilfenverwendung kommt die Vorschrift des § 278 BGB nicht zum Zuge, weil der Filialleiter unter diesen Umständen wegen schuldhafter Verletzung höchstpersönlicher Arbeitspflichten, nicht aber wegen Verschuldens seiner Mitarbeiter für ein Manko einstehen muß, das ihnen unterläuft[89].

b) Haftung des Filialleiters nur bei Verletzung seiner eigenen Vertragspflichten

Eine Einstandspflicht des Filialleiters für von Mitarbeitern herbeigeführte Verluste kann sich jedoch aus anderen Anspruchsgrundlagen ergeben, sofern er gegen eigene Sorgfaltspflichten verstößt. Dies ist beispielsweise der Fall, wenn Fehlbestände darauf beruhen, daß er bei der Einstellung seines Personals eine mangelhafte Auswahl unter den Bewerbern traf. Wenn er das Auswahl- und Einstellungsverfahren im Rahmen eines Auftrages seines Arbeitgebers außerhalb seiner eigentlichen arbeitsvertraglichen Pflichten abwickelte, haftet er für das Manko, wenn er diesen Auftrag nicht ordnungsgemäß erfüllte (§§ 662 ff. BGB in Vbdg. mit § 276 BGB)[90]. Gehört die Einstellung des Personals zu seinen Pflichten aus dem Arbeitsvertrag, muß er die Einbußen verantworten, wenn er seine Aufgabe vernachlässigt und Mitarbeiter einstellt, die infolge unzureichender Arbeitsleistung Fehlbeträge entstehen lassen. Der Kausalzusammenhang zwischen Pflichtverletzung des Filialleiters und Manko ist zu bejahren, wenn z. B. ein unredlicher oder ungeeigneter Verkäufer eingestellt wird, dessen Unehrlichkeit, Unzuverlässigkeit oder mangelnde Eignung der Filialleiter kannte oder hätte erkennen können (etwa durch Rückfragen beim bisherigen Arbeitgeber oder dergleichen).

---

[87] Vgl. *Blomeyer*, 140.
[88] BGHZ 13, 113 f.
[89] Vgl. *Hueck-Nipp* I, 211; *Ennecc-Lehm*, § 44; *Blomeyer*, 138, Anm. 14; *Reinhardt* (Diss.), 121 f.
[90] Vgl. *Palandt*, Anm. 8 zu § 662.

Wegen Schlechtleistung muß der Filialleiter für ein Manko ferner aufkommen, wenn es auf unzureichende Aufsicht über das Personal zurückgeht[91]. Läßt er es an der notwendigen Überwachung und Kontrolle fehlen[92], so ist seine Haftung begründet, vorausgesetzt, daß diese Pflichtverletzung für das Manko kausal war[93]. Bei der Beurteilung der Sorgfaltspflicht wird man in solchen Fällen jedoch berücksichtigen müssen, daß die Personalaufsicht zwar eine wichtige, aber praktisch mehr „nebenher" wahrzunehmende Teilaufgabe[94] im Rahmen der sonstigen Arbeitspflichten darstellt. Die „gesteigerte Wachsamkeit und Gewissenhaftigkeit"[95] des Filialleiters kann durch erschwerende Umstände nicht beeinträchtigt werden. Dies schließt aber nicht aus, daß man auf die vielfältigen anderweitigen Beanspruchungen Bedacht nimmt, die mit dem filialbetrieblichen Geschäftsverkehr verbunden sind. So ist eine ständige Aufsicht über das Verkaufspersonal nicht immer möglich, wenn der Filialleiter im Lager eine Warenlieferung entgegennimmt, die Buchführung erledigt oder den Kassenbestand abrechnet. Welche Maßstäbe an seine Sorgfaltspflicht im einzelnen anzulegen sind, hängt auch hier von den gesamten Fallumständen ab.

4. Mankohaftung bei Vertretung des Filialleiters

a) Anspruchsbegründende Voraussetzungen

Bei zeitweiliger Abwesenheit des Filialleiters (z.B. bei Geschäftsreisen, Urlaub, Krankheit, Streik) taucht die Frage auf, wer für Verluste haftet, die sich in diesem Zeitraum ereignen. In diesen Fällen bestimmt sich seine Verantwortung für Fehlbestände üblicherweise nach entsprechenden, zusätzlichen Vereinbarungen[96]; unbeschadet dessen ist hier auf die gesetzlichen Haftungsgründe einzugehen, wenn keine besonderen Abmachungen getroffen wurden. Unter zeitweiliger Vertretung wird im folgenden die aushilfsweise Wahrnehmung der Aufgaben des abwesenden Filialleiters durch Dritte verstanden (z.B. durch andere Arbeitnehmer des Arbeitgebers, durch den Arbeitgeber selbst oder durch die Ehefrau des Filialleiters)[97].

---

[91] Vgl. Goetz *Hueck*, Anm. zu LAG Hannover, AP 53 II, 394; LAG Baden-Württemberg, Kam. Stuttgart, Betr. 57, 460.
[92] Vgl. LAG Groß-Berlin, AR-Blattei, Haftung des AN, Entsch. 7.
[93] Vgl. *Grub*, AR-Blattei I, B. II. 1 d.; *Neumann*, JbKfmGer.-Bln., 162; Langer, 38.
[94] Vgl. z.B. die Pflichtenkataloge in den Geschäftsanweisungen I und II im Anhang, S. 143 ff.
[95] *Endemann*, AuR 53, 299.
[96] Vgl. RAG, ARS 10, 156; KfmG Danzig, Handb.-GewKfmGer., 627; LandG III Berlin, GewKfmGer. 10, 162.
[97] Vgl. die Fälle in den Entscheidungen KfmG Hamburg, HansGerZtg./AR 27, 4; KfmG Danzig, a.a.O.; LandG III Berlin, GewKfmGer. 14, 301; KfmG Posen, GewKfmGer. 18, 286; vgl. auch Beispiel 2. bei Teichmann, Angest.-Recht 6/55, 6 f.

aa) Bei Verantwortlichkeit der Vertreter

Bei Vertretungsverhältnissen ist zunächst zu prüfen, ob die Vertretung vom Arbeitgeber oder vom Filialleiter gestellt und eingesetzt wurde. Für Manki von Vertretern, die der Arbeitgeber von sich aus, ohne Zutun des Filialleiters, in den Filialbetrieb einweist, braucht der Filialleiter nicht aufzukommen, wenn und soweit das in der Vertretungszeit aufgedeckte Manko in keinem ursächlichen Zusammenhang mit seiner vorangegangen Tätigkeit steht. Der Arbeitgeber muß sich vielmehr an den Vertreter halten, weil man bei dieser Sachlage davon ausgehen kann, daß der Vertreter mit der Übernahme seiner Aufgabe zugleich auch in die vertragliche und betriebliche Stellung des Filialleiters eintritt und daß folglich ein erwiesenermaßen erst während seiner Vertretertätigkeit eingetretenes Manko nur von ihm zu verantworten ist[98]. Die Inanspruchnahme des Vertreters ist gerechtfertigt, wenn er seinen Pflichten, die er unter den gleichen Voraussetzungen wie der vertretene Filialleiter wahrnimmt, nicht mit der gebotenen Sorgfalt nachkam. Der Filialleiter braucht für das Manko nicht zu haften, weil er den Einsatz der Aushilfe nicht selbst veranlaßt hatte und weil er während der Vertretungszeit keinen Einfluß auf die Geschäftsführung des Vertreters ausüben konnte[99].

bb) Bei Verantwortlichkeit des Filialleiters

Unter Umständen kann der Filialleiter jedoch zur Rechenschaft gezogen werden, wenn nicht der Arbeitgeber, sondern er selbst die Ersatzkraft stellt. Dieser Fallgruppe sind auch Vertretungsverhältnisse zuzuordnen, in denen ein anderer Arbeitnehmer des Arbeitgebers auf Vorschlag des Filialleiters während seiner Abwesenheit einspringt. Für Verluste, die solche Vertreter herbeiführen, muß er haften, wenn er schuldhaft Pflichten verletzt, die sich aus seiner Verantwortung für ordnungsgemäße Vorsorge ergeben (z. B. durch unsorgsame Auswahl des Vertreters, durch Vorschlag unzuverlässiger Personen). Da er schon für mangelnde Sorgfalt bei Auswahl einzustehen hat, kann er sich seiner Haftung nicht mit Hinweis darauf entziehen, daß ihm keine Möglichkeit offen stand, auf die Geschäftsführung des Vertreters Einfluß zu nehmen. Bei feststehendem Kausalzusammenhang reicht die vorsätzliche oder fahrlässige Verletzung seiner arbeitsvertraglichen Sorgfaltspflicht bei der Bestellung des Vertreters aus, um im Schadensfall seine Haftung zu begründen.

Wenn die Verantwortung für den Einsatz und für die Geschäftsführung des Vertreters in vollem Umfang auf dem Filialleiter ruht und wenn zwischen dem Arbeitgeber und dem Vertreter kein eigenes, selbständi-

---

[98] Vgl. KfmG Posen, GewKfmGer. 18, 286.
[99] Vgl. KfmG Posen, a. a. O.; KfmG Danzig, a. a. O., (629); KfmG Charlottenburg, GewKfmGer. 10, 162.

ges Rechtsverhältnis entsteht, kann sich der Arbeitgeber gleichfalls an den Filialleiter halten. Bei dieser Rechtslage ist der Vertreter als Erfüllungsgehilfe des Filialleiters anzusehen, weil er sich des Vertreters *zur Erfüllung seiner* eigenen Verbindlichkeit bedient. Wenn die Aushilfsperson (z. B. die Ehefrau des Filialleiters) die vertretungsweise übernommenen Pflichten des Filialleiters schuldhaft verletzt und ein Manko herbeiführt, muß er dafür wie für eigenes Verschulden haften (§ 278 BGB).

b) Mitwirkungspflichten des Filialleiters und des Arbeitgebers im Rahmen von Vertretungsverhältnissen

Wem die Aufgabe zufällt, für die rechtzeitige Bestellung einer zur Vertretung geeigneten Kraft zu sorgen, wird sich aus dem Arbeitsvertrag und aus den Umständen des Einzelfalles ergeben[100]. Daneben bedarf es jedoch einer klaren Abgrenzung der Geschäftsführungszeiträume des Filialleiters und des Vertreters, damit festgestellt werden kann, zu wessen Lasten eingetretene Manki gehen[101]. Ordnungsgemäße Inventuren vor und nach der Vertretungsperiode und korrekte Bestandsübergaben sind unentbehrlich[102]. Wenn beispielsweise der aus dem Urlaub zurückkehrende Filialleiter den Waren- und Kassenbestand ohne gewissenhafte Bestandskontrolle übernimmt, wird er sich später nicht darauf berufen können, daß ein erst nachträglich entdecktes Manko während seiner Abwesenheit herbeigeführt worden sei[103]. Da er es unterließ, nach Beendigung der Vertretertätigkeit die zur eigenen Entlastung erforderliche Bestandsaufnahme vorzunehmen, muß er diesen Mangel an Sorgfalt gegen sich gelten lassen, es sei denn, daß sich das Manko nachweislich während der Vertretungszeit ereignete und ihn deshalb keine Verantwortung dafür trifft. Dagegen kann ein Manko dem Filialleiter nicht ohne weiteres zugerechnet werden, wenn der Arbeitgeber seine Mitwirkungspflichten versäumt, wenn er es z. B. schuldhaft unterläßt, vor Ablösung des Filialleiters eine Inventur aufnehmen zu lassen und den Filialbetrieb bis dahin verschlossen zu halten sowie gegen alle anderen Einflüsse zu sichern, sondern etwa einen Lehrling eine Woche lang mit der Weiterführung des Geschäftes betraut. Wegen dieser Nachlässigkeiten entfällt für den Arbeitgeber insbesondere die Möglichkeit eines Nachweises, daß das von ihm behauptete Manko schon während der Tätigkeit des Filialleiters entstanden ist[104]. Der Anspruch auf Ausgleich des Mankos muß ihm infolgedessen versagt bleiben.

---

[100] Vgl. ArbG Braunschweig, Urt. v. 5. 5. 50 (Ca 360/50) — unveröfftl.
[101] Vgl. RAG, ARS 10, 158; KfmG Danzig, Handb. GewKfmGer., 628.
[102] Vgl. ArbG Braunschweig, a. a. O., (Urlaubsantritt einer Filialleiterin bei schuldhafter Unterlassung einer Übergabeinventur).
[103] Vgl. ArbG Braunschweig, a. a. O.
[104] LAG Hamburg, Urt. v. 26. 7. 55 (Sa 71/55), teilw. veröfftl. in ARST XV, Nr. 452.

III. Mankohaftung aus unerlaubter Handlung

1. Anspruchskonkurrenz mit Mankohaftung aus Vertrag

Stellt sich die Verletzung der dem Filialleiter obliegenden Vertragspflicht zugleich als ein Delikt im Sinne der §§ 823 ff. BGB dar, so kann er auch hieraus in Anspruch genommen werden[1], da es sich zwischen den Vertrags- und Deliktsnormen um ein Verhältnis der Anspruchs-, nicht der Gesetzeskonkurrenz handelt[2]. Die deliktische Mankohaftung besteht *neben* der vertraglichen; beide Ansprüche laufen jedoch auf nur einmaligen Ersatz des (gleichen) Schadens hinaus[3]. Ein Delikt, das nicht auch die Voraussetzungen einer positiven Forderungsverletzung (Schlechtleistung) erfüllt, wird es bei Ansprüchen aus Mankohaftung kaum geben[4], denn die allgemeinen Rechts- und Verhaltenspflichten des Filialleiters, fremdes Gut zu schützen und vor schädigenden Einwirkungen Dritter zu bewahren, sind aufgrund seiner Aufgabenstellung zugleich auch typische Vertragspflichten. Mit einer unerlaubten Handlung verstößt er also — unter gröblicher Mißachtung des ihm entgegengebrachten Vertrauens — gleichzeitig gegen spezifische, ihm arbeitsvertraglich obliegende Leistungspflichten (Obhut, Aufbewahrung und Verwaltung des Kassen- und Warenbestandes) sowie gegen die das Arbeitsverhältnis beherrschende Treuepflicht. Daß der Filialleiter im Falle eines Eigentumsdeliktes lediglich aus § 823 BGB oder aus § 826 BGB haften soll[5], vermag nicht zu überzeugen. Der geschädigte Arbeitgeber kann sich vielmehr auf den deliktischen *und* auf den vertraglichen Haftungsgrund berufen[6]. Daß sich die beiden Ansprüche hinsichtlich des Umfanges der Ersatzpflicht in aller Regel decken werden[7], ist insoweit nicht von Bedeutung.

2. Grundsätze der deliktischen Haftung

Bei der deliktischen Mankohaftung kommen vornehmlich Verstöße gegen § 823 Abs. 1 und Abs. 2 BGB in Betracht, mitunter auch solche gegen die §§ 824 und 826 BGB. Was das Verhältnis dieser Vorschriften zu den §§ 987 ff. BGB anbelangt, so ist zu beachten, daß der Filialleiter

---

[1] *Marx*, Arbrecht 33, 158; *Stritzke*, NZfAR 29, 26; *Sello*, MittIHK-Bln. 28, 780; *Schlegelberger-Schröder*, Anm. 44 zu § 59; *Würdinger* in RGRK, Anm. 23 zu § 59; RAG, ARS 22, 131; LAG Düsseldorf, AP 51 II, 387; LAG Baden-Württemberg, Kam. Stuttgart, Betr. 57, 460; ArbG Emden, ARST XIII, Nr. 639; ArbG Reutlingen, Arbgericht 27, 327; - vgl. ferner *Dersch*, AR-Blattei I, D. III.: *Grub*, AR-Blattei III, E.; *Wilburg*, 276 ff.

[2] Vgl. *Dietz*, 69 ff, 130; *Ennecc-Lehm*, § 232; RGZ 88, 433 ff.

[3] *Larenz* II, 401 f.

[4] Vgl. den Fall RAG, ARS 22, 128.

[5] so *Endemann*, AuR 53, 298; auch *Grub*, AR-Blattei I, unter A., aber nicht eindeutig und nicht widerspruchsfrei im Vergleich zu B.

[6] Vgl. auch *Hueck-Nipp* I, 220 f.

[7] Vgl. *Dietz*, 134 ff.

nicht Fremdbesitzer, sondern nur Besitzdiener ist[8]. Die Streitfragen, die in bezug auf den sogenannten Fremdbesitzexzeß erörtert werden, berühren ihn also nicht. Es bedarf demgemäß nicht erst des Umweges über den § 992 BGB, um die deliktische Haftung des Filialleiters zu begründen.

In ihren Voraussetzungen entspricht die deliktische Mankohaftung den allgemeinen Erfordernissen der §§ 823 ff. BGB. Arbeitsrechtliche Besonderheiten treten im übrigen nicht auf[9]. Der Filialleiter hat jede unerlaubte Handlung zu verantworten, d. h. jeden widerrechtlichen, auf Verschulden beruhenden Eingriff in den kraft Deliktsrechts geschützten Rechtskreis des Arbeitgebers (z. B. eine Eigentumsverletzung nach § 823 Abs. 1 BGB oder einen Verstoß gegen ein Schutzgesetz nach § 823 Abs. 2 BGB). Wenn er durch diesen Verstoß ein Manko adäquat verursacht, haftet er dem Arbeitgeber nach Maßgabe der einschlägigen Vorschriften auf Ersatz des entstandenen Schadens[10].

Für unerlaubte Handlungen seines Personals braucht der Filialleiter nicht einzustehen, sofern er nicht als „Geschäftsherr" und der Arbeitgeber als „Dritter" im Sinne des § 831 BGB anzusehen ist. In diesem Falle müßte der Filialleiter auch für Schadenszufügungen der Mitarbeiter aufkommen. Die Einstandspflicht besteht jedoch auch dann nur bezüglich solcher Manki, die von den Hilfskräften in Ausführung einer ihnen vom Filialleiter übertragenen Verrichtung widerrechtlich herbeigeführt werden, und nur, wenn ihm die nach § 831 Abs. 1 BGB erforderliche Exkulpation nicht gelingt, wenn er also nicht nachweisen kann, daß er bei der Auswahl und Überwachung der mit dieser Verrichtung betrauten Gehilfen die im Verkehr erforderliche Sorgfalt beobachtet hat.

IV. Haftungsminderung und Haftungsausschluß

1. Schuldhafte Mitverursachung des Arbeitgebers (§ 254 BGB)

a) Voraussetzungen einer Minderung der Einstandspflicht des Filialleiters

Wenn die Verantwortlichkeit des Filialleiters für ein Manko feststeht, kann unter Umständen eine Beschränkung seiner Ersatzpflicht in Betracht kommen, sofern der Arbeitgeber das Manko unter Vernachlässigung der eigenen Interessen[1] und insoweit „schuldhaft" mitverursacht (§ 254 Abs. 1 BGB) oder es unterlassen hat, den Schaden abzuwenden oder

---

[8] *Marx*, Arbrecht 33, 158; *Sello*, MittIHK-Bln. 28, 779; vgl auch *Staud-Seuffert*, Anm. 3 ff. zu § 855; *Nikisch*, Festschrift Nipperdey, 70.

[9] Vgl. *Dersch*, AR-Blattei I, D.

[10] So auch die auf Seite 52, Anm. 1, Zitierten.

[1] *Ennecc-Lehm*, § 16; *Larenz* I, 143 f. BGHZ 1, 250.

zu mindern (§ 254 Abs. 2 BGB)[2]. Beide Vorschriften sind bei vertraglichen und[3] außervertraglichen (z. B. bei deliktischen) Ersatzansprüchen auf Ausgleich eines Mankos anwendbar[4].

b) Beispiele schuldhafter Mitverursachung

Die in Rechtsprechung und Schrifttum genannten Beispiele schuldhafter Mitverursachung lassen sich im wesentlichen in drei Fallgruppen einteilen:

aa) Vernachlässigung persönlicher Mitwirkungspflichten

Eine Mitverantwortung des Arbeitgebers ist zu bejahen, wenn er seine arbeitsvertraglichen Mitwirkungspflichten vorsätzlich oder fahrlässig vernachlässigt und dadurch einem Manko Vorschub leistet. Er muß sich z. B. bereits bei der Begründung des Arbeitsverhältnisses überzeugen, daß der für die Leitung des Filialbetriebes ausersehene Arbeitnehmer dieser Aufgabe in jeder Beziehung gewachsen ist[5]. Erkennbare Mängel der Ausbildung sowie Unerfahrenheit, Branchenunkenntnis oder Unzuverlässigkeit des Einzustellenden haben Filialleiter und Arbeitgeber gemeinsam zu vertreten[6], wenn sie, obwohl ihnen diese Unzulänglichkeiten bekannt sind, ein Arbeitsverhältnis begründen und dem Filialleiter später ein Manko unterläuft[7]. Die Weiterbeschäftigung eines offensichtlich ungeeigneten[8] Filialleiters — zumal, wenn laufend hohe[9] Fehlbeträge festgestellt werden[10] — ist dem Arbeitgeber gleichfalls als Mitverschulden anzurechnen.

Schuldhafte Mitverursachung liegt ferner vor, wenn der Arbeitgeber die ihm obliegende Aufsicht und Kontrolle überhaupt nicht oder nur mangelhaft ausübt oder wenn er keine Vorkehrungen trifft, um ein weiteres Ansteigen der Verluste zu verhindern[11]. Läßt er z. B. einen fachunkundigen und unerfahrenen Filialleiter monatelang selbständig arbeiten und zeigen sich erst bei späteren Kontrollen Fehlbeträge[12] oder duldet er,

---

[2] Vgl. RAG, ARS 22, 130 ff.; 32, 93.
[3] *Palandt*, Anm. 1 zu § 254.
[4] RAG, ARS 22, 131, 133; *Grub*, AR-Blattei I, B. II. 2.; *Bulla*, Betr. 52, 58 f.; *Galperin*, AR-Blattei, C. III. 2.
[5] BAGE 2, 337; *Grub*, AR-Blattei I, B. II. 2.
[6] LAG Bayern, AmtsblBay. 56, C. 89.
[7] ArbG Emden, ARST XIX, Nr. 78; ArbG Reutlingen, Arbgericht 27, 327; vgl. auch *Hueck-Nipp* I, 210, mit weiteren Hinweisen und allgemeinen Spezifizierungen; *Nikisch* (Lehrb.), 266, Anm. 36.
[8] LAG Bremen, AP Nr. 3 zu § 611 BGB, Haftung des AN.
[9] LAG Saarbrücken, ARST VI, Nr. 86; ArbG Wilhelmshaven, BB 56, 401 (im Falle einer minderjährigen Filialleiterin).
[10] LAG Düsseldorf, BB 56, 400; ArbG Kiel, ARST XXIII, Nr. 76.
[11] LAG Düsseldorf, a. a. O.; ArbG Kiel, a. a. O.; LAG Hamburg, ARST XXV, Nr. 377.
[12] LAG Baden-Württemberg, Kam. Stuttgart, Betr. 57, 460; LAG Hamburg, ARST XVI, Nr. 303; ArbG Bremen, AP Nr. 1 zu § 254 BGB mit kritischer Anm. *Larenz*; *Grub*, AR-Blattei I, B. II. 2.

daß der Filialleiter die Kasse schlecht führt und für den eigenen Gebrauch bestimmte Waren nicht ordnungsgemäß verbucht[13], so sind diese Nachlässigkeiten nach § 254 BGB zu berücksichtigen. Das gleiche gilt bei ungenügender Beratung und Hilfeleistung gegenüber fach- und geschäftsunkundigen[14] Filialleitern, bei nur unregelmäßigen und unzureichenden Bestandsaufnahmen[15] ohne Klärung etwaiger Differenzen[16], wie überhaupt bei ungerechtfertigter Vertrauensseligkeit und Lässigkeit bei der Überwachung[17] des Filialleiters. Ein Mitverschulden des Arbeitgebers kann auch darin gefunden werden, daß er durch betriebliche Maßnahmen eine Überwachung des Lagers oder der Kasse unmöglich macht oder doch sehr erschwert und dadurch sein Eigentum einer erhöhten Gefahr aussetzt[18].

bb) Betriebliche Mängel

Desgleichen sind betriebliche Mängel in Betracht zu ziehen, deren Beseitigung der Arbeitgeber schuldhaft unterläßt. Als adäquate Miturursachen eines Mankos kommen z. B. hier in Frage: Allgemeine Unvollkommenheiten in der Anlage, Einrichtung und Organisation[19] des Filialbetriebes, technisch oder kaufmännisch unzulängliche Verfahren[20] oder sonstige Unregelmäßigkeiten[21] bei Warenlieferung und Abrechnung, nicht ausreichende Sicherung der Geschäftsräume gegen Diebstahl[22], zu umfangreiche, unübersichtliche Warenlager, die dem Filialleiter die Aufsicht erschweren[23], Fehlen der zur Kontrolle des Warenverkehrs erforderlichen Hilfsmittel[24], Fehlen sicherer Verschlußmöglichkeiten[25] für den Waren- und Kassenbestand oder Fehlen zuverlässiger Umsatz-Kontrolleinrichtungen (Registrierkassen)[26]. Diese und ähnliche Umstände sind zu berücksichtigen, wenn sie die Entstehung oder Vergrößerung des dem Filialleiter zur Last gelegten Mankos bedingt oder gefördert haben und wenn der Arbeitgeber verpflichtet war, für rechtzeitige Abhilfe zu sorgen.

---

[13] RAG, ARS 22, 129, 132.
[14] RAG, a. a. O., (129) — vgl. aber oben, S. 54, zu Anm. 5 ff.
[15] LAG Düsseldorf, a. a. O.
[16] LAG Hamburg, a. a. O.
[17] RAG, a. a. O.; KfmG Berlin, DJZ 17, 532.
[18] RAG, ARS 24, 266; ArbG Stade, ARST XIII, Nr. 638.
[19] LAG Bremen, Betr. 57, 460; *Grub*, AR-Blattei I, B. II. 2.
[20] LAG Hannover, AP 53 II, 392; LAG Hamburg, ARST XVI, Nr. 303.
[21] *Stritzke*, NZfAR 29, 27.
[22] *Stritzke*, ebenda.
[23] LAG Düsseldorf, BB 56, 400.
[24] LAG Bremen, AP Nr. 3 zu § 611 BGB, Haftung des AN.
[25] LAG Frankfurt, WA 53, Nr. 103; ArbG Stade, ARST XIII, Nr. 638; *Titze*, 773.
[26] LAG Groß-Berlin, AR-Blattei, Haftung des AN, Entsch. 7; ArbG Kiel, ARST XXII, Nr. 311.

cc) Überforderung des Filialleiters

Der dritten Gruppe können solche Fälle zugeordnet werden, in denen sich die Mitverantwortlichkeit des Arbeitgebers aus einer Überforderung des Filialleiters ergibt. Eine dessen körperlichen und geistigen Kräfte übersteigende Arbeitsbelastung[27] unter Einsparung zusätzlichen Personals[28] oder eine Verpflichtung zu fortgesetzter Mehrarbeit[29] können seine Aufmerksamkeit und Leistungsfähigkeit beeinträchtigen und auf diese Weise die Entstehung von Fehlbeträgen begünstigen. Unter diesen Umständen erschwert der Arbeitgeber insbesondere dem Filialleiter die ordnungsgemäße Erfüllung seiner Aufsichtspflicht. Durch unzumutbare Ausweitung des Pflichtenkreises wird sich selbst bei guter Betriebsorganisation ein nachteiliger Einfluß auf die Ladenkontrolle und Personalüberwachung nicht vermeiden lassen; die Übersicht dürfte vielmehr mit zunehmender Vielzahl und Verschiedenartigkeit der einzelnen Arbeitsaufgaben (besonders in größeren Filialbetrieben) immer mehr verlorengehen. Hat man die zahlreichen Pflichten eines Filialleiters vor Augen[30]— wobei zu berücksichtigen ist, daß er vielleicht noch beim Ladenverkauf einspringen muß und daneben häufig[31] auch mehrere Mitarbeiter anzuleiten und Lehrlinge auszubilden[32] hat — so erscheint es nicht ausgeschlossen, daß die Übertragung zusätzlicher Arbeiten unter solchen Umständen als Mitursache eintretender Manki in Betracht kommen kann. Obliegen ihm ohne weitere Unterstützung zu umfangreiche Aufgaben, so daß er nicht in der Lage ist, seine Aufsichts- und Obhutpflichten mehr als flüchtig zu erfüllen, sollte der Arbeitgeber die Verantwortung für ein aufgrund dieser übermäßigen Belastung entstehendes Manko mittragen[33].

Wenn dem Arbeitgeber die Einstellung und Beschäftigung untauglicher Filialleiter zur Last zu legen ist[34], wird das gleiche gelten müssen, wenn er dem Filialleiter Hilfskräfte beigibt, von denen ihm bekannt ist, daß sie ungeeignet, unfähig oder unredlich sind[35]. Die Herbeiführung

---

[27] *Grub*, AR-Blattei I, B. II. 2.

[28] *Titze*, a. a. O.

[29] Überstunden wegen tagsüber nicht zu bewältigender Abrechnungen, Geschäftsberichte oder Warenbestellungen.

[30] Vgl. Geschäftsanweisungen I und II im Anhang, S. 143 ff.

[31] Vgl. z. B. Ziff. 2. b. und 2. f. der Geschäftsanweisung I, S. 143.

[32] *Langer*, 28, meint, es lasse sich bei der Ausbildung von Lehrlingen gar nicht vermeiden, daß Manki entstünden. In Filialbetrieben, in denen der Filialleiter Lehrlinge auszubilden habe, müsse deshalb der Arbeitgeber „unter dem Gesichtspunkt des Mitverschuldens" ein leichtfahrlässig entstandenes Manko übernehmen. Diese Folgerung geht jedoch fehl, weil der Arbeitgeber durch die bloße Zuweisung von Lehrlingen das Manko allenfalls mitverursacht, aber nicht auch mitverschuldet.

[33] Im Ergebnis ebenso *Grub*, AR-Blattei I, B. II. 2.

[34] Vgl. oben, S. 54, unter aa).

[35] Ebenso *Grub*, a. a. O.; Goetz *Hueck*, Anm. zu LAG Hannover, AP 53 II, 394.

eines Mankos durch solche Hilfskräfte kann die Annahme eines über-
wiegenden Arbeigebers-Mitverschuldens rechtfertigen, wenn nicht auch
der Filialleiter seine Aufsichtspflicht gröblich verletzt und es unterlassen
hat, den Arbeitgeber auf diese personellen Mängel rechtzeitig hinzu-
weisen.

Nicht zuletzt sind auch häufige personelle Veränderungen im Filialbetrieb zu erwähnen (Fluktuation, Auswechselung, Rotation des Verkaufsper-
sonals, wiederholte Versetzung des Filialleiters in andere Filialbetriebe
oder nur zeitweilige Beschäftigung in dieser Stellung[36]). Diese besonders in Massenfilialbetrieben (z. B. in konsumgenossenschaftlichen Verteilungsstellen) zu beobachtenden Vorgänge brauchen nicht notwendigerweise ein Manko nach sich zu ziehen; sie können aber den Geschäftsablauf erheblich stören oder die Übersicht und Kontrolle erschweren und
so eine mittelbare Ursache für die Entstehung von Fehlbeträgen bilden.
Ob sie auf Mitverschulden des Arbeitgebers beruhen, bedarf im Einzelfall genauer Nachprüfungen.

c) Rechtsfolgen schuldhafter Mitverursachung

In welchem Umfang sich die Ersatzpflicht des Filialleiters bei schuldhafter Mitverursachung des Arbeitgebers mindert, hängt von den näheren Umständen der Schadensentstehung ab, insbesondere davon, inwieweit das Manko vorwiegend vom Filialleiter oder vom Arbeitgeber adäquat
verursacht worden ist (§ 254 Abs. 1 BGB). Die Ursachen des Fehlbestandes oder -betrages, ihr Gewicht und ihr Verhältnis zueinander sind
im Wege der Tatsachenfeststellung zu ermitteln. Die Inanspruchnahme
des Filialleiters und die Schadenstragung des Arbeitgebers können
danach im Verhältnis ihrer beiderseitigen Verantwortlichkeit beschränkt[37]
werden oder für den einen Teil ganz wegfallen. Ja nach der Sachlage
kann es mitunter gerechtfertigt sein, den Arbeitgeber auch bei nur
fahrlässiger Mitverursachung gegenüber vorsätzlicher Mitverursachung
des Filialleiters an der Schadenstragung zu beteiligen. Die vorsätzliche
Mitverursachung wird allerdings mehr ins Gewicht fallen als die fahrlässige Mitverursachung[38].

In besonders schwerwiegenden Fällen kann das Mitverschulden des
Arbeitgebers den Filialleiter unter Umständen von jeglicher Haftung

---

[36] Vgl. auch RAG, ARS 24, 266.
[37] Vgl. die unterschiedlichen Schadenszurechnungen in den Fällen ArbG
Kiel, ARST XXIII, Nr. 76 (dazu oben, S. 54, Text zu Anm. 10 und 11) = Beteiligung des Arbeitgebers zu neun Zehntel; LAG Düsseldorf, BB 56, 400 (dazu
oben, S. 54 f. Text zu Anm. 10, 11, 15, 23) = Halbierung; LAG Hamburg, ARST
XVI, Nr. 303 (dazu oben, S. 54 f., Text zu Anm. 12, 16, 20) = Schadenstragung
des Arbeitgebers zu einem Drittel; ArbG Bremen, AP Nr. 1 zu § 254 BGB (dazu
oben, S. 54, Text zu Anm. 12) = Schadenstragung des Arbeitgebers zu einem
Viertel.
[38] RAG, ARS 22, 132 (grundsätzlich zur ganzen Frage).

befreien. So, wenn der Arbeitgeber wissentlich einen untauglichen Filialleiter einstellt[39], wenn er ihn trotz dieser Kenntnis und trotz der aufälligen Fehlbeträge weiterbeschäftigt[40] und ihm darüber hinaus die zur Kontrolle des Warenumschlages erforderlichen Hilfsmittel nicht zur Verfügung stellt[41], oder wenn er bei ungewöhnlich starkem Geschäftsverkehr nicht für ausreichende Aushilfen sorgt und dadurch eine ordnungsgemäße Verwaltung des Filialbetriebes unmöglich macht[42], oder wenn er ein nur vier Wochen angelerntes Mädchen zur Führung eines umfangreichen Geschäfts bestellt, von der er die Fertigkeiten einer voll ausgebildeten Lagerhalterin nicht erwarten kann und er auch insofern an dem Manko selbst schuld ist, als er nicht sofort, nachdem sich die ersten Anzeichen des Fehlbetrages bemerkbar machten, einschreitet[43], oder wenn der Betrieb so schlecht und unzweckmäßig organisiert ist, daß eine ausreichende Verschlußmöglichkeit nicht vorhanden ist und nach Geschäftsschluß auch andere Personen Zugang zum Lagerraum haben und der Arbeitgeber trotz Hinweises auf dadurch entstehende Verlustmöglichkeiten keine ausreichenden Vorkehrungen gegen unredliches Verhalten anderer Arbeitnehmer trifft[44].

2. Einfluß arbeitsrechtlicher Schutzprinzipien auf die Ersatzpflicht

a) Innerbetrieblicher Schadensausgleich wegen schadensgeneigter Arbeit

Hinsichtlich der Einstandspflicht des Filialleiters für Manki ist ferner zu prüfen, ob und unter welchen Voraussetzungen dem Gedanken des „innerbetrieblichen Schadensausgleichs"[45] wegen „gefahrbehafteter"[46], bzw. „schadensgeneigter"[47, 48] Arbeit Rechnung zu tragen ist. Dieses Korrektiv wurde zuerst durch die Rechtsprechung zur Kraftfahrerhaftung anerkannt[49]; es kann jedoch grundsätzlich in bezug auf jede

---

[39] Vgl. auch ArbG Emden, ARST XIX, Nr. 78; *Nikisch* (Lehrb.), 266, Anm. 36; *Hueck-Nipp* I, 210; *Staud-Nipp*, Anm. 148 zu § 611.

[40] LAG Saarbrücken, ARST VI, Nr. 86.

[41] Vgl. LAG Bremen, AP Nr. 3 zu § 611 BGB, Haftung des AN.

[42] *Grub*, AR-Blattei I, B. II. 2.

[43] ArbG Reutlingen, Arbgericht 27, 327.

[44] LAG Bremen, Betr. 57, 460.

[45] *Herschel*, SozPrax. 41, 619; *Bulla*, Betr. 52, 59; nach *Herschel*, ebenda, auch „innerbetriebliche Gefährdungshaftung eigener Art".

[46] BGHZ 16, 119; *Dersch*, BB 56, 501; *Frey* (BB 60, 412) schlägt „gefahrbelastet" vor.

[47] *Bulla*, DAR 42, 20; ders., Betr. 52, 59; BAG, Betr. 58, 25.

[48] *Bulla*, DAR 42, 20, verwendet auch den Ausdruck „schadensgefährdete Arbeitstätigkeit".

[49] Grundlegend vor allem RAG, ARS 41, 55; 41, 259; 43, 108; 46, 136; vorher auch ARS 30, 5; 34, 357. Nach 1945 wurde diese Rechtsprechung von den Instanzgerichten fortgesetzt und weiter ausgestaltet. Der Große Senat des Bundesarbeitsgerichts (Betr. 58, 25) ist der Lehre von der Haftungsbeschränkung bei gefahrgeneigter Arbeit in einem Beschluß beigetreten, nachdem sie schon vor-

Arbeitsleistung und jeden Beruf berücksichtigt werden, wenn die Voraussetzungen hierfür im Einzelfall vorliegen[50].

Die Möglichkeit eines innerbetrieblichen Schadensausgleich besteht nur, wenn es „die Eigenart gewisser Dienste"[51] mit sich bringt, daß auch einem gewissenhaften Arbeitnehmer „gelegentlich Fehler unterlaufen, die — allein für sich betrachtet — zwar jedesmal vermeidbar waren, also fahrlässig herbeigeführt worden sind, mit denen aber angesichts der menschlichen Unzulänglichkeit als mit einem typischen Abirren der Dienstleistung erfahrungsgemäß zu rechnen ist"[52]. Wenn „die Eigenart des Betriebes gewisse Gefahren[53] in sich schließt"[54], kann der Arbeitgeber keinen oder keinen vollen Ersatz des von seinem Arbeitnehmer angerichteten Schadens verlangen, weil dieser Arbeitnehmer mit der „Gefahr der Entstehung solch hoher Schäden aus den besonderen Betriebsverhältnissen"[55] nicht allein belastet werden darf[56]. Unter besonderer Berücksichtigung des allgemeinen Unternehmerrisikos erfordert es vielmehr die betriebs- und leistungsbestimmte Gefahrenlage, die Haftung des Arbeitnehmers angemessen zu begrenzen[57]. Leichte Versehen fallen zwar nicht aus dem Bereich des schuldhaften Handelns[58], müssen aber entsprechend dem *Grade*[59] der mit jeder Tätigkeit verbundenen Gefahr (Schadensgeneigtheit) vom Arbeitgeber in gewissen Grenzen zugleich als eine Art typischen Betriebsrisikos in Kauf genommen werden[60], [61].

---

her vom Bundesgerichtshof (BGHZ 16, 111) bestätigt und übernommen worden war. (Vgl. auch BAG, AP Nr. 1 zu § 276 BGB; IfA 59, 4381). Aus der Rechtsprechung der Landesarbeitsgerichte vgl. insbesondere LAG Hamm, AP 51 I, 269; LAG Bremen, RdA 51, 77; LAG Frankfurt, Betr. 56, 355; LAG Stuttgart AP Nr. 2 zu § 611 BGB, Haftung des AN;
Aus dem umfangreichen Schrifttum vgl. in jüngster Zeit eingehend und zusammenfassend *Galperin*, AR-Blattei und *Scheuerle*, RdA 58, 247, auch Frey, BB 60, 411; richtungsweisend waren früher die Aufsätze von *Herschel*, JW 39, 354; SozPrax. 41, 617, 903 und von *Bulla*, DAR 42, 19, 34; desgl. *Bertermann*, DAR 40, 46.
[50] BGHZ 16, 117; BAG, Betr. 58, 25; *Hueck-Nipp* I, 213, mit Beispielen.
[51] RAG, ARS 41, 58.
[52] BAG, BB 58, 80.
[53] Hierunter ist nicht die technische Betriebsgefahr im arbeitsrechtlichen Sinne zu verstehen (vgl. *Galperin*, AR-Blattei, B. III. 2.); zur Betriebsgefahr eingehend *Jorns*, 12 ff.
[54] RAG, ARS 46, 136.
[55] RAG, ARS 41, 265.
[56] BAG, Betr. 58, 25.
[57] BGHZ 16, 116; BAG, Betr. 58, 25.
[58] RAG, ARS 41, 58.
[59] So der Bundesgerichtshof (BGHZ 16, 117 ff.) in Ergänzung der Leitgedanken des Reichsarbeitsgerichts, das vornehmlich auf die außergewöhnliche Schadenshöhe abstellte (vgl. z. B. ARS 41, 58).
[60] BGHZ 16, 116; BAG, Betr. 58, 25.
[61] Vgl. zum Ganzen besonders *Galperin*, AR-Blattei und *Gumpert*, BB 58, 740 ff.; kritisch *Wussow*, DR. 41, 2086 ff. und *Butz*, Betr. 50, 614.

aa) Leitgedanken des arbeitsrechtlichen Korrektivs

Über die Notwendigkeit, den *Umfang* der Ersatzpflicht der spezifischen Gefahrenlage bestimmter Arbeitsverhältnisse anzupassen[62] und bei schadensgeneigter Arbeit beide Teile an der Schadenstragung zu beteiligen[63], herrscht heute weitgehend Einigkeit[64]. Auf die rechtliche Konstruktion des innerbetrieblichen Schadensausgleichs und auf sein Verhältnis zu den allgemeinen Haftungsgrundsätzen des bürgerlichen Rechts ist hier nicht näher einzugehen[65]. Im wesentlichen geht man[66] von folgenden besonderen Voraussetzungen aus: Unternehmerwagnis[67], Treu und Glauben[68] unter besonderer Berücksichtigung der Treu- und Fürsorgepflicht[69] oder Wesensnatur des Arbeitsverhältnisses[70]. *Galperin*[71] vertritt die Auffassung, daß diese verschiedenen Elemente zu einem besonderen Tatbestand verschmelzen. Die Begrenzung der Ersatzpflicht im Sinne einer Art arbeitsvertraglichen Interessenausgleichs[72] wird mit Rücksicht auf § 242 BGB und im Hinblick auf verwandte Fälle einer Schuldnerprivilegierung (§§ 521, 599, 690 BGB[73])[74] für zulässig er-

---

[62] Vgl. auch *Galperin*, AR-Blattei, C. I.

[63] BGHZ 16, 117 f.; RAG, ARS 41, 61.

[64] Vgl. *Hueck-Nipp* I, 213.

[65] Vgl. darüber neben den auf Seite 58 f. Zitierten insbesondere *Hueck-Nipp* I, 212 ff.; *Nikisch* (Lehrb.), 268 ff.; *Galperin*, JZ 54, 115 ff.; *Gumpert*, BB 55, 480 ff.; BAG, AP Nr. 1 zu § 276 BGB; bedenklich *Frey*, AuR 53, 7 ff.; Denecke in RGRK z. BGB, Anm. 17, 18 vor § 611; abzulehnende Ansicht bei LAG Stuttgart, AP Nr. 2 zu § 611 BGB, Haftung des AN, mit zutreffenden kritischen Anm. von *Hueck* (ebenda) und *Neumann-Duesberg* (Anm. zum gleichen Urteil in SAE 55, 186). Ebenfalls nicht haltbar *Langer,* der, wie LAG Stuttgart, a. a. O., die Ansicht vertritt, die Schadensersatzpflicht des Arbeitnehmers entfalle bei allen Fällen leichter Fahrlässigkeit grundsätzlich. Die Vollhaftung sei nur ausnahmsweise gerechtfertigt; ähnlich LAG Hamburg, ARST XV, Nr. 452 und ARST XVII, Nr. 559.

[66] Mit den verschiedenen Begründungen des Schadensausgleichs setzt sich besonders *Scheuerle* (RdA 58, 248 f.) kritisch auseinander.

[67] Z. B. RAG, ARS 41, 55; BAG, Betr. 58, 25; BGHZ 16, 116; *Bulla*, Anm. zu LAG Bremen, AR-Blattei, Haftung des AN, Entsch. 2, Ziff. 3.

[68] Z. B. RAG, ARS 41, 264; 30, 6; LAG Frankfurt, Betr. 55, 876.

[69] Z. B. *Hueck-Nipp* I, 213; BAG, Betr. 58, 25; BGHZ 16, 116; *Bulla*, DAR 42, 21; — ablehnend *Dersch*, AR-Blattei I, B. II. 3.

[70] Z. B. *Ennecc-Lehm*, § 146, II. 4.

[71] AR-Blattei, B. III. 7.

[72] Vgl. auch *Hubmann*, AcP 155, 119 ff., 127.

[73] Vgl. *Hueck-Nipp* I, 214.

[74] Mitunter wird auch auf die Grundgedanken öff.-rechtl. Haftungsbeschränkungen Bezug genommen (§§ 78 Abs. 1 BBeamtGes., 24 Abs. 1 SoldGes., auch Art. 34 Satz 2 GrundGes.) — vgl. darüber im einzelnen *Galperin*, AR-Blattei, B. IV. 1.; hierzu kritisch BAG, AP Nr. 1 zu § 276 BGB; BB 59, 338; BB 58, 81; *Hueck*, Anm. zu LAG Stuttgart, a. a. O., *Neumann-Duesberg*, Anm. zum gleichen Urteil, SAE 55, 186.

achtet[75]. Auch aus dem Rechtsgedanken des § 254 BGB[76, 77] heraus hält man[78] den Schadensausgleich für gerechtfertigt, weil es sich um eine besondere Form der Mitverursachung[79] eines unter „normalen" Umständen nicht zu erwartenden Schadens durch den Arbeitgeber handele. Wenn er das Risiko eingehe, den Arbeitnehmer mit einer wesensgemäß und typisch gefahr- bzw. schadensgeneigten Arbeit zu betrauen, setze er eine rechtserhebliche Bedingung[80] für den späteren Schadenseintritt.

Mit dem betrieblich-technischen Risiko verbinden sich auch Risiken, die aus der menschlichen Unvollkommenheit des Arbeitnehmers hervorgehen können[81, 82]. Hätte der Arbeitgeber die fragliche Arbeit selbst zu verrichten, wäre er gleichfalls gelegentlichen Fehlleistungen ausgesetzt[83]. Er kann daher weder das Wagnis des Betriebes (sachlich), noch das Wagnis der Leistung (persönlich) dem Arbeitnehmer allein übertragen. „Es wäre ein unbillige Härte, den Arbeitnehmer in solchen Fällen nach den normalen Regeln haften zu lassen, da häufig auch die Gefahr besteht, daß der durch ein solches Versehen verursachte Schaden außer Verhältnis zu dem Arbeitseinkommen des Arbeitnehmers steht"[84].

---

[75] Vgl. im einzelnen *Galperin*, AR-Blattei, B. III., IV.; *Hueck-Nipp* I, 213 ff.

[76] Vgl. *Bulla*, Betr. 52, 59.

[77] Verfehlt erscheint dagegen die Berufung auf § 278 BGB (so Frey, AuR 53, 7 ff.; *Denecke*, RdA 52, 209 ff.).

[78] Vgl. insbes. *Kaskel-Dersch* II, 145; *Bulla*, Betr. 52, 59; *Dersch*, BB 56, 501 f.; ders., AR-Blattei I, B. II. 3., C. III. 2.; ders., RdA 49, 325 ff.; ders., Anm. zu LAG Stuttgart, AP 52 I, 50; ders., Anm. zu LAG Bremen, RdA 51, 78 ff.; — zu dieser Auffassung kritisch *Hueck-Nipp* I, 213, Anm. 40; *Butz*, Betr. 50, 614.

[79] § 254 BGB setzt aber Mit*verschulden* des Geschädigten voraus, der innerbetriebliche Schadensausgleich dagegen nicht! — Vgl. die zutreffende Kritik von *Galperin*, AR-Blattei, B. III. 4., an nicht zweifelsfreien Darlegungen bei *Frey*, AuR 53, 8, und *Dersch*, AR-Blattei I, B. II. 3. (vgl. auch oben, Anm. 78); — *Gumpert* (BB 58, 741) legt dar, daß die Grundsätze des § 254 BGB auch neben der wegen schadensgeneigter Arbeit geminderten Ersatzpflicht des Arbeitnehmers bestehen bleiben, daß also ein nach § 254 BGB nicht voll mit dem Schaden belasteter Arbeitnehmer noch aus dem Gedanken des innerbetrieblichen Schadensausgleichs unter Umständen mit einer weiteren Schadensteilung rechnen könne.

[80] Vgl. *Dersch*, BB 56, 503.

[81] RAG, ARS 41, 55 ff.; BGHZ 16, 116; BAG, Betr. 58, 25.

[82] Von einer „soziologischen Begründung eigener Art" (des innerbetrieblichen Schadensausgleichs), wie sie *Dersch* sieht (BB 56,503, ähnlich in *Kaskel-Dersch* II, 145), kann eigentlich nicht gesprochen werden. Die Frage des betrieblichen Unternehmerrisikos, nach dessen rechtlichem Ausgleich hier gefragt wird, ist wohl eine vorwiegend ökonomische. Soziologische Aspekte (Betriebsgemeinschaft, persönliches Verhältnis des Arbeitgebers zu Mitarbeitern) bleiben davon zunächst unberührt; so übrigens auch *Dersch* (BB 56, 502 oben rechts, und AR-Blattei I, B. II. 3.).

[83] *Frey*, AuR 53, 9.

[84] BAG, Betr. 58, 25.

bb) Schadensneigung und Unternehmerrisiko

Wie beim generellen Betriebsrisiko[85] geht es also im Grunde um die rechtliche Beurteilung und Einordnung des Unternehmerwagnisses im Rahmen des Arbeitsverhältnisses[86]. Der innerbetriebliche Schadensausgleich verfolgt den Zweck, den abhängigen Arbeitnehmer bei schadensgeneigter Arbeit von Ersatzverpflichtungen freizustellen, soweit das von ihm in gewissen Grenzen mitzutragende unternehmerische Risiko des Arbeitgebers im Arbeitslohn nicht abgegolten wird[87]. Da jede unternehmerische Betätigung der Gefahr möglichen Mißlingens ausgesetzt ist, und da sich in der bewußten Übernahme dieses Risikos das Wesen der unternehmerischen Leistung ausdrückt[88], können verwirklichte Risiken, d. h. Verluste, nur zu Lasten des Unternehmers gehen. Das gleiche muß auch in rechtlicher Hinsicht gelten[89]. Sofern sich das unternehmerische Ziel nur erreichen läßt, wenn die Teilrisiken aus betrieblicher Gefahrenlage und menschlicher Arbeitsleistung in Kauf genommen werden, ist es gerechtfertigt, den Arbeitgeber als Unternehmer in dem Umfang an der Schadenstragung zu beteiligen, in dem das eingegangene Wagnis die Schadensentstehung beeinflußte[90]. „Schadensgeneigte Arbeit" setzt demnach voraus, daß die Arbeitsleistung des Arbeitsnehmers in einer bestimmten Weise[91] dem Unternehmerrisiko unterworfen ist und diesem Einfluß nicht ohne weiteres entzogen werden kann[92]. In welcher Form die verschiedenartigen Einzelrisiken auftreten, dürfte für den Oberbegriff „Unternehmerwagnis" zunächst unbeachtlich sein[93]. Wenn die näheren Umstände des Einzelfalles für das Bestehen einer besonderen „Risikolage" sprechen und kein angemessener Risikoausgleich geleistet wird[94], erscheint die Durchführung des innerbetrieblichen Schadensausgleichs hinsichtlich dieser Voraussetzung bedenkenfrei. Über die *Ausmaße* des

---

[85] Vgl. dazu ausführlich *Jorns,* insb. 108 (112) ff., 146.

[86] Vgl. im einzelnen *Bulla,* DAR 42, 21; ders., Betr. 52, 59; ders., Anm. zu LAG Hamburg, LAG Bremen, AR-Blattei, Haftung des AN, Entsch. 1., 2.; *Galperin,* AR-Blattei, B. III. 2.; *Denecke,* RdA 52, 209; *Herschel,* IherJb. 90, 145 ff.; *Weidner,* BetrVerf. 56, 147 ff. (150); — BAG, Betr. 58, 25; RAG, ARS 41, 58; 41, 265; LAG Groß-Berlin, AR-Blattei, Haftung des AN, Entsch. 7; LAG Bremen, ebenda, Entsch. 2.; vgl. auch *Siebert,* Handwb.-SozWiss. I, 384 f.

[87] *Bulla,* DAR 42, 35; BAG, Betr. 58, 25.

[88] Vgl. die bei *Bussmann,* 11 ff., dargelegten Ansichten; ferner *Weber* (Diss.), 4 ff., 115; *Gablers* Wirtschafts-Lexikon, „Risiko"; rechtliche Würdigung besonders bei *Herschel,* IherJb. 90, 146 f.

[89] Vgl. *Herschel,* a. a. O., 145 ff., 155 ff.; auch *Groschuff,* JW 35, 253 ff.

[90] Daß aber Unternehmerwagnis und Gefährdungshaftung auseinandergehalten werden müssen, betont mit Recht besonders *Herschel,* a. a. O., 151 ff. (vgl. jedoch oben, S. 58, Anm. 45); — vgl. demgegenüber *Kaskel-Dersch* II, 145.

[91] Vgl. *Galperin,* AR-Blattei, C. I. 3.; BAG, BB 59, 338.

[92] *Galperin,* a. a. O., B. III. 3.; vgl. auch BAG, AP Nr. 1 zu § 276 BGB.

[93] Vgl. *Gumpert,* BB 58, 741.

[94] Vgl. BAG, Betr. 58, 25.

Ausgleichs können aber erst *Art* und *Grad*[95] der tatsächlichen Risikobelastung entscheiden.

b) Schadensgeneigtheit der Filialleitertätigkeit bei außergewöhnlicher Risikobelastung

Ob auch die Arbeit von Filialleitern in diesem Sinne schadensgeneigt[96] sein kann, hängt infolgedessen von der spezifischen Risikolage
des jeweiligen Filialbetriebes ab. Bei den in Frage kommenden Risiken
wird es sich hauptsächlich um solche handeln, die mit der Ausübung einer
verantwortlichen kaufmännischen Tätigkeit verbunden sind. Die Verlust-
gefahr geht also nicht von einmaligen technisch-mechanischen Vorgängen
aus (wie z. B. bei den Tätigkeiten von Kraftfahrern[97], Kranführern[98],
Maschinenmeistern[99]), sie wird vielmehr nur auf ständigen außergewöhnlichen Belastungen beruhen können, die das alltägliche kaufmännische
Betriebsgeschehen, z. B. in einem Einzelhandels-Filialbetrieb, laufend
mit sich bringt.

aa) Unternehmerische Geschäftsrisiken in Filialbetrieben

Auf eine mögliche Schadensneigung dieser Art[100] deutet es hin, wenn
die bauliche Anlage oder Organisation des Filialbetriebes so ungünstig
ist, daß im Kunden- oder Lieferantenverkehr Eigentumsdelikte oder Unregelmäßigkeiten nur bei dauernder, gespanntester Aufmerksamkeit des
Personals zu vermeiden sind. Diese „Eigenart des Betriebes"[101], diese
„besonderen Betriebsverhältnisse"[102] — z. B. enge, unübersichtliche oder
sehr große, weiträumige Filialbetriebe[103] mit mehreren Verkaufs- und
Lagerräumen oder ausgedehnten Auslagen und Verkaufsflächen[104] —
können unter Umständen ständige Verlustquellen bilden.

Neben dem Betriebs- und Verkehrsrisiko ist ferner das Personalrisiko[105]
zu nennen, das sich besonders in größeren, personalstarken Filialbetrieben auswirkt, zumal in solchen, in denen die für den mittelständischen

---

[95] Vgl. BGHZ 16, 117 ff.; BAG, a. a. O.
[96] *Langer*, 18, schlägt den Ausdruck „mankogeneigt" vor; vgl. aber unten,
S. 68, Anm. 136.
[97] Vgl. RAG, ARS 41, 55; BGHZ 16, 111.
[98] Vgl. LAG Düsseldorf, Betr. 56, 355.
[99] Vgl. RAG, ARS 41, 259.
[100] Dieses Risiko von den Kapital- oder Marktrisiken zu trennen; vgl.
zur Abgrenzung *Weber* (Diss.), 16 ff.
[101] RAG, ARS 46, 136.
[102] RAG, ARS 41, 265.
[103] Vgl. LAG Düsseldorf, BB 56, 400; ArbG Emden, ARST XIX, Nr. 78.
[104] Vgl. auch *Weber* München, GewKfmGer. 16, 120.
[105] Daß es sich um ein sehr aktuelles Risiko handelt, beweist der Nach-
druck, mit dem z. B. die Filialleiter der Konsumgenossenschaften auf sorgsamste Überwachung ihres Personals hingewiesen werden (vgl. Geschäftsanweisung I, Anhang S. 144, Ziff. A. 2. n.; Geschäftsanweisung II, Anhang, S. 147 ff.,
Ziff. 2., 6., 8.); vgl. auch *März* (Diss.), 33; *Weber* (Diss.), 17, 51 ff.; *Richter*, mensch
und arbeit, 56, 9 f.

Einzelhandel typische Verbundenheit des Personals untereinander[106] und das Vertrauensverhältnis zum Geschäftsinhaber (Arbeitgeber) weitgehend unpersönlichen Beziehungen gewichen ist[107]. Von Eigentumsdelikten unredlicher Mitarbeiter abgesehen, lassen es wenig interessierte oder häufig den Arbeitsplatz wechselnde Hilfskräfte manchmal an der erforderlichen Gewissenhaftigkeit und Aufmerksamkeit fehlen und leisten auf diese Weise der Entstehung von Bestandseinbußen Vorschub (z. B. durch Verwiegen, Verzählen oder Unachtsamkeit beim Geldwechseln). Schließlich können Personalrisiken auch darauf beruhen, daß die Hilfskräfte ihre Aufsichtspflichten vernachlässigen und dadurch Kundendiebstähle begünstigen[108].

Diese Verluste gehören bereits zum Geschäftsrisiko im engeren Sinne, d. h. zu den Beeinträchtigungen, die sich ganz allgemein aus dem Kundenverkehr ergeben. Im Unterschied zu Verrichtungen mit arbeitstechnischer oder stoffbedingter Schadensneigung[109] (an komplizierten Geräten[110], Kraftfahrzeugen[111] oder hochempfindlichem Material[112]) wird die besondere Risikobelastung in Filialbetrieben vorwiegend auf die Vielzahl und Wechselhaftigkeit der einzelnen Arbeitsvorgänge zurückzuführen sein[113], die sich nicht in mechanischen Handgriffen erschöpfen, sondern — nicht zuletzt wegen der fortgesetzten Beanspruchung durch die Kundschaft — dauernde geistige Konzentration und Wachsamkeit erfordern[114]. Im Hinblick auf solche nachteiligen Einflüsse wäre es verfehlt, etwa bei einem Massenandrang im Laden[115] gelegentliche leichte Versehen des Personals beim Verkauf, Geldwechseln oder Kassieren[116] als betriebsbedingte Schadensquellen auszuschließen[117], wenn man demgegenüber gelten lassen will, daß „auch dem fahrtüchtigsten Kraftfahrer" schadensstiftende, leichte Versehen unterlaufen können[118].

---

[106] Auf Störungen und Risiken infolge versteckten Widerstandes der Hilfskräfte gegenüber leitenden Mitarbeitern (Filialleitern) sowie auf ungünstige Auswirkungen infolge mangelnder Zusammenarbeit der Hilfskräfte untereinander weist besonders *Weber* (Diss.), 54, hin.

[107] *Weber* (Diss.), 29, 51 ff.

[108] Vgl. auch KfmG München, GewKfmGer. 16, 120.

[109] *Galperin*, AR-Blattei, C. I. 3.

[110] Vgl. RAG, ARS 41, 265.

[111] Vgl. RAG, ARS 41, 58; LAG Bremen, LAG Stuttgart, LAG Frankfurt, alle AR-Blattei, Haftung des AN, Entsch. 2. bis 5.

[112] Vgl. RAG, ARS 41, 58.

[113] Vgl. auch LAG Düsseldorf, BB 56, 400.

[114] Vgl. ausführlich *Weber* (Diss.), 53.

[115] Diese Begrenzung wird von *Galperin*, AR-Blattei, C. III. 2., mit Recht gefordert; desgl. *Grub*, AR-Blattei I, B. IV.; ferner LAG Bremen, AP Nr. 3 zu § 611 BGB, Haftung des AN, mit Anm. *Larenz*.

[116] Die Schadensneigung der Tätigkeit von Kassierern an Zahlkassen wird vom Reichsarbeitsgericht ausdrücklich bejaht (ARS 41, 58); vgl. ferner RAG, ARS 42, 436; ArbG Herford, BB 54, 657 f. (Verkaufsfahrer).

[117] So allerdings ArbG Hildesheim, ARST XV, Nr. 693 (in Bezug auf die Tätigkeit einer Verkäuferin).

[118] RAG, ARS 41, 58.

bb) Auswirkungen der betrieblichen Risikolage auf die
   Filialleitertätigkeit

Gelegentliche kleine Unachtsamkeiten wird auch der Leiter eines
Filalbetriebes nicht immer vermeiden können. Die betrieblich bedingte
Risikobelastung wirkt sich gerade auf seine Tätigkeit aus[119], weil er die
Hauptverantwortung trägt und deshalb ständig am gesamten Betriebsgeschehen teilnehmen muß. Andernfalls wäre er nicht in der Lage, den
Filalbetrieb zu „leiten". Infolgedessen ist seine Arbeitsleistung den
innerbetrieblichen Geschäftsrisiken weit mehr ausgesetzt als z.B. die
Arbeitsleistung von Verkäufern oder Kassierern. Dem Filialleiter obliegt
es, *alle*, d.h. auch die besonders „risikobehafteten" Vorgänge zu überwachen, den Waren- und Geldbestand des Filialbetriebes zu verwalten[120],
geschäftliche Dispositionen aller Art zu treffen, dem Personal vorzuste-
hen[121] und daneben vielleicht auch noch Kunden zu bedienen. Verschärft
sich die „normale" Risikolage — etwa infolge starken Kundenandranges
am Wochenende, bei Schlußverkäufen oder bei Festtagsgeschäften, so
dürfte sich dies im Ergebnis ebenfalls zuungunsten des Filialleiters aus-
wirken[122]. Sofern eine derartig vielfältige[123] Risikobelastung, verbunden mit einer beträchtlichen Anzahl unterschiedlicher Leistungspflichten
sowie ständiger Fremdbeeinflussung (durch Personal, Kunden, Lieferanten oder durch den Arbeitgeber), vorliegt, ist es nicht von der Hand zu
weisen, daß auch einem tüchtigen Filialleiter kleine Fehler mit der Folge
eines Mankos unterlaufen können, wenn man an die Leistungspflicht
und Leistungsfähigkeit[124] dieses Arbeitnehmers keine Vollkommen-
heitsanforderungen stellen will[125]. In Filialbetrieben mit ungewöhn-

---

[119] Gleicher Ansicht LAG Hamburg, ARST XVII, Nr. 559.

[120] Lagerrisiken (Schwund, Bruch, Verderb) sind nur am Rande zu erwähnen; dazu *Weber* (Diss.) 55 ff., zur Unvermeidlichkeit dieser Verlustquellen
ausführlich auf S. 57; desgl. schon *Krönig*, GewKfmGer. 14, 318; gegen-
teiliger Ansicht neuerdings *Trescher*, Verbraucher 53, 285.

[121] In diesem Zusammenhang fragt *Endemann*, AuR 53, 299, was schon
„übertragene Weisungs- und Beaufsichtigungsbefugnis" heiße, wenn etwa die
dem Arbeitnehmer (Filialleiter) beigegebene Hilfskraft veranlagungsgemäß
nicht immer zwischen Mein und Dein zu unterscheiden vermöge und der pri-
mär verantwortliche Arbeitnehmer bei der Erfüllung seiner eigenen Arbeitspflichten, wie man zu sagen pflege, den Kopf voll genug habe.

[122] *Grub*, AR-Blattei, I, B. IV.; *Langer*, 21; *Bulla*, Betr. 52, 59.

[123] Die jeweilige Mankohöhe wird auch davon abhängen, welche und wie-
viele Begleitumstände als potentielle Risikoquellen in Betracht kommen.
Gegenüber einmaligen und hohen Schäden (z. B. an Maschinen, Kraftwagen)
kann sich in einem Manko unter Umständen eine Summe zahlreicher kleinerer Fehlbeträge aus verschiedenen Ursachen ausdrücken; vgl. dazu eingehend
Weber (Diss.), 29 ff.

[124] Vgl. auch *Leonhard*, Festgaben Enneccerus, 54.

[125] So schon *Eckstein*, ABR 41 (1915), 260; vgl. ferner *Neumann*, JbKfmGer.-
Bln., 160 f.; LandG I Berlin, GewKfmGer. 07, 134; KfmG Frankfurt, Gew-
KfmGer. 08, 217.

licher Risikobelastung wird aufgrund der zahlreichen Schadensquellen schon ein geringfügiges Nachlassen der Aufmerksamkeit des Filialleiters von der ständigen Gefahr der Entstehung von Fehlbeträgen oder -beständen begleitet. Bei solcher Sachlage erscheint der Schluß nicht ungerechtfertigt, daß auch die Tätigkeit von Filialleitern im Einzelfall schadensgeneigt sein kann[126]. Da sich die spezifische Schadensneigung gerade in Filialbetrieben regelmäßig erst aus dem Zusammentreffen der verschiedensten Umstände ergeben wird[127], ist auf den Gesamtzusammenhang der arbeitsvertraglichen Pflichten des Filialleiters stets Bedacht zu nehmen[128].

Im Rahmen des Arbeitsverhältnisses besteht die Aufgabe des Filialleiters darin, für einen ordnungsgemäßen, reibungslosen Güterumsatz zu sorgen. Dazu gehört es auch, die Geschäftsrisiken des Filialbetriebes möglichst niedrig zu halten (mit der entsprechenden Gegenleistung des Arbeitgebers in Form eines höheren Gehalts). Dies kann aber nicht bedeuten, daß die betriebsinternen Risiken schon durch die Beschäftigung eines ordentlichen Filialleiters ausgeschaltet werden könnten[129]. Eine solche Vorstellung wäre ebenso unzutreffend wie die Annahme, der Filialleiter könne für einen vom Marktrisiko freien Absatz und für einen optimalen Umsatz garantieren. Die Auffassung, daß dieser Arbeitnehmer sich mit der Übernahme seiner Aufgabe gleichzeitig verpflichte, für entstehende Fehlbeträge zu haften[130], befriedigt daher nicht in jedem

---

[126] Ebenso LAG Hamburg, ARST XVII, Nr. 559; LAG Baden-Württemberg, Kam. Stuttgart, Betr. 59, 1144 ArbG Augsburg, ARST XXV, Nr. 66; enger ArbG Kiel, ARST XXV, Nr. 173; *Grub*, AR-Blattei I, B. IV.; ders. AR-Blattei II, B. III. 1. d.; *Frey*, BB 60, 414; *Endemann*, AuR 53, 299; vgl. ferner LAG Hamburg, RdA 48, 106 mit Anm. *Nikisch;* dass. ARST XV, Nr. 452; ArbG Neumünster, ARST VI, Nr. 339; ähnliche Gedanken bereits in der Entsch. KfmG München, GewKfmGer. 16, 120.
Vgl. auch *Gumpert*, BB 58, 741; *Dersch*, AR-Blattei I, B. II. 1 b.; *Hueck-Nipp* I, 212, Anm. 33; Staud-Nipp, Anm. 148 zu § 611; *Heyne*, Anm. zu LAG Frankfurt, WA 53, Nr. 103; *Bulla*, Betr. 52, 59; zu weit gehend und bedenklich *Langer*, 21.
[127] Eingehende Würdigung möglicher Schadensursachen durch Fremdbeeinträchtigungen (in anderem Zusammenhang) z. B. in den Entsch. BAGE 2, 337 f. und RAG, ARS 16, 251 f.
[128] BAG, Betr. 58, 25.
[129] Vgl. z. B. KfmG Frankfurt, GewKfmGer. 08, 217. Nach Ansicht des Gerichts sei ein Manko bei der Vereinzelung von Waren die Regel. Keine Detaillierung lasse sich ohne Verlust hinnehmen; desgl. KfmG München, GewKfmGer. 16, 120, wonach Fehlbeträge und Abgänge vom Lager vorkommen könnten, ohne daß sie der Filialleiter auch bei der größten Sorgfalt und Gewissenhaftigkeit vermeiden könne. A. A. demgegenüber *Trescher*, Verbraucher 53, 285, wonach bei Aufwendung der im Verkehr erforderlichen Sorgfalt in der konsumgenossenschaftlichen Verteilungsstelle normalerweise ein Manko nicht auftreten könne.
[130] So *Galperin*, AR-Blattei, C. III. 2.; diese Ansicht vermag auch der Hinweis auf die §§ 667, 675 BGB — selbst bei unterstellter Anwendbarkeit dieser Vorschriften (vgl. darüber oben, S. 28 ff.) — nicht zu stützen, denn die beson-

Falle[131]. Wenn keine zusätzliche, ausdrückliche *Vereinbarung* vorliegt, kann sich für den Filialleiter keine Verpflichtung ergeben, auch für unzurechenbare Fehlbeträge aufzukommen. Andernfalls wäre seine „normale" Verschuldenshaftung zur Erfolgshaftung[132] verschärft. Überspitzt gesehen würde der Arbeitgeber also im Ergebnis[133] mit der Einstellung des Filialleiters in den Filialbetrieb zugleich auch eine Art Risikoversicherung auf Kosten dieses Arbeitnehmers abschließen[134].

cc) Verschiedenartigkeit der Risikobelastung im Einzelfall

Ob und wann sich bei der Filialleitung eine echte, auf Unternehmerwagnis beruhende betriebliche Risikolage auswirkt, kann nur nach eingehender Prüfung der Verhältnisse des jeweiligen Filialbetriebes festgestellt werden. Außergewöhnliche Umstände, die eine Haftungsmilderung rechtfertigen, werden in kleinen oder sehr übersichtlichen Filialbetrieben kaum, in größeren, personal- und umsatzstarken dagegen um so eher anzutreffen sein. Räumliche oder betriebsorganisatorische Unterschiede sowie branchenbedingte Besonderheiten können Risiko-Ursachen verlagern oder Veränderungen von Risikoart und Risikoumfang hervorrufen. So wird sich etwa die Risikolage eines Lebensmittel-Filialbetriebes (hohe Massenumsätze mit Schwund- und Verschnittgefahr, starker Kundenverkehr mit gesteigerter Ladendiebstahlsgefahr) von der filialbetrieblichen Risikolage anderer Einzelhandelssparten nicht unwesentlich unterscheiden: In Glas- und Keramik-Filialbetrieben besteht z. B. erhöhte Bruch-, aber keine Schwundgefahr, in Lederwaren- und Schuhgeschäften sind die vorgenannten Risiken unbekannt, dafür können Eigentumsdelikte als Risikoursache in Betracht kommen, in Fischläden ist die Gefahr schnellen Warenverderbs gegeben. Auch die Auswirkungen des Standortes und

---

dere filialbetriebliche Risikolage wird davon nicht berührt; vgl. auch LAG Hannover, AP 53 II, 392 f.; LAG Bremen, AP Nr. 3 zu § 611 BGB, Haftung des AN (geänderte Auffassung in der Entsch. Betr. 57, 460).

[131] Die Annahme des (stillschweigenden) „Ausschlusses einer Haftungsbeschränkung" entspräche der früher vertretenen Fiktion eines stillschweigenden Haftungsausschlusses in Fällen schadensgeneigter Arbeit (vgl. RAG, ARS 30, 6); diese Unterstellung wurde schon in der Entscheidung RAG, ARS 34, 360, aufgegeben.

[132] Gleicher Ansicht bereits Neumann, JbKfmGer.-Bln., 161; *Marx*, Arbrecht 33, 157.

[133] Nicht frei von Bedenken erscheint auch die Auffassung, daß der innerbetriebliche Schadensausgleich ausgeschlossen sein soll, wenn der Filialleiter die Ursachen eines Mankos nicht nachweisen kann (*Galperin*, a. a. O.; vgl. auch ArbG Mannheim, ARST XII, Nr. 637). Die fehlende Aufklärung beseitigt weder die betriebliche Risikolage noch deren Auswirkungen auf die Tätigkeit des Filialleiters. Weil die unzureichende Aufklärbarkeit betrieblicher Verluste wesensnotwendig zum Begriff des Risikos gehört (vgl. *Bussmann*, 11 ff.; *Weber* (Diss.), 109 ff.), kann die Zulässigkeit einer Schadensteilung nicht verneint werden, bevor geprüft wurde, ob und in welchem Umfang die „Eigenart des Betriebes" überhaupt Aufklärungsmöglichkeiten offen läßt.

[134] Vgl. auch BAG, AP Nr. 4 zu § 611 BGB, Haftung des AN; ArbG Kiel, ARST XXII, Nr. 311.

der Geschäftslage müssen berücksichtigt werden[135]. Denkt man beispielsweise an ländliche Filialbetriebe mit ortsansässigem, altbewährtem
Personal und demgegenüber an großstädtische Filialbetriebe mit weniger
ortsgebundenen, häufig stark fluktuierenden Hilfskräften, so wird der
Unterschied des Personalrisikos deutlich. Ähnliches gilt für das Verkehrsrisiko, wenn man in Betracht zieht, daß sich die Käuferschicht auf dem
Lande meistens aus bekannten „Stammkunden", in der Großstadt dagegen auch aus zahlreichen „Laufkunden" zusammensetzt. Als zusätzliche Belastung kommt in der Großstadt noch der vielfach unregelmä-
ßige Geschäftsbetrieb (Stoßgeschäfte nach Büroschluß, an arbeitsfreien
Samstagen) hinzu. Auf saisonale Schwankungen des Geschäftsverkehrs,
auf periodische Überbeanspruchungen oder auf das Ausmaß der Fremdbeeinflussung ist daher immer ein besonderes Augenmerk zu richten,
weil die Arbeit des Filialleiters davon nicht unwesentlich betroffen werden kann. Feste Regeln können jedoch nicht aufgestellt werden. Die jeweilige Risikolage kann die verschiedenartigsten und vielfältigsten Aus-
formungen erfahren, ohne daß von vornherein zu sagen wäre, eine Schadensneigung sei in diesem Filialbetrieb gegeben und in jenem nicht[136].

c) Beschränkung der Schadensteilung auf leichtfahrlässige
Mankoherbeiführung

Wenn die Schadensneigung der Filialleitertätigkeit in entsprechend
gelagerten Einzelfällen feststeht, sind der Durchführung des innerbetrieblichen Schadensausgleichs dennoch enge Grenzen zu setzen. Die Maßstäbe des § 276 BGB werden durch das erörterte arbeitsrechtliche Korrektiv nicht berührt[137]. Die Modifizierung bezieht sich nur auf den Umfang der Ersatzpflicht bei nachgewiesenem Verschulden des Filialleiters.
Eingetretene Verluste, die nicht auf seinem schuldhaften Verhalten[138]

---

[135] Vgl. *Weber* (Diss.), 63.

[136] Das wird in Veröffentlichungen der Interessenten häufig übersehen;
Vgl. z. B. *Trescher*, Verbraucher 53, 285, der die spezifische Schadensneigung
nur in der Entstehung von Einbußen durch Schwund, Verschnitt oder Ver-
packung sieht und mit Hinweis auf die von den Konsumgenossenschaften
erprobte Methode der Papierbelastung, auf die Berücksichtigung des Schwun-
des bestimmter Waren und auf den hohen Anteil an gepackter Ware behauptet, es sei heute unbestreitbar, daß der Gedanke des Schadensausgleichs bei
der Tätigkeit des Verteilungsstellenleiters nicht herangezogen werden könne.
— Zu weit gehend demgegenüber z. B. *Langer*, 21, der darlegt, daß „manko-
geneigte" Tätigkeit *immer* als schadensgeneigte Tätigkeit zu betrachten sei.

[137] Vgl. BAG, AP Nr. 1 zu § 276 BGB; BB 59, 338; Betr. 58, 25; BGHZ 16, 120;
Hueck-Nipp I, 213 f.; a. A. *Scheuerle*, RdA 58, 251 ff.

[138] *Herschel* (JW 39, 454; SozPrax. 41, 620 f; DR 41, 1375 — Anm.) und *Bulla*
(DAR 42, 34) weisen mit Recht darauf hin, daß die Gefahr bestehe, den Begriff der (leichten) Fahrlässigkeit zu überspannen. Zutreffend die Formulierung *Bullas* (ebenda), daß ein objektiv fehlerhaftes, aber unvermeidbares Verhalten unzweckmäßig, aber nicht schuldhaft sei. Vgl. ferner BAGE 2, 337 f.;
ArbG Emden, ARST XIX, Nr. 78; ungenau *Butz*, Betr. 50, 614; *Dersch*, AR-
Blattei I, B. II. 1. b.; vgl. zum Ganzen auch *Leonhard*, Festgaben Enneccerus, 41.

beruhen und von ihm infolgedessen nicht zu vertreten sind, scheiden daher aus[139].

Bei schuldhafter Herbeiführung eines Mankos durch den Filialleiter kommt es nicht auf die Art der Pflichtverletzung, sondern auf den *Grad*[140] seines Verschuldens an. Für eine Minderung der Ersatzpflicht bei vorsätzlich verursachten Manki läßt der Gedanke des innerbetrieblichen Schadensausgleichs keinen Raum. Das gleiche wird auch[141] bei grober[142] Fahrlässigkeit des Filialleiters gelten müssen. In Anbetracht des Vertrauens- und Treueverhältnisses, in dem er zum Arbeitgeber steht, aufgrund seiner verantwortlichen Stellung als Leiter des Filialbetriebes (der in der Regel auch ein höheres Gehalt entsprechen soll) und mit Rücksicht auf die sich aus dieser Vertrauensstellung ergebende besondere Sorgfaltspflicht[143] kann dem Arbeitgeber nicht zugemutet werden, einen grobfahrlässig herbeigeführten Schaden auch nur zum Teil mitzutragen[144]. Unter Abwägung und gleichmäßiger Berücksichtigung der Interessen beider Teile des Arbeitsvertrages[145] beschränkt sich die quotale Schadensteilung bzw. Schadensmittragung somit grundsätzlich auf solche Manki, die der Filialleiter *leichtfahrlässig*[146] entstehen ließ, die also — bedingt durch die besondere Risikolage des Filialbetriebes — infolge „leichter Versehen"[147], infolge bloßen „Abirrens"[148] eintraten[149, 150].

[139] *Galperin*, AR-Blattei, C. I. 1.; *Dersch*, BB 56, 502; *Grub*, AR-Blattei I, B. II. 1. a.; *Gumpert*, BB 58, 741.
[140] BAG, Betr. 58, 25; BGHZ 16, 120; *Galperin*, a. a. O., B. II. 2., C. II., D. II. 2.; *Grub*, a. a. O., B. IV.
[141] In der Rechtsprechung wird der innerbetriebliche Schadensausgleich mitunter auch bei grober Fahrlässigkeit für zulässig erachtet. Der Bundesgerichtshof (BGHZ 16, 120) vertritt in bezug auf andere Fälle schadensgeneigter Arbeiten (wohl allgemein) die Ansicht, daß grobe Fahrlässigkeit des Arbeitnehmers *weitgehend* zu dessen Alleinhaftung führe; dagegen *Galperin*, a. a. O., C. II. 2.; vgl. auch BAG, BB 60, 132.
[142] Auf die Schwierigkeiten, die sich bei der Abgrenzung der Fahrlässigkeitsgrade ergeben, verweisen z. B. BAG, BB 58, 81, f.; BGHZ 16, 120; *Hueck*, Anm. zu RAG, ARS 41, 66; kritisch *Wussow*, DR 41, 2087.
[143] Vgl. auch BAG, AP Nr. 1 zu § 276 BGB; IfA 59, 4388 ff.
[144] Ebenso *Galperin*, AR-Blattei, C. II. 2.; *Grub*, AR-Blattei I, B. IV; *Bulla*, Betr. 52, 59; vgl. auch *Nikisch* (Lehrb.), 269; *Larenz*, Anm. zu LAG Bremen, AP Nr. 3 zu § 611 BGB, Haftung des AN.
[145] *Galperin*, a. a. O.; C. III. 2.; LAG Bremen, a. a. O.; LAG Hannover, AP 53 II, 393.
[146] „... wenn seine Schuld ... nicht schwer ist" — BAG, BB 58, 80.
[147] RAG, ARS 41, 58.
[148] RAG, ebenda.
[149] Dieser Auffassung neuerdings auch LAG Bremen, Betr. 57, 460; trotz engerer Auslegung mit gleichem Ergebnis *Grub*, AR-Blattei I, B. IV.; *Endemann*, AuR 53, 299; *Klebba*, BlättSteuerr. 52, 254; enger *Galperin*, a. a. O., C. II. 2., C. III. 2.; LAG Bremen, AP Nr. 3 zu § 611 BGB, Haftung des AN, mit Anm. *Larenz*; ArbG Mannheim, ARST XII Nr. 637; mit beträchtlichen Einschränkungen auch *Bulla*, Betr. 52, 59; bedenklich (bei zu weit gefaßtem Be-

d) Innerbetrieblicher Schadensausgleich bei deliktischer Mankohaftung

Abschließend ist noch die Frage zu streifen, ob der Gesichtspunkt des innerbetrieblichen Schadensausgleichs auch bei deliktischer Mankohaftung berücksichtigt werden kann. Mit *Dersch*[151] wird der Meinung zu folgen sein, nach der für den deliktischen Ersatzanspruch insoweit die gleichen Regeln gelten wie für die Haftung aus dem Arbeitsvertrag[152]. Es soll vermieden werden, daß der ersatzberechtigte, unter Umständen aber an der Schadenstragung zu beteiligende Arbeitgeber einer im Rahmen des Vertragsverhältnisses gebotenen Schadensteilung dadurch ausweichen könnte, daß er seinen Anspruch nur auf Delikt stützt. Dabei kann hier dahingestellt bleiben, ob eine solche Einengung der Anspruchsgrundlagen prozessual beachtlich wäre.

Die praktische Bedeutung dieser Überlegungen ist freilich nur gering. Wenn überhaupt, wird eine Beschränkung der Ersatzpflicht bei Delikt lediglich in Ausnahmefällen möglich sein, da den Filialleiter in aller Regel ein schwerer Schuldvorwurf treffen wird. Bei Vorsatz und auch bei grober Fahrlässigkeit kommt aber — wie bereits dargelegt — der innerbetriebliche Schadensausgleich ohnehin nicht in Betracht.

V. Die Beweislast im Mankofall

1. Die Fragestellungen

Im Mittelpunkt der Erörterungen zur Mankohaftung von Filialleitern steht die Frage nach der Regelung der Beweislast im Mankofall, weil die Durchsetzbarkeit streitiger Ansprüche auf Ausgleich eines Fehlbetrages oder Fehlbestandes von der Erwiesenheit der Anspruchsvoraussetzungen abhängt. Aus der Verteilung der Beweislast ergibt sich, ob es Sache des Arbeitgebers oder Sache des Filialleiters ist, die Verantwortung für den Beweis der Verwirklichung bzw. Nichtverwirklichung der tatsächlichen Voraussetzungen zu tragen. Bei diesem Problem sind zwei Fragestellungen zu unterscheiden: 1. Wer hat den Beweis des Mankoeintritts, der adäquaten Verursachung und des Verschuldens (oder der

---

griff der „mankogeneigten Tätigkeit") *Langer*, 21 ff.; weiter gehend als hier auch LAG Hamburg, ARST XV, Nr. 452 und ARST XVII, Nr. 559; vgl. auch *Scheuerle*, RdA 58, 249 ff.

[150] Über die Abwicklung des innerbetrieblichen Schadensausgleichs vgl. statt anderer *Galperin*, a. a. O., unter D.

[151] Anm. zu LAG Bremen, RdA 51, 80; vgl. auch LAG Düsseldorf, AP 51 II, 387 (Kraftahrerhaftung).

[152] So auch das Bundesarbeitsgericht, Betr. 58, 25; vgl. ferner BGH, NJW 54, 145.

Schuldlosigkeit) zu erbringen (Beweisführungslast)? 2. Wen treffen die Rechtsfolgen, wenn diese anspruchsbegründenden Tatsachen unaufgeklärt, unbewiesen bleiben (Beweislast)?

Die Entscheidung beider Fragen ist in Literatur und Rechtsprechung seit jeher[1] umstritten. Hinsichtlich der Mankohaftung bestehen insoweit die gleichen Meinungsverschiedenheiten wie ganz allgemein in bezug auf den Schadensersatzanspruch wegen positiver Vertragsverletzung[2]. Übereinstimmung herrscht lediglich darüber, daß der Nachweis des Mankoeintritts und der Schadenshöhe[3] dem Arbeitgeber obliegt. In der Beurteilung der Frage, wer die Beweislast für die Verursachung des Mankos tragen soll und der Frage, ob der Filialleiter die Beweislast für seine Schuldlosigkeit oder ob der Arbeitgeber die Beweislast für das Verschulden des Filialleiters hat, gehen dagegen die Ansichten auseinander.

2. Die Meinungen in Schrifttum und Rechtsprechung

a) Direkte oder analoge Anwendung der Beweislastvorschrift
des § 282 BGB

Die Anhänger einer älteren Auffassung[4] befürworten die direkte oder analoge Anwendung der Beweislastregeln der Vorschriften über die Unmöglichkeit der Leistung (insbesondere des § 282 BGB). Bei der

---

[1] Vgl. *Landsberger*, GewKfmGer., 09, 212, und *Titze*, 774, mit Hinweisen auf die ältere Literatur und Judikatur.

[2] Vgl. darüber z. B. *Rosenberg* (Beweislast), 356 ff.; *Raape*, AcP 147, 217 ff.; *Leonhard*, 334 ff.

[3] Zur Frage der Schadensermittlung im einzelnen vgl. *Grub*, AR-Blattei I. B. III. 1.: *Stritzke*, NZfAR 29, 28 f.; *Krönig*, GewKfmGer. 14, 313 ff.; *Langer*, 59; LAG Düsseldorf, BB 59. 93.

[4] In der Literatur: *Bulla*, Betr. 52. 82; *Galperin*, AR-Blattei, C. III. 2.; *Schlegelberger-Schröder*, Anm. 44 zu § 59; *Kaskel-Dersch* I. 173, — einschränkend dagegen in *Kaskel-Dersch* II, 145 f.; *Soergel*, (8. Aufl.) Anm. 4 zu § 282; früher *Cohn*, GewKfmGer. 09, 278; *Krönig*, GewKfmGer. 14. 317; *Elster*, AR-Lexikon, 161 f.: mit Einschränkungen *Landsberger*, GewKfmGer. 09, 216 f.; ders., GewKfmGer. 10, 198 ff.; — Mit der vorstehenden Auffassung stimmt auch die Ansicht konsumgenossenschaftlicher Autoren überein: Vgl. *Trescher*, Verbraucher 53, 285, (702); ders., Verbraucher 54, 338; *Klingler*, Verbraucher 55, 690; ders., Verbraucher 56, 150.
In der Judikatur: LAG Bremen, Betr. 57. 460; dass., AP Nr. 3 zu § 611 BGB, Haftung des AN, mit zust. Anm. *Larenz*; LAG Hannover, AP 53 II. 392. mit zust. Anm. *Goetz Hueck* (vgl. aber dessen Anm. zu BAG, AP. Nr. 4 zu § 611 BGB, Haftung des AN); LAG Hamm. BB 53. 947; LAG Berlin, ARST IX, Nr. 101 (vgl. aber LAG Groß-Berlin, AR-Blattei. Haftung des AN. Entsch. 7); ArbG Bremen, ARST XXV. Nr. 442; ARST XXIV, Nr. 406: ARST XXII, Nr. 517; dass., AP Nr. 1 zu § 254 BGB. mit zust. Anm. *Larenz*: ArbG Hildesheim. ARST XV, Nr. 693; ArbG Celle, Urt. v. 9. 7. 55 (1 Ca 422/55), teilweise veröfftl. bei *Teichmann*, Angest.-Recht 6/55, 10; ArbG Oberhausen, Urt. v. 9. 10. 53 (1 Ca 565/53) — unveröfftl.; AmtsG Kiel. Urt. v. 27. 4. 50 (16 0 410/50) — unveröfftl.; früher LAG München, ARS (LAG) 24, 155; KfmG Hamburg. HansGerZtg/AR 27. 5; LandG Mainz, GewKfmGer. 11, 412; KfmG und LandG Stettin, GewKfmGer. 10, 60; LandG I Berlin, GewKfmer. 07, 133; KfmG Charlottenburg, GewKfm-

Begründung stützt man[5] sich überwiegend[6] auf das Vorliegen eines gemischtvertraglichen Rechtsverhältnisses zwischen Arbeitgeber und
Filialleiter[7]. Da der Arbeitsvertrag auch einen Geschäftsbesorgungs- und
bzw. oder Verwahrungsvertrag enthalte, bestimme sich die Verteilung der
Beweislast nach den §§ 675 (662 ff.), 688 ff. BGB in Vbdg. mit § 282 BGB.
Wenn im Filialbetrieb ein Manko festgestellt werde, sei dem zur Rücklieferung des anvertrauten Waren- und Geldbestandes verpflichteten
Filialleiter die Leistung (Herausgabe des Empfangenen oder des Ver-
wahrten) soweit unmöglich. Habe er dies zu vertreten, so sei er als
Schuldner des Arbeitgebers zum Ersatz des Schadens verpflichtet (§ 280
Abs. 1 BGB). Sei streitig, ob es sich bei der Unmöglichkeit der Heraus-
gabe um die Folge eines von ihm zu vertretenden Umstandes handele
(§ 276 BGB), trage er die Beweislast (§ 282 BGB)[8]. Der Arbeitgeber brau-

---

Ger. 11, 437; dass., GewKfmGer. 10, 161 f.; KfmG Berlin, JbKfmGer.-Bln.,
278; — vgl. auch RG, Recht (Beilage) 12, Nr. 192 (im Falle eines „Leiters einer
Filiale", d. h. wohl eher einer handelsrechtlichen Niederlassung); OLG Hamm,
OLGR 13, 22; OLGR Braunschweig, SeuffA 62, Nr. 64.

[5] So *Bulla*, Betr. 52, 58 und 52, 82; *Galperin*, AR-Blattei, C. III. 2; *Cohn*,
GewKfmGer. 09, 278; *Krönig*, GewKfmGer. 14, 317; *Elster*, AR-Lexikon, 161 f.
(Geschäftsbesorgungsvertrag); *Landsberger*, GewKfmGer. 10, 198 ff. (Dienst-
vertrag mit mandatsähnlicher Interessenvertretung, §§ 675, 667 BGB); LAG
Bremen, Betr. 57, 460; dass., AP Nr. 3 zu § 611 BGB, Haftung des AN; *Larenz*,
Anm. zu ArbG Bremen, AP Nr. 1 zu § 254 BGB (auf einen „Dienstvertrag, der
auf eine Geschäftsbesorgung gerichtet ist (§ 675 BGB)" beschränkend);
AmtsG Kiel, Urt. v. 27. 4. 50 — unveröfftl. (beschränkt auf § 675 BGB); früher
LAG München, ARS (LAG) 24, 155; LandG Mainz, GewKfmGer. 11, 412;
LandG I Berlin, GewKfmGer. 07, 133; KfmG Charlottenburg, GewKfmGer.
10, 161 f. (wie Landsberger, a. a. O.).

[6] Ohne Bezugnahme auf das Bestehen eines gemischten Vertrages z. B. LAG
Hannover, AP 53 II, 392; LAG Berlin, ARST IX, Nr. 101 (Manko eines „mit
Geldangelegenheiten betrauten Angestellten"); LAG Hamm, BB 53, 947; auch
ArbG Hildesheim, ARST XV, Nr. 693; ArbG Oberhausen, Urt. v. 9. 10. 53 —
unveröfftl.; ebenso *Schlegelberger-Schröder*, Anm. 44 zu § 59; *Soergel* (8. Aufl.),
Anm. 4 zu § 282; vgl. ferner RG, Recht (Beilage) 12, Nr. 192.

[7] Vgl. darüber eingehend oben, S. 26 ff.

[8] Ob auch das Bundesarbeitsgericht die Anwendbarkeit der Unmöglich-
keitsvorschriften im dargestellten Sinne bejaht, läßt sich den einschlägigen
Entscheidungen nicht ohne weiteres entnehmen. In einem früheren Urteil
(BAGE 2, 338) nimmt das Gericht hierzu nur beiläufig Stellung. Danach soll
§ 282 BGB lediglich die Beweislast für Schadensersatzansprüche aus verschuldeter Unmöglichkeit regeln, die aber im betreffenden Fall — etwa vom Beklag-
ten (Arbeitgeber) — im Wege einer Widerklage auf Zahlung der Mankobeträge
gar nicht erhoben seien. In einem späteren Urteil (AP Nr. 1 zu § 305 BGB) sieht
das Gericht eine den besonderen (Filial-)Betriebsverhältnissen „sinnvoll ange-
paßte Beweislastverteilung" darin, daß der Filialleiter mit einem unaufgeklär-
ten Fehlbetrag belastet werde, wenn er über den Verbleib der ihm anvertrauten Güter keine Auskunft geben könne (es handelte sich allerdings um
die Auslegung einer ausdrücklich vereinbarten Beweislastregelung). Nach einer
weiteren Entscheidung (BB 60, 940) kann in den fraglichen Fällen sowohl eine
Haftung für Unmöglichkeit der Leistung (§§ 280 ff. BGB) wie eine solche für
positive Vertragsverletzung in Betracht kommen, „je nachdem man das Wesentliche eines Mankos darin sieht, daß der Filialleiter nicht mehr in der Lage ist,
den Warenbestand und den Kassenbestand, mit denen er belastet ist, vorzu-
weisen und auf Verlangen herauszugeben, oder aber darin, daß sich diese Be-

che demgemäß nur das Vorhandensein eines Mankos nachzuweisen, während der Filialleiter dartun müsse, daß er den Schaden weder verursacht noch verschuldet habe[9]. Mißlinge ihm der Entlastungsbeweis, so habe er für den Ersatz des Schadens einzustehen (§ 280 BGB).

b) Modifizierte Anwendung des § 282 BGB

Wenn sich die Voraussetzungen dieser Exkulpationspflicht „nicht zweifelsfrei konstruieren lassen"[10], erkennen manche der vorgenannten Autoren und Gerichte noch das Bestehen einer zweiten Fallgruppe an. Danach sei von der Beweislastregelung des § 282 BGB abzuweichen, wenn der Sachverhalt darauf schließen lasse, daß dem Filialleiter aus betrieblichen oder organisatorischen Gründen das Manko nicht allein zur Last zu fallen brauche. Die Vorschrift des § 282 BGB greife z. B. nicht ein, wenn der Filialleiter in dem Filialbetrieb nicht allein tätig sei und diesen nicht unter Alleinverschluß habe[11]. Nach „allgemeinen Grundsätzen"

---

stände durch schlechte Erfüllung seiner Vertragspflichten verringert haben". In der Sache wird zugunsten des Arbeitgebers unterstellt, daß der Filialleiter angesichts eines festgestellten Mankos beweispflichtig dafür sei, daß ihn keine Schuld daran treffe. Da sich das Gericht schon mit einem geringen Grad der Wahrscheinlichkeit seiner Nichtschuld begnügte, wurde der Entlastungsbeweis des Filialleiters als geführt angesehen.

Mit der Frage, ob und inwieweit sich die Beweisregel des § 282 BGB auch im Falle der letztgenannten positiven Vertragsverletzung anwenden läßt, setzt sich das Bundesarbeitsgericht in dieser Entscheidung nicht auseinander. Eine grundsätzliche Stellungnahme liegt aber in anderem sachlichen Zusammenhang vor (AP Nr. 5 zu § 549 ZPO, mit krit. Anm. Neumann-Duesberg). Die Beweislast für eine schuldhafte Vertragsverletzung des Arbeitnehmers trage danach der Arbeitgeber; die Bestimmungen der §§ 282, 285 BGB seien auf das Arbeitsverhältnis nicht anwendbar.

[9] Im Ergebnis ebenso *Kaskel-Dersch* I, 173; nicht ganz klar LAG Baden, Urt. v. 15. 3. 50 (Sa 158/49 — Ca 801/49/Mosbach) — unveröfftl.; ArbG Braunschweig, Urt. v. 5. 5. 50 (Ca 360/50) — unveröfftl.; vgl. ferner ArbG Celle, Urt. v. 8. 7. 55 (1 Ca 422/55) — teilw. veröffentl. bei *Teichmann*, Angest.-Recht 6/55, 10.

[10] *Krönig*, GewKfmGer. 14, 317.

[11] So *Krönig*, a. a. O.; ähnlich auch *Landsberger*, GewKfmGer. 09, 216 f. (deswegen, weil eine unbeeinträchtigte Geschäftsführung, die üblicherweise auf der Grundlage eines besonderen „Geschäftsführervertrages" vereinbart werde, nicht gegeben sei); LAG Breslau, ARS (LAG) 28, 178, mit zust. Anm. *Hueck* (weitergehend), jedoch nicht auch RAG, ARS 24, 265 (so *Hueck* in der zitierten Anmerkung); — der RAG-Entscheidung lag ein *Lagerhaltervertrag* zugrunde, der überdies eine ausdrückliche Vereinbarung einschloß, wonach der Lagerhalter für Fehlbeträge unbedingt zu haften hatte (vgl. ARS 24, 264); wie *Krönig* früher auch KfmG Hamburg, HansGerZtg/AR 27, 5, mit Anm. *Hueck*; KfmG und LandG Stettin, GewKfmGer. 12, 180; KfmG Frankfurt/Main, GewKfmGer. 08, 216 ff; trotz abweichender Konstruktion grundsätzlich gleicher Auffassung *Klebba*, BlättSteuerr. 52, 255; *Stritzke*, NZfAR 29, 27; *Sello*, MittIHK-Bln. 28, 779; LAG Nürnberg, JW 28, 2651; vgl. auch ArbG Wilhelmshaven, ARST XXV, Nr. 445, ArbG Pirmasens, ARST XXIV, Nr. 141; ArbG Kiel, ARST XXII, Nr. 307.

müsse in solchen Fällen der Arbeitgeber dem Filialleiter ein „kausales Verschulden" nachweisen[12]. Das gleiche soll gelten, wenn dem Leiter eines großen Filialbetriebes die Beaufsichtigung und Kontrolle der unter seiner Leitung tätigen Arbeitnehmer nicht zugemutet werden könne[13]. Wenn, wie nach *Bulla*[14], der Filialleiter auch für das Verschulden von Mitarbeitern haften solle[15], werde man darauf abzustellen haben, inwieweit er Leitungs- und Aufsichtsbefugnisse über das vom Arbeitgeber gestellte Hilfspersonal gehabt hätte. Dementsprechend habe er sich auch bezüglich dieser Hilfskräfte zu exkulpieren; andernfalls müsse der Arbeitgeber ihm das Verschulden des gestellten Hilfspersonals nachweisen[16]. Nach Auffassung des Landesarbeitsgerichtes *Düsseldorf*[17] soll dem Filialleiter in Auslegung der Bestimmung des § 282 BGB kein „zwingender Verursachungsbeweis" zugemutet werden. Das Gericht verlangt daher auch nicht einen unbedingten Nachweis gerade des Umstandes, der eine unverschuldete Unmöglichkeit (§ 275 BGB) herbeigeführt haben soll[18]. *Titze*[19] vertritt die Ansicht, der Filialleiter habe zwar den Exkulpationsbeweis zu führen; solange aber nicht feststehe, wer vom Personal den Schaden angerichtet habe, müsse der Arbeitgeber zunächst die Verursachung des Mankos durch den in Anspruch genommenen Filialleiter beweisen.

c) Ablehnung der Beweislastregelung des § 282 BGB

Eine grundsätzlich andere Auffassung ist demgegenüber besonders in der neuesten Zeit[20] anzutreffen. Sie wird auf die Erwägung[21] gestützt, daß § 282 BGB nicht herangezogen werden könne, wenn ein *Arbeitnehmer* bei der Erfüllung seiner Vertragspflichten dem Arbeitgeber schuld-

---

[12] *Krönig*, a. a. O., und die unter Anm. 11 Genannten; ferner *Schatter*, Der kfm. Angest., Nov. 52, 7; weitergehend *Klebba*, a. a. O.; vgl. auch GewerbeG Berlin, RABl. 03, 255.

[13] *Schnorr von Carolsfeld*, 309.

[14] Betr. 52, 82; ähnlich Goetz *Hueck*, Anm. zu LAG Hannover, AP 53 II, 394.

[15] Vgl. Betr. 52, 58; darüber bereits oben, S. 44 ff.

[16] Zu Unrecht verweist aber *Bulla* (Betr. 52, 82, Anm. 42) auf die angeblich gleiche Meinung von *Stritzke* (NZfAR 29, 27). *Stritzke* legt vielmehr dar, daß den Arbeitgeber *immer* die Beweislast treffe, wenn mehrere Personen in einem Filialbetrieb tätig seien. Der Arbeitgeber habe in solchen Fällen stets das *eigene* Verschulden des Filialleiters nachzuweisen. Nach *Bulla* soll dem Filialleiter dagegen die Exkulpationspflicht auch für *fremdes* Verschulden wie für eigenes Verschulden obliegen.

[17] BB 56, 400.

[18] Ebenso ArbG Oberhausen, Urt. v. 9. 10. 53 (a. a. O.).

[19] S. 773 f.

[20] Gleicher Ansicht schon früher z. B. *Eckstein*, ABR 41, 260; *Neumann*, JbKfmGer.-Bln., 157 ff. (161); LandG III Berlin, GewKfmGer. 10, 163; KfmG Posen, GewKfmGer. 18, 286.

[21] Vgl. *Hueck-Nipp* I, 209, 211 f.; *Nikisch* (Lehrb.), 270; RAG, ARS 34, 360, mit zust. Anm. *Volkmar*.

haft einen Schaden zugefügt habe. So verneint *Endemann*[22] die Anwendbarkeit der Vorschriften über die Unmöglichkeit der Leistung (§§ 275ff. BGB) mit der Begründung, daß sich die Eigenart der arbeitsvertraglichen Rechtsbeziehungen zwischen Arbeitgeber und Arbeitnehmer einer rein schuldrechtlichen Betrachtungsweise entziehe. Beim Arbeitsverhältnis fehle es insbesondere an einer objektiven Konkretisierbarkeit *der* Leistung, wenn sich irgendwann im Laufe der Dienstverrichtungen (sc. einer „Fülle sich von Tag zu Tag, ja von Minute zu Minute ständig erneuernder Aufgaben und damit Leistungspflichten"[23]) ein Manko ereigne. Die Bestimmung des § 282 BGB komme deshalb in Mankohaftungsfällen nicht zum Zuge. Daß der Filialleiter den Fehlbetrag oder -bestand verursacht und verschuldet habe, müsse vielmehr der Arbeitgeber beweisen[24]. Auf den gleichen Standpunkt stellt sich das Landesarbeitsgericht *Groß-Berlin*[25]. Das Gericht lehnt eine Exkulpationspflicht des Filialleiters ab, weil sie weder der Eigenart des Arbeitsvertrages, noch der verschiedenartigen Stellung der Parteien, noch einer angemessenen Verteilung des Unternehmerrisikos gerecht werde[26]. Auch das Landesarbeitsgericht *Bayern*[27] bejaht die Pflicht des Arbeitgebers, den eingetretenen Mankoschaden und die schuldhafte Verursachung des Mankos durch den Filialleiter zu beweisen. Die Anwendung des § 282 BGB erschien dem Gericht bei der Entscheidung eines ihm vorgelegenen Falles[28] „zumindest fraglich". Das Landesarbeitsgericht *Baden-Württemberg*[29] fordert vom Arbeitgeber neben dem Nachweis des Mankoeintritts noch den Beweis, daß ein bestimmter Arbeitnehmer „aufgrund seines Pflichtenkreises aus dem Arbeitsverhältnis" das Manko zu vertreten habe[30]. Mit dieser — freilich nicht eindeutig erläuterten Auffassung wird gemeint sein,

---

[22] AuR 53, 297, 300.
[23] Ebenda (300).
[24] So auch *Grub*, AR-Blattei I, B. III. 2.; *Marx*, Arbrecht 33, 158; *Neumann*, a. a. O.; *Eckstein*, a. a. O.; AG Düsseldorf, BB 60, 1170, ArbG Reutlingen, Arbgericht 27, 327; KfmG Posen, a. a. O.; LandG III Berlin, a. a. O.; LandG Danzig, GewKfmGer. 08, 14 (mit Einschränkungen) — Damit übereinstimmend die Ansicht gewerkschaftlich orientierter Autoren: Vgl. z. B. *Langer*, 34; *Teichmann*, Angest.-Recht 6/55, 5; ohne eigene Stellungnahme und im übrigen unklar GHBV-Ausblick Aug/56, 4.
[25] AR-Blattei, Haftung des AN, Entsch. 7.
[26] Zu einer ähnlichen Auffassung kam bereits früher *Neumann*, JbKfmGer.-Bln. 161; vgl. auch KfmG Frankfurt, GewKfmGer. 08, 214.
[27] AmtsblBay., 55, C. 89; desgl. in AmtsblBay. 56, C. 41; ebenso ArbG Augsburg, ARST XV, Nr. 80; ArbG Würzburg, ARST X, Nr. 679; ArbG Nürnberg, ARST XVII, Nr. 79.
[28] AmtsblBay. 55, C. 89; im Ergebnis ebenso Zigan, Anm. zu LAG Hamm, AP 54 I, 231 (Fahrscheinhaftung eines Straßenbahnschaffners).
[29] Kam. Stuttgart, Betr. 57, 459.
[30] Der Begriff dieses „Pflichtenkreises" ist allerdings nicht ganz klar. Einmal wird dargelegt, die Mankohaftung sei ihrer Rechtsnatur nach eine Erfolgshaftung des Arbeitnehmers für Fehlbestände, die gewisse Arbeitnehmer auch ohne besondere Vereinbarung aus der arbeitsvertraglichen Erfüllungspflicht ohne (sic!) nachgewiesenes Verschulden hätten. Zum anderen könne der Ar-

daß sich die Beweispflicht des Arbeitgebers wohl auf das Vorhandensein eines Mankos und auf dessen Verursachung durch den Filialleiter,
wahrscheinlich[31] auch auf sein Verschulden erstrecken soll.

3. Eigene Stellungnahme

a) Beweislast und Beweisführungslast

Bei der „Beweislast" handelt es sich um Anwendungsnormen[32] des
materiellen[33] Rechts — hier des bürgerlichen bzw. des Arbeitsrechts[34] —
für die Urteilsfindung bei ungeklärtem Tatbestand[35]. Sofern nach Abschluß der prozessualen Beweistätigkeit[36] noch eine nicht aufzuklärende
Ungewißheit (ein kognitives dubium) über eine rechtserhebliche Tatsache besteht, wird der Inhalt des Urteils durch die jeweiligen Beweislastvorschriften festgelegt[37]. Im Falle eines non liquet in der Tatsachenfeststellung verpflichten die Beweislastbestimmungen das Gericht zur
Nichtanwendung eines Rechtssatzes zu Lasten der Partei, die infolge der
zweifelhaft gebliebenen tatsächlichen Voraussetzungen dieses Rechtssatzes nicht obsiegen kann[38]. Für das Vorliegen jener Voraussetzungen
trägt diese Partei „die Beweislast"[39].

---

beitgeber den Arbeitnehmer „neben der Mankohaftung" für nachgewiesene
Mankos noch aus „anderen Schuldhaftungsgründen" (unerlaubten Handlungen oder Verletzung der Pflichten aus dem Arbeitsverhältnis, z. B. Unterlassung der Überwachung untergebener Angestellter durch leitende) verantwortlich machen. Vgl. auch LAG Baden-Württemberg, Kam. Stuttgart. Betr. 59,
1144.

[31] Nicht zweifelsfrei, da es sich nach Ansicht des LAG Baden-Württemberg bei der Mankohaftung „auch" um eine „Erfolgshaftung ... *ohne* nachgewiesenes Verschulden" handeln kann (vgl. vorstehende Anmerkung).

[32] Vgl. eingehend *Rosenberg*, (Beweislast), 5 ff., 11 ff.; *Schmeling* (Diss.),
92 ff.; *Nikisch* (ZivProz.), 316 ff. (319).

[33] Vgl. zum Ganzen *Rosenberg* a. a. O., 1 ff.; *Schmeling* (Diss.), 91 ff. (95 ff.);
Nikisch, a. a. O., 319; a. A. z. B. *Baumbach-Lauterbach*, Anh. zu § 282, Anm. 1.
B.; *Stein-Jonas-Schönke*, Anm. IV. 3. zu § 282.

[34] Auf die allgemeinen Wechselwirkungen zwischen materiellem und ver-
fahrensrechtlichem Beweisrecht geht insbes. *Schmeling* (Diss.), 8 ff., 93 ff., ausführlich ein.

[35] *Schmeling* (Diss.), 20; vgl. auch *Fickel* (Diss.), 12 f.

[36] *Nach* Ausübung des richterlichen Fragerechts und *nach* Abschluß der
Beweiswürdigung! Vgl. darüber (*Reinardt-) König*, 34 ff. (36); *Baumbach-Lauterbach*, Anm. 2, 3 zu § 286; *Stein-Jonas-Schönke*, Anm. III zu § 139.

[37] *Schmeling* (Diss.), 96; *Krönig*, DAR 36, 213.

[38] Vgl. auch *Bötticher*, ZZP 68, 231 f.; *Stein-Jonas-Schönke*, Anm. IV. 1.
zu § 282.

[39] *Rosenberg* (Beweislast), 12: „Das Urteil des Richters ergeht ... mit Notwendigkeit gegen diese Partei; aber nicht, weil sie die Beweislast hat, sondern
umgekehrt: weil bei Ungewißheit über ein Tatbestandsmerkmal zu ihrem
Ungunsten erkannt werden muß, sagen wir, daß sie die Beweislast für dieses
Merkmal treffe". Vgl. auch *Leonhard*, 128 ff.

Der Tatsachenfeststellung gehen die zur Begründung der Rechtsbehauptungen vorgebrachten Tatsachenbehauptungen[40] voraus. Wenn die behaupteten Tatsachen des Entstehungstatbestandes[41] von der gegnerischen Partei bestritten werden oder bei dem Gericht nicht offenkundig sind (§ 291 ZPO), fällt der beweisbelasteten Partei die Aufgabe zu, den ungewissen Sachverhalt aufzuklären, die streitigen Tatsachen zu *beweisen*[42]. Die Notwendigkeit der Beweisführung ist daher die subjektive Seite[43] der eigentlichen Beweislast, nämlich „die einer Partei obliegende Last, bei Meidung des Prozeßverlustes durch eigene Tätigkeit den Beweis einer streitigen Tatsache zu führen"[44]. Diese Rechtsfolge der Beweislast ist deshalb besser „*Beweisführungslast*"[45] zu nennen[46].

Beweislast und Beweisführungslast stehen demnach in einem Verhältnis von Grund und Folge zueinander: Damit die beweisbelastete Partei nicht abgewiesen wird — weil sie die Folgen der Beweislosigkeit zu tragen hat — ist sie genötigt, den Nachweis zu führen, daß die für den Eintritt der Rechtsfolge (hier: der Pflicht zum Schadensersatz) vorauszusetzenden Merkmale des für sie günstigen Rechtssatzes tatsächlich vorliegen[47].

Zur Klärung der Beweislastverteilung bei der Mankohaftung von Filialleitern bedarf es mithin nur einer Erörterung der Frage nach der „objektiven" Beweis*last*, weil diese gleichzeitig den Inhalt und Umfang der „subjektiven" Beweis*führungs*last festlegt[48]. Es gilt also, die einschlägigen Beweislastregeln zu ermitteln. Nur aus ihnen läßt sich ableiten, ob und in welcher Beziehung dem Arbeitgeber oder dem Filial-

---

[40] Unter Tatsachen werden hier nur rechtserhebliche Tatsachen im Sinne des Verfahrensrechts verstanden (konkrete, sinnlich wahrnehmbare Vorgänge, Ereignisse, Zustände) also keine Rechtssätze, Erfahrungssätze oder rechtliche Schlußfolgerungen. Vgl. im einzelnen *Rosenberg*, a. a. O., 50; *Nikisch*, a. a. O., 325; *Lent*, 134 f.; *Stein-Jonas-Schönke*, Anm. II. 1. zu § 282; *Schmeling* (Diss.), 13, Anm. 2.

[41] Vom *Rechts*tatbestand zu trennen; vgl. Rosenberg, a. a. O., 109 ff.

[42] Vgl. z. B. ArbG Bayreuth, ARST XV, Nr. 618; ArbG Kiel, ARST XVII, Nr. 489.

[43] So besonders *Rosenberg* (Beweislast), 17 ff.

[44] *Rosenberg*, a. a. O., 16.

[45] *Rosenberg*, a. a. O., 16, 18 ff.; *Schmeling* (Diss.), 27 ff.

[46] Wohl in Anlehnung an den Wortlaut des § 447 ZPO spricht man gelegentlich auch von einer „Beweisführungspflicht" (vgl. z. B. RGZ 128, 124); es ist jedoch grundsätzlich festzuhalten, daß es sich weder um eine materiell- noch prozeßrechtliche Pflicht handelt, allenfalls um eine Pflicht aus Eigeninteresse (vgl. *Rosenberg*, a. a. O., 53 ff.; *Lent*, ZZP 67, 384).

[47] Die Beweisführungslast ist lediglich Wirkung, Folge der Beweislast, nicht umgekehrt. Vgl. im einzelnen *Schmeling* (Diss.), 27, mit zahlreichen Beispielen (auf S. 28, Anm. 3) verwechselter oder nicht auseinandergehaltener Beweislast- und Beweisführungslastbegriffe in der zivilrechtlichen Literatur. In den Beiträgen und Entscheidungen zur Mankohaftung wird ebenfalls häufig auf eine Begriffstrennung und -unterscheidung verzichtet (vgl. die oben, auf S. 71 ff. Zitierten).

[48] Vgl. *Rosenberg*, a. a. O., 3.; *Schmeling* (Diss.), 26 (aber einengend 35 ff.).

leiter eine Beweisführungslast obliegt. Die Beweislast bleibt stets der entscheidende Ausgangspunkt[49], die Beweisführungslast die praktische, prozessuale Schlußfolgerung.

b) Beweislastverteilung bei Mankohaftung aus dem Arbeitsvertrag

Der Ersatzanspruch des geschädigten Arbeitgebers gründet sich auf die Haftung[50] des Filialleiters wegen schuldhafter Schlechtleistung (positiver Vertragsverletzung)[51]. Der Filialleiter muß dem Arbeitgeber für Manki einstehen, die er unter Verstoß gegen die ihm obliegenden arbeitsvertraglichen Pflichten (§§ 59 HGB, 611 BGB) vorsätzlich oder fahrlässig (§ 276 BGB) herbeiführt. Zum Entstehungstatbestand des Ersatzanspruchs aus Mankohaftung gehören demnach: Die Verletzung arbeitsvertraglicher Pflichten durch den Filialleiter (Schlechtleistung), sein Verschulden und der aus der schuldhaften Pflichtverletzung hervorgegangene, vom Filialleiter verursachte Schaden. Bleibt das Vorliegen auch nur einer dieser tatsächlichen Voraussetzungen zweifelhaft oder ungewiß, so kann die beantragte Rechtsfolge, d. h. die Pflicht zum Schadensersatz, nicht eintreten, weil der festgestellte, konkrete Sachverhalt sich im Urteilssyllogismus nicht unter den abstrakten Haftungstatbestand subsumieren läßt. Für die tatsächliche Verwirklichung der einzelnen Merkmale der positiven Forderungsverletzung (kurz: Mankoeintritt, adäquate Verursachung, Verschulden) trägt der Schadensersatz fordernde *Arbeitgeber* deshalb die *Beweislast*. Damit kein klageabweisendes Urteil gegen ihn ergeht, weil eine oder mehrere rechtserhebliche Tatsachen nicht aufgeklärt und somit auch nicht festgestellt werden können, bleibt es im Zweifelsfalle seinem Bemühen anheimgestellt, die von ihm behaupteten, aber streitigen Tatumstände zu beweisen. Aufgrund seines persönlichen Interesses an der Durchsetzung des Anspruchs bzw. an der Abwendung eines ihm ungünstigen Urteils fällt ihm also auch die *Beweisführungslast* zu[52].

---

[49] Im Sinne der materiellrechtlichen Auffassung; vgl. darüber *Rosenberg*, a. a. O., insbes. 77 ff.; ders. (Lehrb.), 554 ff.; *Schmeling* (Diss.), 59 ff., 88 ff. und die jeweils dort Zitierten; ausführlichste Darstellung und Kritik der abweichenden prozessualen Auffassung und der Mittelmeinungen bei *Schmeling* (Diss.), 63 ff.

[50] Vgl. oben, S. 38 ff.

[51] Von der deliktischen Haftung wird zunächst abgesehen, vgl. darüber unten, S. 86.

[52] Im Ergebnis ebenso die oben, auf S. 74 ff., unter c) Zitierten; vgl. ferner *Hueck-Nipp* I, 211, f., Anm. 33; *Staud-Nipp*, Anm. 147 zu § 611; RGRK z. BGB, (10. Aufl.) Anm. 4. d. zu § 276; *Würdinger* in RGRK, Anm. 23 zu § 59; *Palandt*, Anm. 8 zu § 249; auch *Wilburg*, 69, 147; *Oertmann* (Arbeitslohn), 66; nicht eindeutig *Krönig*, DAR 36, 213.

c) *Nichtanwendbarkeit der Vorschrift des § 282 BGB*

Im Gegensatz hierzu stehen die Meinungen[53], die besagen, daß sich die Beweislast bei Mankohaftung aus der Beweislastvorschrift des § 282 BGB ergeben soll. Danach würde den Arbeitgeber keine Beweislast für das Verschulden des Filialleiters treffen; der Filialleiter müßte vielmehr die Beweislast für seine Schuldlosigkeit tragen.

aa) Wegen unzutreffender Annahme eines gemischtvertraglichen Rechtsverhältnisses

Zu den Befürwortern[54] dieser Beweislastverteilung zählen in erster Linie die Anhänger[55] der Theorie des gemischten Vertrages. Ihre These beruht auf folgendem Gedankengang: Der Filialleiter sei als Schuldner aus dem erläuterten gemischten Vertrag zu betrachten. In der Entstehung eines Mankos zeige sich demgemäß keine arbeitsvertragliche Schlechtleistung, sondern eine Unmöglichkeit der Leistung i. S. der §§ 275 ff. BGB, weil der Filialleiter bei Eintritt des Mankos nicht imstande sei, den von ihm verwalteten Waren- oder Geldbestand ordnungsgemäß, d. h. vollständig, herauszugeben. Als Schuldner werde er von der Verpflichtung zur Leistung nur frei, soweit eine von ihm nicht zu vertretende nachträgliche Unmöglichkeit die Leistung vereitele (§§ 275, 276 BGB). Werde die Leistung dagegen infolge eines von ihm zu vertretenden Umstandes unmöglich, müsse er dem Arbeitgeber (Gläubiger) für den entstandenen Schaden haften (§ 280 BGB). Seine Einstandspflicht entfalle jedoch, wenn er im Streitfall seine Schuldlosigkeit an der Unmöglichkeit der Leistung nachweisen könne (§ 282 BGB). Gelinge ihm die Exkulpation nicht, bleibe es nach § 280 BGB bei seiner Ersatzpflicht.

Bei Ansprüchen aus Geschäftsbesorgungs- und Verwahrungsverträgen trifft diese Beweislastverteilung zwischen Schuldner und Gläubiger zu, weil die den §§ 667 und 695 BGB zugehörige Beweislastvorschrift des § 282 BGB direkt eingreift. Da der § 282 BGB gegenüber dem § 280 BGB die Stellung einer Gegennorm einnimmt (die Schuldlosigkeit des Schuldners hindert den Eintritt der Ersatzpflicht), würde dem Filialleiter, wäre er als Schuldner aus den genannten Verträgen anzusehen, die Beweislast für seine Schuldlosigkeit mit Recht zufallen. Diese Folgerung geht hier jedoch fehl, weil die Hilfskonstruktion des gemischten Vertrages, wie bereits ausgeführt[56], der Rechtslage widerspricht. Sämtliche Rechte aus dem Arbeitsverhältnis des Filialleiters ergeben sich vielmehr unmittelbar und ausschließlich aus dem Arbeitsvertrag. Dies gilt sowohl für den Primärinhalt der arbeitsvertraglichen Ansprüche (z. B. des Anspruchs

---

[53] Vgl. die oben auf S. 71 ff., unter a) und b) Zitierten.
[54] Vgl. die oben auf S. 71, Anm. 5, Zitierten.
[55] Vgl. die oben auf S. 27, Anm. 43—48, Zitierten.
[56] Vgl. oben, S. 28 ff.

des Arbeitgebers auf ordentliche Verwaltung der dem Filialleiter anvertrauten Güter) wie für Ersatzansprüche wegen schuldhafter Verletzung arbeitsvertraglicher Pflichten. Es sprechen mithin keine Gründe[57] dafür, einzelne Pflichten des Filialleiters aus dem Arbeitsvertrag herauszulösen und sie der Rechtswirkung fiktiver Nebenverträge auszusetzen. Daß es rechtlich notwendig ist, verschiedene Vertragstypen auf diese Weise zu kombinieren, wird nicht nachgewiesen. Daher liegt die Vermutung nahe, daß die gemischtvertragliche Theorie lediglich dazu dienen soll, eine „Umverteilung" der Beweislast zuungunsten des Filialleiters zu begründen.

Die Fragwürdigkeit einer solchen Lösung zeigt sich aber unter anderem auch darin, daß in den meisten[58] Fällen von ihr abgewichen werden müßte. Das bestätigen diejenigen Schriftsteller und Gerichte, die — in Abkehr von ihrem eigenen Prinzip — dem Arbeitgeber die Beweislast für das Verschulden des Filialleiters auferlegen, wenn dieser nicht allein tätig ist und den Filialbetrieb nicht unter Alleinverschluß hat[59]. Bei dieser echten „Umkehr der Beweislast" wird ein Umweg in Richtung auf die hier vertretene Auffassung eingeschlagen, der aufzeigt, welche beweisrechtlichen Schwächen der Theorie des gemischten Vertrages innewohnen: Weil die ursprüngliche Konstruktion eines gemischtvertraglichen Rechtsverhältnisses (mit der Beweislastregelung des § 282 BGB) sich als unzulänglich erweist, wenn es sich nicht um Ein-Mann-Filialbetriebe handelt, wird der Grundsatz des § 282 BGB aufgegeben, — ohne Hinweis auf die einschlägigen Bestimmungen, die eine derartige Entscheidung rechtfertigen könnten. Es bleibt also offen, wie die vorgeschlagene Ausnahmeregelung mit den Vorschriften über die Herausgabepflichten aus Geschäftsbesorgung und Verwahrung im Hinblick auf die §§ 280, 282 BGB zu vereinbaren wäre.

bb) Wegen Nichtvorliegens einer Unmöglichkeit der Leistung
i. S. der §§ 275ff. BGB

In einzelnen Stellungnahmen sieht man davon ab, von der unzutreffenden gemischtvertraglichen Anspruchsgrundlage auszugehen, gelangt aber zum gleichen Ergebnis wie die Vertreter der vorstehend erörterten Auffassung. Es bedarf daher auch einer Klärung der Frage, ob es zu-

---

[57] Bedenklich *Cohn*, GewKfmGer. 09, 279, wonach das Bedürfnis, den Geschäftsinhaber mit der probatio diabolica zu verschonen, so stark sei, daß ihm wohl jeder Praktiker nachgeben werde.
[58] I. S. der nachfolgenden Ausführungen jedenfalls dort, wo mehrere Arbeitnehmer in einem Filialbetrieb arbeiten (vgl. dazu die Zahlen der konsumgenossenschaftlichen Verteilungsstellen — oben, S. 20, Anm. 16 und 20 — bei denen man in der Regel davon ausgehen kann, daß mehrere Angestellte in einem Filialbetrieb tätig sind).
[59] Vgl. die oben, auf S. 73, Anm. 11, Zitierten; wenn auch mit unterschiedlichen Begründungen, kommen die übrigen auf S. 73 ff., unter b) genannten Autoren und Gerichte zum gleichen Ergebnis.

lässig ist, den § 282 BGB schon wegen seines allgemeinen Charakters direkt oder analog anzuwenden, ohne Rücksicht darauf, welches Rechtsverhältnis dem Anspruch des Arbeitgebers auf Ausgleich eines Mankos zugrunde liegt.

Einen bejahenden Standpunkt scheinen diejenigen Autoren und Gerichte[60] einzunehmen, die es dahingestellt lassen, ob zwischen Arbeitgeber und Filialleiter ein gemischter Vertrag oder ein Arbeitsvertrag besteht. Wenn dem Filialleiter ein Manko unterlaufe, sei jedenfalls eine Unmöglichkeit der Leistung i. S. der §§ 275 ff. BGB mit der Beweislastregel des § 282 BGB gegeben.

Gegen diese Anwendung des § 282 BGB wären grundsätzlich keine Einwände zu erheben, wenn die Arbeitsleistung von Filialleitern der güterrechtlichen Sachleistung, an der sich die §§ 275ff. BGB orientieren, gleichgestellt werden könnte. Die letztere setzt jedoch in aller Regel eine unabhängige, synallagmatisch ausgewogene Verfügungsfreiheit des Verpflichteten in bezug auf den Leistungsgegenstand voraus, ein Merkmal, das der schuldvertraglichen Verpflichtung eines Arbeitnehmers aber fehlt. Darüber hinaus läßt sich der Leistungsgegenstand, im Rahmen des Arbeitsverhältnisses also die persönlich abhängige Arbeit des Filialleiters, nicht in der Weise aufspalten, daß bei Verletzung arbeitsvertraglicher Pflichten mit Mankofolge von einer *Unmöglichkeit* der geschuldeten Leistung gesprochen werden könnte[61]. Die zahlreichen und vielgestaltigen Aufgaben, die dem Filialleiter obliegen, wie Verwaltung des Warenbestandes, Personal- und Ladenaufsicht, Abrechnung, Berichterstattung und die sonstigen Einzelverrichtungen, sind in sich verzahnt und mit den Verrichtungen der übrigen Mitangestellten sowie mit den Mitwirkungshandlungen des Arbeitgebers eng verflochten. Der arbeitsvertragliche Erfüllungsanspruch des Arbeitgebers kann sich infolgedessen nicht auf einzelne dieser differenzierten Verrichtungen und Erfüllungshandlungen (z. B auf Rechnungslegung oder Herausgabe der Erlöse und des restlichen Warenbestandes) als solche richten, sondern nur auf die *Arbeits*leistung des Filialleiters in ihrer Gesamtheit, d. h. auf die Arbeit an sich[62]. Deshalb muß die Subsumtion der Merkmale dieser Leistung unter den Tatbestand der §§ 280, 282 BGB in den erörterten Fällen[63] scheitern, denn wenn diesem Arbeitnehmer bei der Erfüllung seiner Aufgaben ein Manko

---

[60] Vgl. die oben, auf S. 72, Anm. 6) und auf S. 73, Anm. 9) Zitierten.
[61] Vgl. *Endemann,* AuR 53, 300.
[62] Vgl. *Richter,* 7 ff.; auch *Oertmann,* LZ 27, 1177 ff.
[63] Hiervon sind die Fälle positiver Arbeitsvertragsverletzung zu unterscheiden, bei denen eine Sachlage wie bei Unmöglichkeit und Verzug gegeben ist. Mit *Hueck-Nipperdey* (I, 211, Anm. 33) wird man unter solchen Umständen ausnahmsweise eine analoge Anwendung der §§ 282, 285 BGB gelten lassen dürfen. So etwa, wenn einem Arbeitnehmer einzelne Gegenstände zur Benutzung und eigenverantwortlichen Pflege und Obhut übergeben werden (z. B. Dienstmotorrad, vgl. LAG Stuttgart, AP 51 I, 537 (540) und der Arbeit-

unterläuft, wird ihm nicht *„die"* Leistung *„unmöglich"*. Er *hat* geleistet. Es ist ihm auch weiterhin möglich, *die* (Arbeits-)Leistung zu erbringen. Unter Umständen hat er aber *schlecht* geleistet[64] und durch diese Verletzung arbeitsvertraglicher Pflichten ein Manko herbeigeführt[65]. Ob er schlecht geleistet hat und ob die Pflichtverletzung auf seinem Verschulden beruht, bedarf im Zweifelsfalle eines Beweises und zwar durch denjenigen, der Ersatzansprüche darauf stützt, nämlich durch den Arbeitgeber.

cc) Wegen Fehlens der Voraussetzungen für eine analoge Anwendung bei Verletzung rein arbeitsvertraglicher Pflichten

Die Anwendung des § 282 BGB könnte indessen bei Ansprüchen aus Mankohaftung auch dann erwogen werden, wenn — wie hier — davon ausgegangen wird, daß es sich bei der schuldhaften Herbeiführung des Mankos um eine arbeitsvertragliche Schlechtleistung handelt, — in Anlehnung an die im zivilrechtlichen Schrifttum[66] auch in bezug auf die positive Vertragsverletzung oft vertretene Meinung, der Gläubiger habe lediglich die objektive Pflichtverletzung des Schuldners zu beweisen; für das subjektiv pflichtwidrige (schuldhafte) Verhalten des Schuldners sei wie bei Unmöglichkeit (§§ 280, 325 BGB) und Verzug (§§ 286, 326 BGB) eine Verschuldensvermutung anzunehmen[67] mit der Folge, daß der Schuldner sich exkulpieren müsse.

Diese Auffassung ist zu billigen, soweit es sich um rein schuldrechtliche Austauschverhältnisse handelt (z. B. Kauf, Tausch, Miete, Pacht),

---

nehmer dieser gegenständlich abgegrenzten Rückgabepflicht schuldhaft nicht nachkommen kann (vgl. auch RAG, ARS 14, 362; LAG Düsseldorf, BB 60, 1170). Es erscheint jedoch nicht gerechtfertigt, aus derartigen Sonderfällen schon allgemein zu folgern, daß kein Grund vorliege, den § 282 BGB im Arbeitsrecht nicht anzuwenden (so LAG Stuttgart, a. a. O., mit zust. Anm. *Bulla* in AR-Blattei, Haftung des AN, Entsch. 3). Mangels vergleichbarer Tatumstände können die im obigen Zusammenhang entwickelten abweichenden Beweislastregeln auch nicht auf Ansprüche aus Mankohaftung übertragen werden (so allerdings *Bulla*, Betr. 52, 82, Anm. 40). Dies geht bereits aus dem Urteil des Landesarbeitsgerichtes Stuttgart (a. a. O.,) hervor, das in der Sachentscheidung den richtigen Standpunkt einnimmt, wonach bei Ansprüchen aus arbeitsvertraglicher Schlechtleistung den Arbeitgeber die Beweislast für das Verschulden des Arbeitnehmers treffe (vgl. AP 51, I, 540). — Teilweise noch enger als hier *Zigan*, Anm. zu LAG Hamm, AP 54 I, 231.

[64] Vgl. *Hueck-Nipp* I, 208 ff.; *Oertmann* (Lehrb.), 234 ff.; ders. (Arbeitslohn), 66; *Fritz* (Diss.), 23 f., 101 ff.

[65] Gleicher Ansicht *Langer*, 13; — vom Standpunkt des österreichischen Rechts aus ebenso *Martinek*, RdA (Wien) 12./13. 1954, 14 ff.

[66] Vgl. z. B. *Rosenberg* (Beweislast), 356; *Ennecc-Lehm*, § 50, § 55, II. 3.; *Larenz* I, 238, f.; *Raape*, AcP 147, 218 f., 281, 287 ff.; ihm folgend *Lindenmaier*, Festschrift Raape, 349 ff.; auch *Schlegelberger-Schröder*, Anm. 44 zu § 59.

[67] So *Larenz* I, 238, ebenso in Anm. zu LAG Bremen, AP Nr. 3 zu § 611 BGB, Haftung des AN; — vgl. auch LandG I Berlin, GewKfmGer. 07, 136, wonach die Haftung für das Manko auf dem berechtigten Gedanken beruhe, daß den Lagerhalter in der Regel ein Verschulden treffe; desgl. *Cohn*, GewKfmGer. 09, 279; vgl. ferner LAG Hamm, AP 54 I, 227 f.

denn bei ihnen hat der Gläubiger — auch im Falle einer positiven Forderungsverletzung — keinen Einblick in den von seiner Sphäre klar geschiedenen Schuldnerbereich, und er wäre folglich überfordert, wenn er den Nachweis der von ihm in aller Regel nicht oder kaum ermittelbaren Umstände zu erbringen hätte, aus denen sich ergibt, daß der Schuldner schuldhaft handelte, also den durch Schlechtleistung entstandenen Schaden zu vertreten hätte. Bei Ersatzansprüchen aus Mankohaftung im Rahmen von Arbeitsverhältnissen bestehen jedoch andere rechtliche und tatsächliche Voraussetzungen. Von einer die obengenannten Vertragstypen des Schuldrechts kennzeichnenden Gläubiger-Schuldner-Stellung mit eindeutig abgegrenzten Herrschafts- und Einwirkungsbereichen der Partner[68] kann in den vorliegenden Fällen nicht gesprochen werden. Die Beziehung zwischen Arbeitgeber und Filialleiter weist keine so klare Sphärentrennung auf wie diejenige zwischen Arzt und Patienten, Verkäufer und Käufer[69], Mieter und Vermieter, Verleiher und Entleiher oder Unternehmer und Besteller[70]. Bei der Erfüllung ihrer Leistung sind diese Vertragsgegner persönlich unabhängig; die jeweiligen Leistungshandlungen der Schuldner sind an keine übergeordnete Organisation eines fremden Unternehmens gebunden[71] und können somit aus eigenem Willen dem Einfluß betrieblicher Schadensquellen entzogen werden[72, 73]. Der persönlich abhängige, weisungsunterworfene Filialleiter ist dagegen als Arbeitnehmer in den Filialbetrieb des Arbeitgebers eingegliedert. Bildlich gesprochen ist die Schuldner-Sphäre des Filialleiters gewissermaßen in die Gläubiger-Sphäre des Arbeitgebers eingebettet; die Leistungsbereiche sind also insoweit „asymmetrisch"[74]. Die Arbeitsleistung des Filialleiters wird den verschiedensten Fremdbeeinflussungen und -beeinträchtigungen ausgesetzt, die sich aus den organisatorisch-technischen Betriebsverhältnissen, aus der innerbetrieblichen Arbeitsteilung und aus dem laufenden Geschäftsgang tagtäglich ergeben[75]. Unter diesen Umständen kann er weder den gesamten Betrieb und die einzelnen Geschäftsvorgänge derart vollkommen beherrschen, daß er ständig in der Lage wäre,

---

[68] Vgl. *Richter*, 13 f.

[69] Die von *Larenz* I, 239, angeführten Beispiele.

[70] Die von *Rosenberg* (Beweislast), 361, angeführten Beispiele.

[71] Vgl. auch *Oertmann* (Lehrb.), 11 ff.

[72] Vgl. *Bretschneider* (Diss.), 36 ff.

[73] Also anders als z. B. beim Werkvertrag (vgl. BGHZ 23, 290).

[74] Vgl. *Richter*, 13, der darlegt, daß (die) Arbeit aus der Rechtssphäre des Arbeitenden in die eines anderen geleistet werde, dem der Arbeitende mit seiner Person verpflichtet sei; ähnlich *Bretschneider* (Diss.), 36 f., 45 ff.; vgl. auch BAG, BB 60, 940.

[75] Vgl. in diesem Zusammenhang RAG, ARS 42, 434 ff.; schon früher KfmG Danzig, Handb.-GewKfmGer., 629, das zutreffend ausführt, die Exkulpationspflicht setze (aus den obengenannten Gründen) den vollen Gewahrsam die tatsächliche Gewalt über den ganzen Filialbetrieb in der Weise voraus, daß der Filialleiter jeden Dritten (Hilfskräfte und Arbeitgeber) auszuschließen in der Lage sei. Vgl. auch *Landsberger*, GewKfmGer. 09, 216 f.

die vielfachen Schadensmöglichkeiten[76] lückenlos zu kontrollieren oder wenigstens zu überblicken, noch vermag er infolgedessen bei Schadenseintritt die zahlreichen Entstehungsursachen allein aufzuklären, um nötigenfalls *sich* auf diese Weise zu exkulpieren.

Dem Filialleiter kann die Beweislast für sein Nichtverschulden auch nicht mit Hinweis darauf aufgenötigt werden, daß die Betriebsverhältnisse einer Verteilungsstelle für den Arbeitgeber mehr oder minder undurchsichtig seien[77] und daß dessen Beweistätigkeit hierdurch erschwert werde[78]. Denn es obliegt dem Arbeitgeber, für die Überschaubarkeit *seines* Filialbetriebes zu sorgen und die Arbeitsleistung des Filialleiters aus *Eigen*interesse zu überwachen, damit er gegebenenfalls Schlechterfüllungen feststellen und Ersatzansprüche wegen Verstoßes gegen Vertragspflichten geltend machen kann. Ältere Entscheidungen[79], die aus einem rein vermögensrechtlich-schuldrechtlichen Blickwinkel heraus gefällt wurden, lassen die andersartige Struktur arbeitsvertraglicher[80] Rechtsbeziehungen insoweit unberücksichtigt.

Weil die Arbeitsleistung des Filialleiters in einen vorgegebenen, der Disposition des Arbeitgebers unterworfenen betrieblichen Organisationszusammenhang eingebettet ist und nicht leistungsgegenständlich isoliert werden kann[81], hält die hier vertretene Auffassung auch dem Einwand stand, daß die in anderen Gesetzen enthaltenen ausdrücklichen Beweislastvorschriften den allgemeinen Grundsatz des § 282 BGB bestätigen[82]. Die in diesem Zusammenhang von *Rosenberg*[83] genannten Beispiele[84]

---

[76] Vgl. dazu RAG, ARS 10, 157 f.; BAGE 2, 339; vgl. auch oben S. 63 ff.

[77] So sinngemäß *Raape*, AcP 147, 222.

[78] Wie *Raape* auch *Lindenmaier*, Festschrift Raape, 359.

[79] Z. B. OLG Braunschweig, SeuffA 62, Nr. 64 und OLG Hamm, OLGR 13, 22; auf die erste Entscheidung verweist *Rosenberg* (Beweislast), 348, 362 (ihm folgend z. B. *Wolf* (Diss.), 50, als Beleg für die abweichende Meinung; vgl. demgegenüber BAG, BB 60, 940.

[80] Die Reichsgericht-Entscheidung in Recht (Beilage) 12, Nr. 192, scheidet deshalb für die hier zu erörternden Fälle aus; im einschlägigen Fall handelte es sich um den „Leiter einer Filiale", sprich (kaufmännischer) „Leiter einer (handelsrechtlichen) Niederlassung"; — nicht unmißverständlich deshalb *Soergel*, (8. Aufl.), Anm. 4 zu § 282.

[81] Entsprechende Erwägungen stellt bereits *Neumann*, JbKfmGer.-Bln., 161, an; ebenso KfmG Danzig, Handb.-GewKfmGer., 628 f.; ähnliche Gedankengänge sind wohl auch bei den Autoren und Gerichten zu vermuten, die dem Arbeitgeber die Beweislast für das Verschulden des Filialleiters auferlegen, wenn er „nicht allein tätig" ist und „den Filialbetrieb nicht unter Alleinverschluß" hat (vgl. die oben auf S. 73 f., unter b) Zitierten).

[82] Dieser Ansicht besonders *Rosenberg* (Beweislast), 359 ff., mit Kritik an der abweichenden Rechtsprechung des Reichsgerichts und des Reichsarbeitsgerichts.

[83] Ebenda.

[84] Z. B. §§ 84 Abs. 2 und 99 AktGes. (Haftung von Vorstands- und Aufsichtsratsmitgliedern von Aktiengesellschaften), § 390 HGB (Haftung von Kommissionären), §§ 390, 407 Abs. 2 HGB (Haftung von Spediteuren), §§ 390, 417 Abs. 1 HGB (Haftung von gewerbsmäßigen Lagerhaltern), § 429 HBG (Haftung von Frachtführern), § 606 HGB (Haftung von Verfrachtern).

beziehen sich ausnahmslos auf Schuldverhältnisse mit klar abgegrenzten, eigenständigen Leistungsbereichen der Schuldner, die unter solchen
Umständen geeignete Vorkehrungen gegen Fremdeinwirkungen treffen
können.

Aus der Selbständigkeit einer Vertragsstellung dieser Art — zumal
im Verhältnis zur Gegenleistung — ergibt sich, daß Schadenszufügungen
durch den persönlich unabhängigen Schuldner, die auf mangelhafter Vertragserfüllung beruhen, ihm zugerechnet werden müssen, wenn er, obwohl sein Leistungsbereich für ihn allein überschaubar und nur von
ihm beeinflußbar ist, keinen Beweis für seine Schuldlosigkeit antreten
kann[85]. Bei Schlechtleistung des Filialleiters, eines Arbeitnehmers,
kommt dieser Grundgedanke des § 282 BGB jedoch nicht zur Geltung,
weil die Schuldnerposition des Filialleiters durch sein arbeitsvertragli-
ches Abhängigkeitsverhältnis bestimmt wird und sich insoweit erheblich
von der Schuldnerposition z. B. eines Vorstandsmitgliedes einer Aktien-
gesellschaft oder eines Spediteurs[86] unterscheidet. Daß hinsichtlich seiner Einstandspflicht für Manki dennoch gleiche Beweislastgrundsätze
Anwendung finden sollen, kann mit Rücksicht auf die andersartigen Voraussetzungen nicht anerkannt werden.

dd) Beweislast des Arbeitgebers für den Entstehungstatbestand:

Mankoeintritt, Verursachung, Verschulden

Zusammengefaßt führt die vorstehende Erörterung und Abwägung
der verschiedenen Meinungen zu folgendem Ergebnis: Im Gegensatz zur
Beweislastverteilung bei nachträglicher Unmöglichkeit der Leistung ergibt sich die Verteilung der Beweislast bei Verletzung arbeitsvertraglicher
Pflichten (Schlechtleistung) nicht aus den §§ 280, 282 BGB. Der Entstehungstatbestand des Ersatzanspruchs aus Mankohaftung unterliegt also
nicht der Gegenwirkung der anspruchshindernden Vorschrift des § 282
BGB. Sämtliche Tatbestandsvoraussetzungen dieses Anspruchs stehen
zur Beweislast des Arbeitgebers[87]. Ihm obliegt es nicht nur, das Vorhandensein eines Mankos zu beweisen, sondern auch die adäquate Verursachung der Verluste durch den Filialleiter und dessen Verschulden.
Wenn es ihm nicht gelingt, die objektive Ungewißheit über das Vorliegen

---

[85] Vgl. auch BGHZ 23, 290 (zur Haftung beim Werkvertrag).

[86] Vgl. Anm. 84.

[87] So grundsätzlich auch die herrschende Lehre im Arbeitsrecht in bezug
auf arbeitsvertragliche Forderungsverletzungen: Vgl. *Hueck-Nipp* I, 211; *Nikisch* (Lehrb.), 270; *Staud-Nipp*, Anm. 147 zu § 611; *Würdinger* in RGRK, Anm.
23 zu § 59; früher *Sinzheimer*, 188; *Oertmann* (Lehrb.), 136; vgl. auch BAG,
AP Nr. 5 zu § 549 ZPO (mit kritischer Anm. Neumann-Duesberg) und RAG,
ARS 24, 138; zum Ganzen auch *Fritz* (Diss.), 23 ff.

Dem entsprach auch die Lösung des Akademieentwurfs (eines Gesetzes über
das Arbeitsverhältnis, veröfftl. Hamburg 1938, Hanseatische Verlagsanstalt);
vgl. *Nipperdey*, DAR 38, 189; ders., DJZ 36, 534.

dieser haftungsbegründenden Merkmale zu beseitigen (Beweisführung),
kann er mit dem geltend gemachten Schadensersatzanspruch nicht durch-
dringen, weil ihn die Folgen der Beweislosigkeit treffen (Beweislast).

d) Beweislastverteilung bei besonderen Haftungstatbeständen

Die Beweislast für besondere Haftungstatbestände richtet sich nach
den gleichen Grundsätzen. Sie bestimmt sich stets nach den Merkmalen,
die nach Maßgabe der jeweiligen gesetzlichen Anspruchsgrundlage Voraussetzungen der Entstehung des Anspruchs sind.

aa) Bei deliktischer Mankohaftung

Bei deliktischer Mankohaftung ergibt sich die Beweislast aus den
§§ 823 ff. BGB. Danach trägt der Arbeitgeber für die adäquate Verursachung des Mankos durch den Filialleiter und für dessen Verschulden
die Beweislast[88], weil beide Merkmale zu den tatsächlichen Voraussetzungen der anspruchsbegründenden Vorschriften gehören (vgl. z. B. § 823
Abs. 1 BGB)[89]. Die Selbständigkeit der arbeitsvertraglichen und der
deliktischen Ersatzforderung ist unbeschadet ihrer gegenständlichen Iden-
tität[90] anzuerkennen. Obwohl eine unerlaubte Handlung des Filialleiters zugleich auch den Tatbestand einer positiven Vertragsverletzung
erfüllt, handelt es sich um verschiedene Anspruchsgrundlagen. Wenn
sich der Arbeitgeber auf den einen oder den anderen Haftungsgrund beruft, trifft ihn die Beweislast für die rechtserheblichen Tatsachen der jeweiligen Anspruchsgrundlage[91].

bb) Bei Mankohaftung im Falle der von Mitarbeitern
herbeigeführten Manki

Sofern Mitarbeiter des Filialleiters als seine Verrichtungsgehilfen angesehen werden können (§ 831 BGB), hat er die Beweislast für sein Nichtverschulden bei der Auswahl, Anleitung und Überwachung der Hilfskräfte, wenn sie ein Manko widerrechtlich herbeiführen (§ 831 Abs. 1
Satz 2 BGB). Bei der arbeits*vertraglichen* Mankohaftung ist es für die
Beweislastverteilung unerheblich, ob neben dem Filialleiter noch weitere Arbeitnehmer in dem Filialbetrieb beschäftigt werden, da die Mitarbeiter grundsätzlich keine Erfüllungsgehilfen des Filialleiters sind.
Wenn der Filialleiter für ein Manko haften soll, wird lediglich danach
gefragt, ob *er* den Schaden verursacht und verschuldet hat. Nur dafür
trägt der Arbeitgeber die Beweislast[92], nicht auch für ein etwaiges schuld-

---

[88] Vgl. statt anderer *Rosenberg* (Beweislast), 352 f.
[89] Vgl. den Fall RAG, ARS 24, 263.
[90] Vgl. *Dietz*, 103 ff.
[91] Vgl. *Grub*, AR-Blattei III, B. IV.
[92] Zutreffend *Stritzke*, NZfAR 29, 27.

haftes Verhalten der Hilfskräfte[93]. Etwas anderes ist es, wenn er den Ersatzanspruch gegen die Mitarbeiter des Filialleiters geltend macht. Es kann z. B. vorkommen, daß der Kassierer des Filialbetriebes pflichtwidrig einen Kassenfehlbestand entstehen läßt, ohne daß dies auf eine schuldhafte Verletzung der Aufsichtspflicht seitens des Filialleiters zurückzuführen wäre[94]. Der Filialleiter kann umgekehrt seine Kontrollen vernachlässigen und dadurch das Manko verursachen, ohne daß die Mitarbeiter dafür verantwortlich zu sein brauchen (z. B. bei Kundendiebstahl). Im ersten Falle richtet sich der Anspruch des Arbeitgebers auf Ausgleich des Schadens gegen den Mitangestellten (Kassierer), im zweiten gegen den Filialleiter. Für die tatsächlichen Merkmale, die zur Entstehung des jeweiligen Anspruchs führen, trägt der Arbeitgeber die Beweislast[95]. Wenn der Schuldvorwurf die Hilfskräfte trifft und sie deshalb auf Schadensersatz in Anspruch genommen werden sollen, ist zu beachten, daß die Nennung der schuldigen Mitarbeiter durch den Filialleiter in seinen arbeitsvertraglichen Pflichtenkreis fällt, also nicht etwa als seine eigene Exkulpation zu werten ist. Gelingt es ihm nicht, den Schuldigen namhaft zu machen, so ist es Sache des Arbeitgebers nachzuweisen, daß dies eine Folge unzureichender Aufsicht über das Personal oder sonstiger nachlässiger Pflichterfüllung ist[96], für die der Filialleiter einzustehen hat.

cc) Bei schuldhafter Mitverursachung seitens des Arbeitgebers und bei schadensgeneigter Arbeit des Filialleiters

Wendet der Filialleiter ein, der Arbeitgeber habe das Manko schuldhaft mitverursacht (§ 254 BGB), so fällt ihm hierfür die Beweislast zu. Den Arbeitgeber trifft insoweit keine Beweislast, weil der Filialleiter sich auf die Wirkung der ihm günstigen Gegennorm des § 254 BGB beruft[97], die dem Anspruch des Arbeitgebers rechtshindernd (Abs. 1) oder rechtsvernichtend (Abs. 2) entgegentreten kann. Daß die adäquate Mitverursachung und das Mitverschulden des Arbeitgebers vorliegen, hat deshalb der Filialleiter zu behaupten und darzulegen[98]. Wenn diese tatsächlichen Merkmale unbewiesen oder unaufgekärt bleiben, kann die beantragte Minderung der Ersatzpflicht nicht eintreten[99].

---

[93] Ungenau *Bulla*, Betr. 52, 82.
[94] Abweichend *Goetz Hueck*, Anm. zu LAG Hannover, AP 53 II, 394.
[95] Im Ergebnis ebenso *Langer*, 38.
[96] Vgl. LAG Groß-Berlin, AR-Blattei, Haftung des AN, Entsch. 7.
[97] Vgl. *Rosenberg* (Beweislast), 143 f. (vgl. aber 364 f.); KfmG Danzig, Gew-KfmGer. 08, 14.
[98] Vgl. *Henle*, 355 ff.; das Mitverschulden ist im übrigen auch von Amts wegen zu berücksichtigen, wenn es sich aus der Sachlage ergibt (vgl. RGRK z. BGB (10. Aufl.) Anm. 4 zu § 254; *Ennecc-Lehm*, § 16, V., *Bulla*, Betr. 52, 59).
[99] So auch *Grub*, AR-Blattei I, B. III.; LAG Baden-Württemberg, Kammer Stuttgart, Betr. 57, 459, unter c.

Der Filialleiter ist ferner beweisbelastet, wenn er behauptet, daß seine Arbeitsleistung schadensgeneigt bzw. dem Unternehmerrisiko unterworfen sei. Da derjenige, der einen Anspruch erhebt, aufgrund seines persönlichen Interesses an der Durchsetzung für den Nachweis der tatsächlichen Voraussetzungen des Anspruchs zu sorgen hat, wird entsprechendes gelten müssen, wenn sich der Filialleiter auf die Schadensneigung seiner Tätigkeit beruft. Wenn seinem Antrag auf Durchführung des innerbetrieblichen Schadensausgleichs stattgegeben werden soll, dürfen hinsichtlich des Vorliegens der Voraussetzung des arbeitsrechtlichen Korrektivs, d. h. der außergewöhnlichen betrieblichen Risikolage[100], keine Zweifel bestehen. Um eine Antragsabweisung als Folge der Unerweislichkeit dieser außergewöhnlichen Belastung zu vermeiden, obliegt es ihm, die behaupteten Tatumstände im Streitfalle zu beweisen[101].

e) Praktische Auswirkungen der Beweislastverteilung

In der Möglichkeit, ein ungünstiges Urteil durch eigene Beweistätigkeit abzuwenden, kommt das eigentliche Wesen der *Beweisführungslast* zum Ausdruck[102]. Dem beweisbelasteten Arbeitgeber fällt z. B. die Aufgabe zu, die Verwirklichung des Haftungstatbestandes (Mankoeintritt, Verursachung, Verschulden, Kausalzusammenhang) zur vollen Überzeugung des Gerichts nachzuweisen[103]. Gegenüber diesem *Hauptbeweis* hat der Filialleiter das Recht, zur Widerlegung der tatsächlichen Behauptungen des Arbeitgebers den *Gegenbeweis*[104] zu führen. Umgekehrt obliegt dem Filialleiter der Hauptbeweis für den Einwendungstatbestand[105] (Mitverschulden des Arbeitgebers, schadensgeneigte Arbeit), dem Arbeitgeber der entsprechende Gegenbeweis.

Aus diesen prozessualen Wechselwirkungen erklärt sich die grundlegende Bedeutung der Beweis*last*verteilung bei Ansprüchen aus Mankohaftung: Die Beweislast nötigt ihren Träger immer zum Hauptbeweis, d. h. zu einer Beweisführung, die nur dann Erfolg versprechen kann,

---

[100] Vgl. im einzelnen oben, S. 63 ff.

[101] Im Ergebnis ebenso LAG Baden-Württemberg, Kam. Stuttgart, a. a. O., unter d.; ArbG Oberhausen, Urt. v. 9. 10. 53 (1 Ca 565/53) — unveröfftl.; vgl. ferner *Endemann*, AuR 53, 299, Anm. 10; *Baumbach-Lauterbach*, Anh. zu § 282, Anm. 2.

[102] Vgl. *Rosenberg* (Beweislast), 59 ff.; dazu bereits oben, S. 76 ff.

[103] Vgl. *Nikisch* (ZivProz.), 328.

[104] Jedoch nicht i. S. einer „Exkulpation", wie *Endemann* (AuR 53, 300) und *Bulla* (Betr. 52, 82) annehmen. Der Filialleiter müßte dann die Beweislast tragen und bei Beweisfälligkeit seinerseits den Hauptbeweis führen. Der Hauptbeweis eines Umstandes (Verschulden) schließt aber den Hauptbeweis des entgegengesetzten Umstandes (Schuldlosigkeit) aus (vgl. BAG, AP Nr. 4 zu § 611 BGB, Haftung des AN).

[105] Ungenau und nicht unmißverständlich *Endemann*, AuR 53, 300; desgl. LAG Baden-Württemberg, Kam. Stuttgart, Betr. 57, 459, zu a. und b. — für den Schadenseintritt und für den ursächlichen Zusammenhang trägt der Arbeitgeber die Beweislast. Er muß infolgedessen auch den Hauptbeweis führen; vgl. auch Anm. 104 (vorstehend).

wenn sie das Gericht von der Wahrheit einer beweisdürftigen Tatsache (z. B. Verschulden des Filialleiters) zweifelsfrei überzeugt[106]. Für den Gegenbeweis aber genügt es bereits, wenn er die richterliche Überzeugung lediglich erschüttert[107]; ein sicherer Nachweis der Unwahrheit jener Tatsachen ist *nicht* erforderlich[108]. In keinem Falle ändert jedoch die Beweisführung etwas an der (objektiven) Beweislast und ihrer Verteilung[109].

Bürdet man dem Filialleiter gemäß § 282 BGB die Beweislast auf, so kann er von der Haftung erst frei werden, wenn er den vollen, unstreitigen Hauptbeweis seiner Schuldlosigkeit erbringt, während der Arbeit-junkturellen Mehrbelastungen oder schon aus der Tatsache heraus, daß fast jede Arbeitsverrichtung des Filialleiters Fremdbeeinflussungen aussetzt ist. Die sich daraus ergebenden zahlreichen Schadensmöglichkeiten werden vom Arbeitgeber mit der Errichtung von Filialbetrieben in Kauf genommen, sollen aber dem Filialleiter zur Last fallen, wenn er die Ursachen eingetretener Verluste nicht vollständig aufklären kann. Bei die-geber nötigenfalls nur den Gegenbeweis zu führen braucht. Von welchen erfüllbaren Voraussetzungen seine Beweisführung praktisch abhängt, wird dabei nicht berücksichtigt. Die Fähigkeit des Filialleiters, seine Schuldlosigkeit zweifelsfrei zu beweisen, findet aber dort ihre Grenzen, wo nicht in seiner Person liegende Umstände die Möglichkeit der Exkulpation beeinträchtigen, wenn nicht ausschließen[110]. Wie bereits an anderer Stelle ausgeführt[111], kann dies in Filialbetrieben häufig der Fall sein, z.B. in größeren Verkaufsstellen mit mehreren Hilfskräften oder bei starkem Kundenverkehr, bei oft wechselndem Personal, bei saisonalen oder kon-ser Sachlage kann die arbeitsvertragliche Verschuldenshaftung des Filialleiters in Wirklichkeit einer Erfolgshaftung[112] nahekommen. Denn die

---

[106] Vgl. zum Ganzen *Stein-Jonas-Schönke*, Anm. II zu § 286; *Nikisch* (ZivProz.), 331; *Rosenberg* (Beweislast), 179 ff.; auch BAG, AP Nr. 4 zu § 611 BGB, Haftung des AN; nicht unbedenklich aber BAG, BB 60, 940, wonach im allgemeinen die Feststellung einer hinreichenden Wahrscheinlichkeit genügen soll.

[107] Vgl. *Stein-Jonas-Schönke*, Anm. I, 3, zu § 282.

[108] Vgl. *Rosenberg* (Beweislast), 76 f.; *Nikisch* (ZivProz.), 329 f.

[109] *Rosenberg* (Beweislast), 179 ff., 188 f.; *Leonhard*, 187 ff.; *Schmeling* (Diss.), 37; — inkonsequent deshalb *Endemann*, AuR 53, 300.

[110] Vgl. LAG Groß-Berlin, AR-Blattei, Haftung des AN, Entsch. 7. Das Gericht vertritt die Ansicht, daß die Ersatzpflicht des Filialleiters entfalle, wenn es sich bei den Verlusten um solche handeln würde, die im Rahmen der Lebenserfahrung als typisches Unternehmerrisiko gerade mit einem Filialbetrieb verbunden seien. Bei ungeklärten, üblichen Manki schließe „die Fülle der möglichen Ursachen eine zu seinen Lasten zwingende Vermutung aus".

[111] Vgl. oben, S. 63 ff., 81 ff.

[112] Daß die arbeitsvertragliche Mankohaftung bereits eine Erfolgshaftung sei, nimmt zu Unrecht *Güntner* (AuR 57, 169) an; vgl. auch LAG Baden-Württemberg, Kam. Stuttgart, Betr. 57, 459 und Betr. 59, 1144. Zur notwendigen Unterscheidung dieser beiden Haftungstatbestände vgl. ausführlich unten, S. 101 ff.

abverlangte Exkulpation ist erst dann geglückt, wenn der Filialleiter *allein* nachweist, wie das Manko *sonst*, d. h. ohne eigenes Verschulden, entstanden sein könnte. Eine so weitgehende Anforderung übersteigt jedoch das Maß des arbeitsvertraglich Zumutbaren. Zutreffend führt das Landesarbeitsgericht *Groß-Berlin*[113] deshalb aus, daß die Exkulpationspflicht das Unternehmerrisiko unzulässigerweise auf den Filialleiter übertrage[114]. Wenn der Entlastungsbeweis des Filialleiters nicht überzeugend geführt werden könnte, müßte daraus keineswegs sein Verschulden als positives Gegenteil seiner vorgebrachten Behauptungen zu folgern oder zu vermuten sein[115]. Dennoch könnte sich der Schadensersatz begehrende Arbeitgeber solchenfalls auf Bestreitung des Nichtverschuldens beschränken, ohne eine Antragsabweisung befürchten zu müssen. Ließe sich auf das Verschulden des Filialleiters nicht schon aus seiner unzureichenden Exkulpation „schließen", so bliebe die behauptete Schuldlosigkeit jedenfalls ungewiß, und der Filialleiter müßte infolgedessen im Hinblick auf die ihm obliegende Beweislast eine Verurteilung hinnehmen, weil ohne Rücksicht auf den eigentlichen Entstehungstatbestand des streitigen Anspruchs unzutreffend von der Beweislastvorschrift des § 282 BGB ausgegangen worden war[116].

f) Prima-facie-Beweis (Beweis des ersten Anscheins)

Die Grundsätze der Beweislastverteilung dürfen nicht mit den Problemen des *prima-facie-Beweises* (Beweis des ersten Anscheins)[117] verwechselt[118] werden[119]. Der prima-facie-Beweis gehört ausschließlich dem

---

[113] AR-Blattei, Haftung des AN, Entsch. 7.

[114] Zustimmend *Langer*, 33 f.; schon früher ebenso *Neumann*, JbKfmGer.-Bln., 160 f.; a. A. *Klingler*, Verbraucher 56, 150.

[115] Vgl. auch *Rosenberg* (Beweislast), 69 ff.

[116] Die aufgezeigten Zusammenhänge verkennt von konsumgenossenschaftlicher Seite *Klingler*, Verbraucher 56, 150. Nach seiner Ansicht ist die Frage, ob sich ein Ladenleiter entlasten oder aber der Arbeitgeber ein Verschulden des Ladenleiters nachweisen müsse, eine rechtsdogmatische. Für welchen Weg man sich auch entscheiden möge, für die Praxis und den Grundsatz von der Haftung selbst sei die Entscheidung (wohl des LAG Groß-Berlin, a. a. O.) kaum von (wenn nicht überhaupt ohne) Bedeutung. Die Wege seien verschieden, das Ergebnis sei dasselbe — nämlich die Verpflichtung zur Haftung des Ladenleiters bei geordnetem Geschäftsbetrieb.

[117] Vgl. darüber besonders *Krell* (Diss.), insbes. 24 ff.; *Rosenberg* (Beweislast), 182 ff.; ders. (Lehrb.), 543, 559; ders., ZZP 67, 478; *Nikisch* (ZivProz.), 322 f.; *Meißner* (Diss.), 90 ff., 214 ff.

[118] Vgl. LAG Hamm, AP 54 I, 227 f.; *Sello*, MittIHK-Bln. 28, 779; bedenkliche Fehlinterpretation des prima-facie-Beweises bei *Klingler*, Verbraucher 56, 150 f.; trotz richtiger Kritik an dieser Ansicht gelangt aber *Langer*, 35 f., gleichfalls zu unzutreffenden Folgerungen, indem er z. B. die Frage aufwirft, ob bei „mankogeneigter Tätigkeit", bei der sich viele Fehlerquellen aus der Natur der Arbeitsleistung ergäben, überhaupt Raum für einen Beweis des ersten Anscheins sei.

[119] *Rosenberg* (Beweislast), 183 ff.; *Lent*, 137; BAG, AP Nr. 1 zu § 139 ZPO; — unklar deshalb *Endemann*, AuR 53, 300 f.; *Bulla*, Betr. 52, 82.

Gebiete der Beweis*führung* und Beweis*würdigung* an[120]. Er ändert nichts an der Beweis*last* und bewirkt vor allem auch nicht ihre „Umkehrung"[121], sondern setzt vielmehr ihre feststehende Verteilung voraus[122].

Dem Beweis des ersten Anscheins kommt aber gerade bei der Manko-haftung von Filialleitern eine große *praktische* Bedeutung zu. Er kann in vielen Fällen die schwierige Beweistätigkeit des Arbeitgebers (für den Entstehungstatbestand) und des Filialleiters (für den Einwendungstatbestand) erleichtern[123] und damit bei der prozessualen Durchsetzung geltend gemachter Ersatzansprüche den Ausschlag geben. Der prima-fa-cie-Beweis ist jedoch nur auf typische Geschehensabläufe[124] zu beschränken; er darf nicht etwa eine lückenhafte (Haupt-)Beweisführung ergänzen[125]. Wenn aus solchen typischen Geschehensabläufen nach der Erfahrung des Lebens z. B. auf die schuldhafte Verursachung des Mankos durch den Filialleiter geschlossen werden kann, erübrigt sich für den Arbeitgeber die sonst erforderliche, eingehende Beweisführung[126], weil das Gericht den ihm obliegenden Hauptbeweis als zunächst erbracht ansehen kann[127]. Als Ausdruck der tatrichterlichen Überzeugung[128] können derartige Erfahrungsschlüsse im Mankofall häufig gerechtfertigt sein, wenn der Filialleiter den Filialbetrieb allein verwaltet und wenn Einwirkungen Dritter ausgeschlossen sind[129], unter Umständen aber auch schon, wenn der Filialbetrieb straff durchorganisiert ist und bei nur wenigen Hilfskräften eine überschaubare Geschäftsführung und Betriebskontrolle[130] gewährleistet. Entstehen in einem Filialbetrieb in kurzer Zeit so hohe Fehlbeträge, daß sie nicht durch alltägliche, branchenübliche Schadensursachen erklärt werden können, so zwingt dieses Ergebnis gleichfalls prima facie zu dem Rückschluß auf ein schuldhaftes Ver-

---

[120] RG, JW 36, 1968; BAG, AP Nr. 1 zu § 139 ZPO.

[121] So wohl *Stritzke*, NZfAR 29, 26; vgl. auch *Zigan*, Anm. zu LAG Hamm, AP 54 I, 231; *Sello*, MittIHK-Bln. 28, 779; ArbG Karlsruhe, ARST XXV, Nr. 444 ArbG Nürnberg, ARST XVII, Nr. 79.

[122] *Rosenberg* (Beweislast), 183 f; ders., ZZP 67, 479; BGH, NJW 52, 217, BGHZ 2, 5; vgl. auch BAG, AP Nr. 1 zu § 282 ZPO.

[123] Aber nicht in dem Sinne, daß überhaupt kein Beweis geführt zu werden brauchte; vgl. demgegenüber LAG Hamm, AP 54 I, 227.

[124] Unzutreffend z. B. *Klingler*, Verbraucher 56, 150; auch ArbG Celle, Urt. v. 9. 7. 55 (1 Ca 422/55) (teilw. veröfftl. bei *Teichmann*, Angest-Recht 6/55, 10), wonach sich schon aufgrund allgemeiner Erfahrungen die „Vermutung" ableiten lasse, daß der Filialleiter die in dem Manko liegende Unmöglichkeit der Rückleistung an den Arbeitgeber zu vertreten habe.

[125] Vgl. BGH, NJW 51, 360; BAG, AP Nr. 1 zu § 618 BGB.

[126] Vgl. BGHZ 2, 5.

[127] Vgl. auch *Gros*, AR-Blattei, B. III.; BAG, AP Nr. 1 zu § 282 ZPO; ArbG Karlsruhe, ARST XXV, Nr. 444.

[128] Vgl. RG, JW 36, 1968 (grundlegend); *Geigel*, 556 ff.; BAG, AP Nr. 1 zu § 139 ZPO; *Krönig*, DAR 36, 214.

[129] LAG Bayern, AmtsblBay. 55, C. 89; ArbG Kiel, ARST XXII, Nr. 307; *Grub*, AR-Blattei I, B. III. 2.; *Endemann*, AuR 53, 300; *Hueck-Nipp* I, 212, Anm. 33; vgl. auch LAG Breslau, ARS (LAG) 28, 177 ff.

[130] Vgl. das Beispiel in der Entsch. LAG Breslau, a. a. O., (179).

halten des Filialleiters[131]. Auf Fahrlässigkeit durch Vernachlässigung der ihm obliegenden Aufsichtspflicht kann ferner schon dem ersten Anschein nach geschlossen werden, wenn der Filialleiter die Verwaltung des Lagers ganz und gar seinen Angestellten überläßt und tagsüber meist abwesend ist[132].

Wie aus diesen Beispielen hervorgeht, wird es stets auf die gesamten Umstände des Einzelfalles ankommen, aus denen die Verursachung, das Verschulden[133] des Filialleiters oder die schuldhafte Mitverursachung[134] des Arbeitgebers[135] prima facie zu folgern sind.

Der nicht beweisbelasteten Partei bleibt es überlassen, den Gegenbeweis zu führen, Zweifel an der Wahrheit der prima facie bewiesenen Behauptungen des Gegners zu erwecken. Es genügt, wenn nur die *Möglichkeit* dargetan wird, daß der typische Geschehensablauf anders gewesen sein *kann*, als es der erste Anschein zunächst erwarten ließ[136]. So etwa, wenn der Eintritt des Mankos prima facie für ein schuldhaftes Verhalten des Filialleiters spricht, dieser aber glaubhaft geltend macht, daß der Kausalzusammenhang unterbrochen sein kann, weil auch andere (betriebliche, organisatorische, personelle) Schadensquellen als Mankoursachen in Betracht kommen konnten[137]. Des sicheren Nachweises eines atypischen Geschehensablaufes bedarf es jedoch nicht[138]. Hat sich die richterliche Überzeugung von der schuldhaften Verursachung des Mankos durch den Filialleiter auf der Grundlage des prima-facie-Beweises gebildet und gelingt es dem Filialleiter, diese Überzeugung zu erschüttern[139], muß der nach wie vor beweisbelastete[140] Arbeitgeber den vollständigen Hauptbeweis für seine Behauptungen antreten, um dem ihm ungünstigen Urteil (als Folge der nunmehr wieder bestehenden Beweislosigkeit, bzw. Ungewißheit) zu entgehen[141].

---

[131] Vgl. LAG Groß-Berlin, AR-Blattei, Haftung des AN, Entsch. 7.

[132] Vgl. RAG, ARS 24, 263.

[133] Irrig *Klingler*, Verbraucher 56, 150 (mit unrichtiger Bezugnahme auf LAG Groß-Berlin, a. a. O.). Danach solle gerade nach der Lebenserfahrung den Ladenleiter ein Verschulden treffen, wenn die ihm zugeteilten Hilfskräfte untreu gewesen seien. Daß die Möglichkeit bestanden habe, untreu zu sein, spreche gegen eine zureichende Beaufsichtigung des Personals und damit für eine schuldhafte Verletzung der Aufsichtspflicht.

[134] Vgl. *Geigel*, 118.

[135] Vgl. ArbG Bremen, AP Nr. 1 zu § 254 BGB.

[136] Vgl. *Rosenberg* (Beweislast), 183; *Geigel*, 556; *Hueck-Nipp* I, 211, Anm. 33; LAG Groß-Berlin, AR-Blattei, Haftung des AN, Entsch. 7.

[137] Vgl. *Grub*, AR-Blattei I, B. III. 3.

[138] Vgl. *Rosenberg* (Beweislast), 183; vgl. aber LAG Düsseldorf, BB 60, 1170.

[139] Vgl. als Gegenbeispiel den Fall in der Entsch. LAG Groß-Berlin, a. a. O.

[140] Vgl. *Stein-Jonas-Schönke*, Anm. IV. 7. zu § 282.

[141] Vgl. BAG, AP Nr. 1 zu § 139 ZPO; RAG, ARS 17, 81.

VI. Zusammenfassung

Als bürgerlich-rechtliche Schadenshaftung mit arbeitsvertraglichem Einschlag steht die Mankohaftung auf dem Boden des Schuldrechts.

Der Filialleiter haftet aus dem Arbeitsvertrag für jedes Manko, das durch vorsätzliche oder fahrlässige Verletzung ihm obliegender Pflichten entsteht. Bei dieser Verfehlung handelt es sich um eine arbeitsvertragliche Schlechterfüllung, nicht um eine Unmöglichkeit der Leistung im Sinne der §§ 275, 280 BGB. Ein gemischtvertragliches Rechtsverhältnis kommt als Anspruchsgrundlage nicht in Betracht.

Gegenüber der allgemeinen Schadenshaftung aus Vertrag und Delikt sind bei der Mankohaftung von Filialleitern im übrigen nur zwei abweichende Besonderheiten hervorzuheben:

Der innerbetriebliche Schadensausgleich wegen schadensgeneigter Arbeitsleistung kann in entsprechend gelagerten Einzelfällen geboten sein. Diese Möglichkeit besteht nur, wenn die Tätigkeit des Filialleiters dem Unternehmerrisiko in so hohem Maße ausgesetzt ist, daß diese Belastung im Rahmen des Arbeitsverhältnisses unzumutbar ist. Die Minderung der Ersatzpflicht bleibt jedoch auf Fälle leichtfahrlässiger Mankoherbeiführung beschränkt, da dem Filialleiter aufgrund seiner Stellung erhöhte Sorgfaltspflichten obliegen.

Die arbeitsvertragliche Rechtsstellung des Filialleiters, die Eigenart seiner in einen fremden Betrieb eingegliederten, abhängigen Arbeitsleistung und die eigentümliche filialbetriebliche Risikolage lassen im Hinblick auf die Beweislastregelung nicht zu, daß er mit rein schuldvertraglich Verpflichteten gleichgestellt wird. Die Beweislastvorschrift des § 282 BGB kann daher nicht zum Zuge kommen. Wie in anderen Fällen arbeitsvertraglicher Schlechtleistung trifft den Filialleiter nicht die Beweislast für seine Schuldlosigkeit. Sämtliche Merkmale des Entstehungstatbestandes, nämlich Mankoeintritt, adäquate Verursachung durch den Filialleiter und sein Verschulden sind Voraussetzungen des Klaganspruchs. Für ihr Vorliegen trägt der Arbeitgeber die Beweislast. Die Beweisführung kann durch den Beweis des ersten Anscheins oft erleichtert werden.

C. Mankohaftung aus zusätzlichen Abreden

I. Rechtsnatur zusätzlicher Haftungsvereinbarungen

1 Zulässigkeit der Haftungsabrede

Da das Prinzip der rechtsgeschäftlichen Privatautonomie auch das Arbeitsrecht beherrscht[1], sind Vereinbarungen über die Haftung für Fehlbeträge und Fehlbestände grundsätzlich zulässig[2].

Es ist jedoch zu fragen, innerhalb welcher rechtlichen Grenzen derartige Abreden gültig getroffen werden können. In der Regel handelt es sich um haftungsverschärfende Vereinbarungen, so daß insbesondere auf Schutzbestimmungen einzugehen ist, die solchen zusätzlichen Belastungen des Filialleiters entgegenstehen.

2. Abschlußerfordernisse

Zusätzliche Haftungsvereinbarungen sind grundsätzlich an keine besonderen Formvorschriften gebunden[3]. Sie können durch Einzelarbeitsvertrag[4], Betriebsvereinbarung[5] oder Tarifvertrag[6] rechtswirksam abgeschlossen werden. Eines schriftlichen Abschlusses bedarf es bei der einzelarbeitsvertraglichen Haftungsabrede nicht[7]. Die Schriftform ist dagegen Gültigkeitsvoraussetzung von Betriebsvereinbarung (§ 52 Abs. 2 Satz 2 BetrVerfGes.) und Tarifvertrag (§ 1 Abs. 2 TVG).

3. Haftungsabrede als Bestandteil des Arbeitsvertrages

Die in bezug auf den Mankofall getroffene Haftungsabrede ist Bestandteil des Arbeitsvertrages[8]. Sie bezieht sich auf die inhaltliche Ausgestaltung des Arbeitsverhältnisses und begründet arbeitsvertragliche

---

[1] Vgl. *Hueck-Nipp* I, 130; II, 273 ff.

[2] Hierüber besteht in Schrifttum und Rechtsprechung Einigkeit.

[3] Vgl. *Grub*, AR-Blattei I, C. III.; *Stritzke*, NZfAR 29, 27.

[4] Vgl. Ziff. 18 der Geschäftsanweisung I, Anhang, S. 147; Ziff. 7 der Geschäftsanweisung II, Anhang, S. 149; ferner LAG Hannover, AP 53 II, 391.

[5] In den Grenzen des § 59 BetrVerfGes.

[6] Vgl. z. B. § 4 des GehaltsTV EH Nordrh.-Westf.; § 4, Gruppe 4 des GehaltsTV für die Angestellten in den Betrieben des Einzelhandels im Lande Niedersachsen v. 23. 8. 55.

[7] Vgl. auch *Hueck-Nipp* I, 151.

[8] Vgl. als Beispiel Geschäftsanweisung I, Anhang, S. 147: Letzter Satz in Vbdg. mit Ziff. 18; LAG Hannover, a. a. O., 392.

Pflichten. Für die Wirksamkeit einzelarbeitsvertraglicher Abschlüsse ist die Willensübereinstimmung[9] der Partner erforderlich[10, 11]. Bei kollektivrechtlichen Vereinbarungen über die Mankohaftung ergibt sich die Verpflichtung aus der unmittelbaren, normativen Wirkung der Gesamtvereinbarung[12].

II. Inhalt und Auslegung von Zusatzvereinbarungen

1. Einschränkung der allgemeinen Verschuldenshaftung

Eine Vereinbarung über die Einstandspflicht des Filialleiters für Verluste kann zu seinen Gunsten festlegen, daß er grundsätzlich nicht oder nur in beschränktem Umfang für Manki haftet[13]. Mangels hinreichender Präzisierung ist im Wege der Vertragsauslegung (§§ 133, 242, 157 BGB)[14] zu ermitteln, ob er lediglich von einer über das gesetzlich vorgesehene Maß hinausgehenden Haftung oder bereits von der allgemeinen Verschuldenshaftung entbunden sein soll. Im letzteren Fall kann ihm die Haftung wegen Vorsatzes jedoch nicht im voraus erlassen werden (§ 276 Abs. 2 BGB).

2. Bloße Konkretisierung gesetzlicher Haftungsvorschriften

Ferner gibt es Abreden, die weder haftungsbeschränkend noch haftungserweiternd wirken. Um solche arbeitsvertraglichen Übereinkünfte als bloße Konkretisierungen der gesetzlichen Haftungsvorschriften handelt es sich, wenn vereinbart wird, daß der Filialleiter für jeden Schaden haftet, der durch unsachgemäße Behandlung und Fahrlässigkeit entsteht[15], daß er nur Manki eines bestimmten Geschäftsbereiches zu ver-

---

[9] Vgl. z. B. LAG Hannover, AP 53 II, 392.

[10] Vgl. *Hueck-Nipp* I, 130, 144 f.

[11] Ob nicht auf der Grundlage einer tatsächlichen Übung in Verbindung mit der stillschweigenden Übereinstimmung beider Teile allein schon eine vertragliche Haftungserweiterung zustande kommt, ist Tatfrage; — vgl. RAG, ARS 24, 265; ferner BAG, AP Nr. 4 zu § 611 BGB, Haftung des AN mit Anm. Götz *Hueck*. Der Arbeitgeber kann aber nicht einseitig, etwa kraft seines Direktionsrechts, für den Arbeitnehmer Pflichten begründen, deren Übernahme dieser bei Abschluß des Arbeitsvertrages abgelehnt hat (BAG, BB 60, 940).

[12] Vgl. *Hueck-Nipp* II, 357 ff., 795 ff. Bei gewerkschaftlich nicht organisierten Arbeitnehmern können Tarifverträge kraft ausdrücklicher, im Einzelarbeitsvertrag niedergelegter Vereinbarung — also ohne normative Wirkung — auch Inhalt des Arbeitsverhältnisses werden (vgl. BAG, AP Nr. 1 zu § 305 BGB).

[13] So heißt es in einer „Protokollnotiz" (ohne Tarifwirkung) zum Gehalts- und LohnTV für die Arbeitnehmer der Konsumgenossenschaft Wilhelmshaven e. G. m. b. H. v. 23. 3. 1956, zwischen den Vertragsparteien bestehe Einigkeit darüber, daß die Verkaufsstellenverwalter für Bäcker- und Gemüseläden und die Verkaufsstellenleiter-Anwärter für Fehlbeträge nicht haften.

[14] Vgl. auch *Hueck-Nipp* II, 318.

[15] Vgl. LAG Hamburg, ARST XVI, Nr. 517.

antworten hat (etwa bei Trennung der Haftung für Waren- und Kassenmanki, wenn neben dem Filialleiter noch ein selbständig arbeitender und für den Warenlagerbestand allein verantwortlicher Lagerverwalter beschäftigt wird)[16], oder wenn die Haftung des Filialleiters entfallen soll, sofern ein Manko von Mitarbeitern oder durch den Arbeitgeber herbeigeführt wird.

Der gleichen Kategorie sind auch die mehr technisch-organisatorischen Absprachen zuzuordnen. So, wenn Übereinkünfte getroffen werden, wonach Lieferungsdifferenzen und Qualitätsmängel die Mankohaftung des Filialleiters nicht ausschließen, falls sie dem Arbeitgeber nicht frist-und formgerecht gemeldet werden[17] oder wenn der Filialleiter auch für Verluste aus verbotener Kreditgewährung haften muß[18]. Vereinbarungen über Inventurzeiträume und -verfahren[19] stehen insoweit neben der Mankohaftung. Von der allgemeinen Verschuldenshaftung wird ferner nicht abgewichen, wenn die Mankohaftungsvereinbarung eine Klausel enthält, daß die Verrechnung von bei früheren Inventuren festgestellten, verschuldeten Fehlbeträgen mit Überschüssen späterer Inventuren ausgeschlossen sein soll[20]. Ebenso läßt ein eigens ausbedungenes Recht des Arbeitgebers auf Herausgabe der im Filialbetrieb erzielten Verkaufsüberschüsse[21] die „gewöhnliche" Mankohaftung unberührt.

3. Erweiterung der allgemeinen Verschuldenshaftung

Üblicherweise laufen jedoch arbeitsvertragliche Zusatzvereinbarungen auf eine Erweiterung der allgemeinen Verschuldenshaftung hinaus. Inhaltlich weisen diese Abreden zahlreiche Varianten auf. Einzelne Inhaltsbestimmungen sind gelegentlich unklar[22]. Auch mit Rücksicht auf die beweisrechtlichen Auswirkungen von Haftungsvereinbarungen ist es daher erforderlich, die verschiedenen Haftungstatbestände näher abzugrenzen.

---

[16] Vgl. *Grub*, AR-Blattei I, C. II. 1.

[17] Vgl. Ziff. 8, 9, 10, (18), Geschäftsanweisung I, Anhang, S. 144 ff.; Ziff. 4, (7, Abs. 3), Geschäftsanweisung II, Anhang, S. 148 f.

[18] Vgl. Ziff. 12/6, Geschäftsanweisung I/II, Anhang, S. 145/148; ferner *Teichmann*, Angest.-Recht 6/55, 6 f. mit weiteren Beispielen.

[19] Über die technischen Modalitäten vgl. ausführlich *Krönig*, GewKfmGer. 14, 314 ff.; *Stritzke*, NZfAR 29, 28 ff.

[20] Vgl. LAG Hannover, AP 53 II, 391; ArbG Celle, Urt. v. 9. 7. 55 (1 Ca 422/55) — teilw. veröfftl. bei *Teichmann*, Angest.-Recht 6/55, 10; dazu kritisch *Teichmann*, ebenda; *Langer*, 62; vgl. ferner *Krönig*, GewKfmGer. 14, 319.

[21] Vgl. Beispiel 2. bei *Teichmann*, Angest-Recht 6/55, 7.

[22] Vgl. *Titze*, 774; in neuerer Zeit spricht z. B. *Langer*, 48, von einem bereits bestehenden „heillosen Durcheinander bei der Auslegung von Abmachungen", — hierfür beispielhaft: GHBV-Ausblick, Aug./56, 4.

a) Ausweitung des Verantwortungsbereiches

Auf die Art ·der Verluste, für die der Filialleiter einstehen soll (Waren- oder Kassenmanko), kommt es nicht an. Mit ergänzenden Abreden soll lediglich der Bereich seiner persönlichen Verantwortlichkeit erweitert werden. Als Beispiele sind Vereinbarungen zu nennen, wonach der Filialleiter auch für von Mitarbeitern herbeigeführte Manki aufzukommen hat[23]. Die Haftung kann für die bereits im Filialbetrieb beschäftigten Hilfskräfte übernommen werden, aber auch für solche, die erst nach Abschluß der Vereinbarung eingestellt oder zugewiesen werden[24]. In anderen Fällen soll der Filialleiter von der Mankohaftung nicht freigestellt sein, wenn er sich auf eigenen Wunsch oder auf Verlangen der Firma für kürzere oder längere Dauer (z. B. Krankheit, Urlaub) vertreten läßt[25]. Wenn der Arbeitgeber von ihm beliebig bestimmte Vertreter und Gehilfen aushilfsweise in der Verkaufsstelle arbeiten lassen darf, ohne den Filialleiter irgendwie hören zu müssen[26], hat der Filialleiter unter Umständen auch für ein mögliches Mitverschulden des Arbeitgebers einzustehen[27]. Zu einer schärferen Mankohaftung erklärt sich der Filialleiter ferner bereit, wenn er für Verluste stets Ersatz leisten will, selbst dann, wenn ·der Arbeitgeber für längere Zeit auf Inventuren und auf die Nachprüfung der Geschäftsführung verzichten darf[28].

Wird ausdrücklich oder implizite vereinbart, daß der Filialleiter schlechthin, ohne Rücksicht auf eigenes Verschulden oder auf das Verschulden Dritter (Hilfskräfte, Vertreter, Arbeitgeber) für jedes Manko im Filialbetrieb einzustehen hat, kann[29] es sich um eine reine Erfolgshaftung (Zufallshaftung) handeln[30].

b) Haftungsverschärfung durch Beweislastverträge

Indirekt besteht die Möglichkeit, die Haftung ·des Filialleiters für filialbetriebliche Verluste durch beweisrechtliche Vereinbarungen zu erweitern. Wie bei allen ausdrücklichen Beweisabsprachen stellen diese Ab-

---

[23] Vgl. *Grub*, AR-Blattei I, C. II. 3.; RAG, ARS 10, 156 f.; LAG Hannover, AP 53 II, 391; ArbG Hamburg, ARST XVIII, Nr. 435; KfmG Wilhelmsburg, LandG Stade, GewKfmGer. 12, 161; *Krönig*, GewKfmGer. 14, 317; vgl. auch Ziff. 18, Geschäftsanweisung I, Anhang, S. 147.
[24] Vgl. *Langer*, 47; *Stritzke*, NZfAR 29, 27; *Krönig*, GewKfmGer. 14, 317; LAG Nürnberg, JW 28, 2651.
[25] Vgl. Beispiel 2. bei *Teichmann*, Angest-Recht 6/55, 6 f.; auch LandG III Berlin, GewKfmGer. 10, 162; KfmG Danzig, Handb-GewKfmGer., 628.
[26] RAG, ARS 10, 159; KfmG Danzig, Handb-GewKfmGer., 628.
[27] Vgl. LAG Dresden, ARS (LAG) 16, 7.
[28] *Grub*, AR-Blattei I, C. II. 5.
[29] Der Unterschied gegenüber der allgemeinen Verschuldenshaftung wird hieran besonders deutlich, — keinesfalls ist jede Mankohaftung (auch nicht jede rechtsgeschäftlich ergänzte) schon eine Erfolgshaftung. Dies hebt auch das Bundesarbeitsgericht mehrfach hervor (BB 59, 1029; AP Nr. 4 zu § 611 BGB, Haftung des AN). Mißverständlich z. B. *Güntner*, AuR 57, 169; LAG Baden-Württemberg, Kam. Stuttgart, Betr. 57, 459 und Betr. 59, 1144.
[30] Vgl. darüber unten, S. 101 ff.

reden echte Beweis*last*verträge[31] dar, nicht lediglich Abmachungen zur Erleichterung etwa auftauchender Beweisschwierigkeiten[32]. Wem die Beweisführung obliegt, ergibt sich unmittelbar aus der Vertragsbestimmung über die Beweislast und ihre Verteilung[33].

aa) Umkehr der Beweislast für Verursachung und Verschulden

Wenn die Haftungsvereinbarung lediglich klarstellt, daß der Filialleiter nur schuldhaft verursachte Manki zu vertreten hat, kann von einer Haftungsverschärfung keine Rede sein[34]. Anders, wenn gleichzeitig festgelegt[35] wird, daß er haftet, sofern er sich nicht exkulpieren kann[36]. Diese Übereinkunft berührt erst in zweiter Linie die Beweisführung (Exkulpation). Die eigentliche Verschärfung der Haftung kann erst aus der vereinbarten Umkehr der Beweis*last*[37] erklärt werden. Während der Filialleiter nach der gesetzlichen Beweislastregelung nicht haftet, wenn ihm die schuldhafte Verursachung nicht zweifelsfrei nachgewiesen wird, braucht er nach der entgegengesetzten — vertraglichen — Beweislastverteilung für ein Manko nur dann nicht einzustehen, wenn *er* positiv beweist, daß die haftungsbefreienden Merkmale (Nichtverursachung, Schuldlosigkeit) vorliegen (Hauptbeweis). Der Zwang, die Nötigung[38] zur Exkulpation ist daher die wesentliche Folge der vereinbarten Beweislastumkehr. Die Ersatzpflicht wird unter solchen Umständen nicht nur begründet, wenn sich das Verschulden des Filialleiters unstreitig herausstellt, sondern vor allem schon dann, wenn seine Schuldlosigkeit ungewiß bleibt, auch wenn er eine noch so rege, aber erfolglose Beweistätigkeit entfaltet hat[39].

---

[31] Vgl. *Rosenberg* (Beweislast), 86 ff.; *Schmeling* (Diss.), 126 ff.

[32] So allerdings *Endemann*, AuR 53, 301; *Grub*, AR-Blattei I, C.; unscharf *Langer*, 45 f.; abwegig GHBV-Ausblick Aug/56, 4.

[33] Die vertragliche Regelung der *Beweislast* darf die richterliche Beweis*würdigung* nicht beeinflussen; diese ist der Parteidisposition entzogen; vgl. *Stein-Jonas-Schönke*, Anm. VII. zu § 282, Anm. III. 6. zu § 286.; Baumbach-Lauterbach, Anh. zu § 282, Anm. 1. B.

[34] Vgl. auch *Grub*, AR-Blattei I, C. IV.

[35] *Stritzke*, NZfAR 29, 27 und *Krönig*, GewKfmGer. 14, 317, wollen bereits in einer ausdrücklichen Haftungsübernahme (ohne Beweislastvertrag) eine Umkehr der Beweislast erblicken.

[36] Vgl. LAG Duisburg, ARS (LAG), 3, 15; auch Ziff. 7. der Geschäftsanweisung II, Anhang, S. 149.

[37] Vgl. LAG Hamm, AP 53 I, 227, die Ansichten des Gerichts bezüglich der Beweisführung können jedoch nicht geteilt werden.

[38] Pflicht aus Eigeninteresse zur Abwendung der drohenden Verurteilung, vgl. oben, S. 77, 88 ff.

[39] *Stritzke*, NZfAR 29, 28, bestreitet gegen LAG Nürnberg (JW 28, 2651), daß damit die Haftung ausgedehnt werde. Es handele sich nicht um eine „Erhöhung der Haftung", sondern „nur" um die Umkehrung der Beweislast. Auf die möglichen materiellrechtlichen Auswirkungen dieses Vorgangs im Hinblick auf die Haftungsverpflichtung verweist demgegenüber *Krönig*, GewKfmGer. 14, 317. Wenn auch überspitzt, betont er, daß praktisch fast immer Haftung mit Beweislast zusammenfalle. Denn der Nachweis eines „kausalen

bb) Ausdehnung der vertraglichen Exkulpationspflicht

Soll der Filialleiter auch für Verluste haften, die von Mitarbeitern herbeigeführt werden, so gelten mangels einer weiteren Abrede über die Beweislastverteilung die gesetzlichen Beweislastvorschriften[40]. Danach trägt der Arbeitgeber z. B. die Beweislast dafür, daß die Hilfskräfte das Manko schuldhaft verursachten, wenn der Filialleiter abredegemäß auch für solche Ausfälle einzustehen hat.

Über diese unmittelbare Ausdehnung der Haftung hinaus (ohne Beweislastregelung) bewirkt eine ergänzende Beweislastvereinbarung auch hier eine zusätzliche Haftungsverschärfung. Es ist wiederum zu unterscheiden, ob die Beweislast den Filialleiter nach der Vereinbarung nur für die eigene Schuldlosigkeit oder auch für die des Personals treffen soll[41]. Eine klare Trennung beider Sachverhalte ist notwendig. Gegenüber der einfachen Beweislastumkehr für die eigene Person übernimmt der Filialleiter nach der zweiten Alternative eine weitergehende Verantwortung. Es werden erhöhte Anforderungen an seine Beweisführung gestellt, vor allem wird auch die Entlastungs-(Exkulpations-)möglichkeit erheblich beeinträchtigt[42].

cc) Ausschluß jeglicher Exkulpationsmöglichkeit bei Zufallshaftung

Die bisher erörterten Vereinbarungen über die Mankohaftung schließen nicht aus, daß der Filialleiter sich auf Mitverschulden des Arbeitgebers (oder seiner Erfüllungsgehilfen) berufen und, soweit er dieses nachweist, anteilige Minderung seiner Ersatzpflicht verlangen darf (§ 254 BGB). Eine Abrede kann jedoch ausdrücklich bestimmen, daß der Filialleiter selbst dann haften soll, wenn der Arbeitgeber das Manko schuldhaft mitverursacht[43]. Solche Vereinbarungen können ebenfalls verschiedenartige Haftungstatbestände festlegen[44].

Es ist möglich, die Haftung des Filialleiters auf *eine* sachlich abgegrenzte schuldhafte Mitverursachung des Arbeitgebers zu beschränken; dem Filialleiter bleibt es dann unbenommen, sonstiges Mitverschulden

---

Verschuldens" gelinge dem Prinzipal, wenn er ihm obliege, meist ebensowenig wie dem Filialleiter gegebenenfalls seine Exkulpierung. Vgl. auch LAG Baden-Württemberg, Kam. Stuttgart, Betr. 59, 1144.

[40] Ebenso *Grub*, AR-Blattei I, C. IV.; a. A. *Krönig*, GewKfmGer. 14, 317.

[41] Besonders eindeutig und zweifelsfrei die Formulierung in Ziff. 18. der Geschäftsanweisung I Anhang, S. 147: (Der Filialleiter) „wird von der Haftung ... nur dann frei, wenn er nachweist, daß weder ihn noch die ihm unterstellten Mitarbeiter ein Verschulden trifft"; vgl. auch das Beispiel in der Entsch. LAG Hannover, AP 53 II, 391; ferner LAG Duisburg, ARS (LAG) 3, 15 — die Haftung sollte nach dem Vertrage fortfallen, wenn der Filialleiter dem Arbeitgeber den Schuldigen zweifelsfrei nachweise; ähnliche Klausel in KfmG Wilhelmsburg/LandG Stade, GewKfmGer. 12, 161.

[42] Ungenau *Krönig*, GewKfmGer. 14, 317 f.

[43] Vgl. *Grub*, AR-Blattei I, C. II. 5.

[44] Vgl. auch *Titze*, 774.

einzuwenden[45]. Ferner ist es nicht undenkbar, daß der Filialleiter für Arbeitgeber-Mitverschulden einstehen soll, ohne daß sich die gesetzliche Beweislastverteilung ändert; schließlich auch, daß gleichzeitig eine unterschiedliche, vertragliche Beweislastregelung für die einzelnen Haftungsfälle getroffen wird[46]. Es erscheint wichtig, die verschiedenen Haftungstatbestände auseinanderzuhalten, wenn die Verantwortlichkeit des Filialleiters im Einzelfall lückenlos abgesteckt werden will[47]. Auch Abreden,

---

[45] Z. B. bei vertraglicher Haftung für Verluste, die als Folgen eines vereinbarten (leichtfertigen) Verzichts des Arbeitgebers auf häufigere Nachprüfungen der Kassen- oder Lagerführung des Filialleiters entstehen; vgl. *Grub*, AR-Blattei I, C. II. 5.; — fehlt eine umfassendere Abrede, dann darf der Filialleiter dennoch Mängel des Lieferungsverfahrens, der Betriebsorganisation u. a. geltend machen; das gleiche gilt, wenn der Arbeitgeber dem Filialleiter vereinbarungsgemäß beliebiges Aushilfspersonal oder Vertreter zuweisen darf (vgl. RAG, ARS 10, 159) und wenn sich sein Mitverschulden nicht in der fahrlässigen Auswahl ungeeigneter oder unredlicher Personen erschöpft.

[46] Theoretisch wäre vorstellbar, daß der Filialleiter z. B. nur für eigenes und für Arbeitgeber-Mitverschulden, nicht aber für Mitarbeiter-Verschulden haften solle (ohne Beweislastvereinbarung): Die Beweislast des Arbeitgebers für das Verschulden des Filialleiters bliebe unverändert, die Berufung des Filialleiters auf das Arbeitgeber-Mitverschulden gälte als abbedungen; — der Filialleiter solle auch für das Verschulden der Mitarbeiter haften: Beweislast dafür beim Arbeitgeber, Berufung des Filialleiters auf § 254 BGB abbedungen; - der Filialleiter solle haften, wenn er sich nicht exkulpieren könne: Beweislast für eigene Schuldlosigkeit beim Filialleiter, für Verschulden der Mitarbeiter beim Arbeitgeber, Berufung auf Arbeitgeber-Mitverschulden ausgeschlossen; — der Filialleiter solle haften, wenn er nicht nachweise, daß ihn und seine Mitarbeiter kein Verschulden treffe: Beweislast ausschließlich beim Filialleiter, Berufung auf § 254 BGB ausgeschlossen. — Zu beachten ist, daß in keinem dieser Fälle eine Zufallshaftung vereinbart wäre.

[47] Dem wird in der Praxis nicht immer Rechnung getragen; vgl. aus der Fülle der Beispiele nur einige unbestimmte Formulierungen oder unpräzise Umschreibungen:

a) „Ist der Filialleiter zwar nicht allein in der Filiale tätig, hat er aber im Anstellungsvertrag ausdrücklich die Haftung für jegliches Manko übernommen, dann muß ein Manko auch ohne eigenes Verschulden decken (Garantiehaftung)" — *Klebba*, BlättSteuerr. 52, 255;

b) „Nun wird aber häufig die Abrede getroffen, daß der Filialleiter für jedes Manko unbedingt zu haften habe. Eine solche Abrede... legt aber dem Filialleiter nicht etwa die Gefahrübernahme für jeden Verlust auf, sondern bewirkt nur eine Umkehrung der Beweislast..." — *Sello*, MittIHK-Bln. 28, 780;

c) „Hat der Filialleiter die Mankohaftung ausdrücklich übernommen, so bedeutet dies nun nicht etwa, daß er für jedes Manko auch ohne Verschulden haftet. Er haftet nur für Verschulden". — *Stritzke*, NZfAR 29, 27;

d) Die Vereinbarung einer ausdrücklichen Haftungsübernahme für die übrigen Mitangestellten „... bedeutet ja neben der unbedingten Haftung für die eigene Person nichts anderes als eine Garantie für andere Personen, und solche kommt auch sonst vor". — *Krönig*, GewKfmGer. 14, 317 f;

e) Wenn mehrere Arbeitnehmer im Filialbetrieb beschäftigt sind, trifft den Arbeitgeber der Verschuldensbeweis „... es sei denn, daß der Filialleiter ausdrücklich die Haftung für die übrigen Angestellten übernommen hat, oder ausdrücklich die Haftung für Mankos in Kenntnis der Tatsache, daß er nicht allein in der Filiale tätig sein werde, übernommen hat". — LAG Nürnberg, JW 28, 2651 (mitgeteilt von *Stritzke);*

f) Die Filialleiterin haftet nur für Verschulden... „Daran ändert die Verdie den Filialleiter verpflichten, für ein Manko selbst bei Mitverschulden des Arbeitgebers einzustehen, bedürfen immer einer näheren Prüfung, in welchem Umfang eine solche Haftungserweiterung in concreto als vereinbart gelten soll.

Eine Abgrenzung, Spezifizierung und Auslegung ist nicht nötig, wenn eine umfassende Zufallshaftung als Erfolgshaftung vereinbart wird[48]. In diesen Fällen kommt es weder auf die objektive (Verursachung), noch auf die subjektive (Verschulden) Zurechenbarkeit des Mankos an. Es ist gleichgültig, auf wessen Einwirkung der Fehlbestand zurückgeht. Die Ersatzpflicht ergibt sich unmittelbar aus dem Vorhandensein des Mankos, für dessen Ausgleich der Filialleiter mit der Übernahme der Zufallshaftung allein verantwortlich ist. Der Entstehungstatbestand des Ersatzanspruchs drückt sich ausschließlich in der bloßen Existenz der Bestandseinbuße aus. Nur hierfür trägt der Arbeitgeber die Beweislast. Für eine weitere Beweislastverteilung (etwa mit der Möglichkeit einer Exkulpation[49]) gibt es keinen Raum.

---

tragsbestimmung, daß sie für alle Fehlbeträge aufzukommen hat, nichts. Diese Vereinbarung legt nur die selbstverständliche Haftung für Verschulden noch ausdrücklich fest. Sie begründet aber keine Gefahrübernahme für jeden Verlust." — KfmG Berlin, DJZ 17, 532;

g) Der Filialleiter haftet „... für alle sonstigen in der von ihm geleiteten Verteilungsstelle entstehenden Verluste, sowie die durch Handlungen des in seiner Verteilungsstelle beschäftigten Personals entstehenden Schäden". — Arbeitsvertragliche Haftungsvereinbarung (Geschäftsanweisung), zit. in der Entsch. LAG Hannover, AP 53 II, 391; demgegenüber sollte der Filialleiter jedoch nicht etwa jeden Fehlbetrag ersetzen, sondern nur haften, wenn er sich nicht exkulpieren könnte (so LAG Hannover, ebenda, 392);

h) Eine Vereinbarung, wonach der Arbeitnehmer für alle Fehlbestände haften solle, „kann ... nur die Bedeutung einer Beweislastregel haben", nämlich „daß der Arbeitgeber nicht mehr verpflichtet ist, dem Arbeitnehmer dessen Verschulden nachzuweisen, sondern daß sich der Arbeitnehmer zu entlasten (exkulpieren) hat." — *Langer*, 45 f.;

i) „In Mankoabreden ... finden sich häufig Klauseln, die dem Arbeitnehmer die Beweislast dafür auferlegen, daß er sich bezüglich des Eintritts des Mankos und damit hinsichtlich seiner Haftung zu exculpieren hat." — *Bulla*, Betr. 52, 82;

k) Unklar auch die Formulierung, daß (eine Verkäuferin) „bis zum Höchstbetrage der ihr ... zu gewährenden Erfolgsprämie" für ein Manko hafte. — Zit. in der Entsch. LAG Hamburg, ARST XVI, Nr. 515.

[48] Vgl. etwa die — allerdings nicht eindeutig präzisierte — Haftungsverpflichtung „für nicht schuldhaft verursachte Verluste" in § 4 des GehaltsTV EH Nordrh.-Westf.; vgl. ferner RAG, ARS 24, 261: „Nach dem ... Vertrag hatte der Bekl. (Lagerhalter) u. a. für jeden Fehlbestand des Lagers zu haften", oder: nach dem Anstellungsvertrage übernehme der Filialleiter „die vollste Garantie für das Warenlager", er verpflichte sich, „für jedes entstehende Manko Schadensersatz zu leisten" (KfmG München, GewKfmGer. 16, 119).

[49] Zufallshaftung und Ausschluß der (=jeder) Exkulpationsmöglichkeit sind synonym zu verstehende Begriffe; eine unterschiedliche Sinndeutung (vgl. z. B. LAG Frankfurt, BB 55, 961) ist mißverständlich.

Ob eine Zufallshaftung im Einzelfall tatsächlich vereinbart wurde, steht nicht immer fest. Bei nicht eindeutigem Wortlaut der Abrede ist der wirkliche Parteiwille zu erforschen (§ 133 BGB)[50]. Klauseln, wonach der Filialleiter in jedem Falle für nicht schuldhaft verursachte Verluste hafte[51], werden gelegentlich dahin ausgelegt, daß sich lediglich die Beweislast umkehre[52], daß er demnach nur hafte, wenn er sich nicht exkulpieren könne[53]. Seine Haftung (mit entsprechender Beweislastumkehr) solle sich im Zweifel auch auf von Mitarbeitern herbeigeführte Manki erstrecken[54]; gelinge ihm der Entlastungsbeweis nicht, müsse er für diese Fehlbestände einstehen[55].

Bei diesen Auslegungen wird nicht immer berücksichtigt, daß es zahlreiche Spielarten der rechtsgeschäftlich erweiterten Mankohaftung gibt. Es bedarf daher einer sorgfältigen Erforschung des Sinngehalts einer Abrede, wie sie z. B. vom *Bundesarbeitsgericht*[56] vorgenommen wurde. Im einschlägigen Fall lautete die angebliche Zufallshaftungsklausel einer tarifvertraglichen Regelung:

> „Nach der Übergabe tragen diese Verkaufsangestellten (hier: eine Filialleiterin) die volle Verantwortung für das Bargeld, den Warenbestand, das Inventar und sonstige ihnen übergebene Gegenstände. Sie haben für Fehlmengen und Fehlbeträge aufzukommen."

Nach eingehender Prüfung dieser Vertragsbestimmung wies das Bundesarbeitsgericht die Auffassung der Vorinstanz zurück, wonach durch die Haftungsregelung den verantwortlichen Angestellten das volle Risiko für Verluste aller Art ohne Rücksicht auf eigenes Verschulden oder auf das Verschulden der Hilfskräfte, ja auch das Risiko für Zufall oder Betriebsgefahren übertragen werde. Vielmehr bedeute das Tragen der vollen Verantwortung bereits vom Sprachlichen her, daß der Betreffende auch in der Lage sein müsse, auf das Geschehen irgendwie Einfluß zu nehmen. Es erscheine ganz und gar unwahrscheinlich und widerspreche der Verkehrssitte, daß dem Angestellten auch die Haftung für Zufall

---

[50] Vgl. BAG, BB 59, 1029 und AP Nr. 4 zu § 611 BGB, Haftung des AN, mit Anm. *Götz Hueck*; ArbG Karlsruhe, IfA 1959, 4446 f.; ArbG Weiden, ARST XXI, Nr. 86; RAG, ARS 24, 265; LAG Nürnberg, JW 28, 2651.

[51] Vgl. die (Zufalls-)Haftungsklausel für Verkaufsstellenleiter in § 4 des GehaltsTV EH Nordrh.-Westf. und die weiteren Beispiele in Anm. 48.

[52] So z. B. *Langer*, 45 f.; *Stritzke*, NZfAR 29, 27; *Sello* MittIHK-Bln. 28, 780; *Eckstein*, ABR 41, 260; *Neumann*, JbKfmGer.-Bln., 160; vgl. aber oben, S. 100, zu Anm. 47.

[53] Vgl. die in Anm. 52, Zitierten, ferner LAG Bayern AmtsblBay. 58, C. 13; LAG Hannover, AP 53 II, 392; KfmG und LandG Danzig, GewKfmGer. 08, 14, *Krönig*, GewKfmGer. 14, 317; *Titze*, 774; *Würdinger* in RGRK, Anm. 23 zu § 59; vgl. auch LAG München, ARS (LAG) 24, 155.

[54] RAG, ARS 24, 265.

[55] Dieser Auffassung z. B. *Krönig*, GewKfmGer. 14, 316; *Sello*, MittIHK-Bln. 28, 780; *Schlegelberger-Schröder*, Anm. 45 zu § 59; auch *Bulla*, Betr. 52, 81; RAG, ARS 42, 435.

[56] IfA 1959, 4484 ff. (4490) = AP Nr. 1 zu § 305 BGB.

aufgebürdet werden sollte. Das Gericht gelangt zu dem Schluß, daß eine Auslegung der fraglichen Bestimmung nach Treu und Glauben mit Rücksicht auf die Verkehrssitte dazu führe, daß nach dem Willen der (Tarifvertrags-)Parteien der Angestellte nicht nur für die im Verkehr erforderliche Sorgfalt, sondern für die größtmögliche Sorgfalt einstehen solle.

4. Nebenabreden über Kautionen, Mankogelder und Mankospannen

a) Unterschiede zwischen Kaution und Mankogeldern bzw. Mankospannen

Nebenabreden über Kautionen, Mankogelder und Mankospannen stehen grundsäzlich in keinem unmittelbaren Zusammenhang mit der Manko*haftung* des Filialleiters. Gegenüber den zuvor erörterten, haftungsverschärfenden oder haftungsbegrenzenden Zusatzvereinbarungen beziehen sich solche Nebenabreden lediglich auf Sicherheitsleistungen (Kautionen) oder auf Risikoausgleichszulagen (Mankogelder, Mankospannen) ohne Rücksicht darauf, in welchem Umfang der Filialleiter für Manki haftet. Rechtliche Beziehungen zwischen Kaution einerseits und Mankogeldern oder Mankospannen andererseits bestehen ebenfalls nicht.

aa) Sicherung von Ersatzansprüchen des Arbeitgebers durch Kautionsgestellung

Vereinbarungen über die Bereitstellung einer Kaution[57] seitens des Filialleiters werden getroffen, um dem Arbeitgeber ein Befriedigungsobjekt wegen künftiger Schadensersatzforderungen aus Mankohaftung zu verschaffen. Die für die vorsorgliche Sicherheitsleistung bestimmte Geldsumme hat der Filialleiter meistens bei Antritt seiner Stellung in voller Höhe zu hinterlegen[58]. In anderen Fällen werden vom Arbeitgeber aus laufenden Gehaltszahlungen Teilbeträge abredegemäß[59] einbehalten[60] und angesammelt[61]. Die Kautionshinterlegung schließt die Verfügungsberechtigung des Filialleiters über die Sicherheitsleistung für

---

[57] Vgl. *Bulla*, Betr. 52, 82; *Grub*, AR-Blattei I, D. III. 1.; *Langer*, 52 ff.; *Würdinger* in RGRK, Anm. 23 zu § 59; *Sello*, MittIHK-Bln. 28, 780; *Nikisch* (Lehrb.), 268, Anm. 44, 376; *Hueck-Nipp* I, 342 f.; *Elster*, AR-Lexikon, 109 f.; unklar und unrichtig *Schatter*, Der kfm. Angest. Nov./52, 7.

[58] Wie in den Fällen RAG, ARS 10, 156; LAG Breslau, ARS (LAG) 28, 177.

[59] In den Grenzen des gesetzlichen Lohnpfändungsschutzes (§§ 850 ff. ZPO); vgl. *Hueck-Nipp* I, 342 f; *Nikisch* (Lehrb.), 376; *Dersch*, AR-Blattei II, C. II. 4. a., mit weiteren Einzelheiten.

[60] Es handelt sich nicht um eine Lohnzurückbehaltung (§ 273 BGB), sondern um eine Lohn*einbehaltung* im technischen Sinne; vgl. *Hueck-Nipp* I, 342.

[61] Vgl. BAG, BB 59, 1028; LAG Hannover, AP 53 II, 391; Vertragsmuster 2. bei *Teichmann*, Angest.-Recht 6/55, 7.

die Dauer[62] des Arbeitsverhältnisses aus, läßt aber sein Rückforderungs-
recht unberührt, solange kein Manko entsteht[63]. Hat der Filialleiter einen
Fehlbetrag ganz oder teilweise zu vertreten, so erlischt sein Anspruch
auf Rückzahlung in Höhe der von ihm zu ersetzenden Verluste[64]. Bei
solchen Ersatzansprüchen kann der Arbeitgeber den Schadensbetrag
gegen die Kaution aufrechnen (§§ 387 ff. BGB), unbeschadet etwa weitergehender, durch die Sicherheitsleistung nicht gedeckter Forderungen
aus dem gleichen Mankofall[65].

bb) Gewährung von Risikoausgleichszulagen durch den Arbeitgeber in Form von Mankogeldern bzw. Mankospannen

Bei Mankogeldern bzw. Mankospannen handelt es sich um vertraglich zugestandene, finanzielle Nebenleistungen des Arbeitgebers an den
Filialleiter zum Ausgleich unvermeidlicher kleinerer Verluste, die üblicherweise[66] im alltäglichen Geschäftsverkehr eines Filialbetriebes eintreten[67]. Beide Begriffe sind verwandt[68]; die verschiedenartigen Aus-
drücke kennzeichnen lediglich die unterschiedlichen Zahlungs- und Ver-
rechnungsverfahren[69]: Mankogelder werden ohne Rücksicht auf zeitweilige
Schwankungen des Umsatzes des Filialbetriebes in festen Beträgen unmittelbar an den Filialleiter ausbezahlt, Mankospannen werden in Vom-
Hundert-Sätzen des Warenumsatzes berechnet und bei den periodischen
Abrechnungen zu Lasten des Arbeitgebers abgebucht, bzw. dem Filialleiter gutgeschrieben[70].

Für die Gewährung dieser Verlustspannen sprechen ausschließlich
betriebswirtschaftliche Gründe. Mankogelder und -spannen sollen die erfahrungsgemäß zu erwartenden Ausfälle auffangen, die in ihrer tatsächlichen Höhe nur schwer zu erfassen sind und deshalb nur pauschal

---

[62] Eine angemessene Verlängerung ist gerechtfertigt, wenn die Höhe des
vom Filialleiter zu verantwortenden Mankos bei seinem Ausscheiden (besonders bei fristloser Entlassung) noch nicht feststeht; vgl. *Bulla*, Betr. 52, 82;
Würdinger in RGRK, Anm. 23 zu § 59, *Langer*, 55; — aber KfmG Charlottenburg, GewKfmGer. 14, 302.

[63] *Würdinger* in RGRK, Anm. 23 zu § 59, verlangt eine zinsentragende
Anlage des Kautionsbetrages; ebenso *Langer*, 55 f.; *Grub*, AR-Blattei I,
D. III. 1.; *Elster* AR-Lexikon, 110.

[64] Zur Verwirkung von Ansprüchen aus Kautionen vgl. ArbG Frankfurt
a. M., ARS (ArbG) 30, 78 ff.

[65] Vgl. auch *Bulla*, Betr. 52, 82; BAG, BB 59, 1028.

[66] Vgl. z. B. *Klebba*, BlättSteuerr. 52, 255; bestreitend „Konsumgenossen-
schaftliche Rundschau" 1928, S. 43 — zit. und ausgeführt bei *Stritzke*, NZfAR
29, 23 ff. (26); in neuerer Zeit ähnlich *Trescher*, Verbraucher 53, 285.

[67] BAGE 2 337; LAG Groß-Berlin, AR-Blattei, Haftung des AN, Entsch.
7; Dersch, AR-Blattei I, B. II. 1. b.

[68] A. A. *Bulla*, Betr. 52, 81 f.

[69] Vgl. dazu eingehend *Krönig*, GewKfmGer. 14, 318 f.; *Stritzke*, NZfAR
29, 23 ff.; *Grub*, AR-Blattei I, C. II. 4; *Bulla*, Betr. 52, 81 f.; *Langer*, 48 ff.; *Klebba*, BlättSteuerr. 52, 255.

[70] Vgl. LAG München, ARS (LAG) 24, 153 ff.

abgedeckt werden können[71]. Solche Einbußen entspringen — zumal im Einzelhandel — den typischen, branchen- und betriebsüblichen Schadensquellen (z. B. Verschnitt, Schwund, Abfälle, Bruch, Ladendiebstähle, Betrügereien)[72]. In ihnen verwirklicht sich das Unternehmerrisiko ebenso wie in den gleichfalls mehr oder weniger unvermeidlichen, gelegentlichen persönlichen Fehlleistungen (Verwiegen, Verzählen, Näschereien des Personals)[73]. Mit der Vereinbarung von Mankogeldern oder -spannen wird das Vorhandensein[74] dieser filialbetrieblich bedingten Geschäftsrisiken[75] durch den Arbeitgeber anerkannt[76]. Demgemäß wird daher durch Zahlung solcher Risikozulagen der betriebsinterne Ausgleich der unternehmerischen Belastung des Filialleiters wiederhergestellt. In der Kostenrechnung des zentralen Gesamtunternehmens läßt der Arbeitgeber diese Beträge, gleichsam „Risikoprämien"[77] für den Filialleiter, kalkulatorisch[78] in die Warenpreise eingehen[79].

Da sowohl Mankogelder als auch Mankospannen dem gleichen Zweck dienen, geht man fehl, zwischen ihnen zu unterscheiden[80]. Einer stichhaltigen Begründung entbehrt auch die Auffassung[81], die dem Mankogeld den Charakter einer quasi „Entgeltzulage" zuspricht. Vergütung[82] für die Arbeitsleistung des Filialleiters und Risikoausgleichszulage sind insoweit voneinander unabhängig.

---

[71] Vgl. darüber *Krönig,* GewKfmGer. 14, 318.

[72] Vgl. *Weber* (Diss.), 17; KfmG München, GewKfmGer. 14, 318.

[73] Vgl. auch LAG Groß-Berlin, AR-Blattei, Haftung des AN, Entsch. 7; LAG Düsseldorf, BB 56, 400.

[74] Vgl. dazu BAGE 2, 337 f. und AP Nr. 4 zu § 611 BGB, Haftung des AN; RAG, ARS 16, 252.

[75] Solche Geschäftsrisiken wird es demnach grundsätzlich wohl auch dann geben, wenn im Einzelfall keine Ausgleichszulagen gezahlt werden. Hieraus geht indirekt hervor, daß die Tätigkeit von Filialleitern dem Unternehmerrisiko ausgesetzt und deshalb schadensgeneigt sein *kann* (vgl. oben, S. 65 ff.).

[76] Ebenso *Langer,* 21 f.

[77] Ähnlich *Endemann,* AuR 53, 301.

[78] Vgl. *Denecke,* RdA 52, 211. VI.; schon früher KfmG München, GewKfm-Ger. 16, 120.

[79] Vgl. *Klebba,* BlättSteuerr. 52, 255; *Splettstößer,* 11, der ausführt, daß die als unvermeidbare Betriebsnotwendigkeit (sic!) auftretenden Kosten durch Schwund, Diebstahl, Witterung oder ähnlich geartete Einflüsse notwendigerweise in der Handelsspanne zum Ausdruck kommen müßten.

[80] Dies tut z. B. *Bulla,* Betr. 52, 82; im folgend *Langer,* 48 ff.

[81] *Bulla,* a. a. O.; auch handelt es sich praktisch nicht um „laufende Zusatzvergütungen" (ebenda), da keine Beziehung zur *Arbeits*leistung des Filialleiters besteht. Daß Mankogelder regelmäßig zusätzlich zum (monatlichen) Arbeitsentgelt gewährt werden (S. 81), ist eine Frage des Zahlungsverfahrens. Auch Mankogelder sind tatsächlich und rechtlich weder Lohnbestandteile noch Funktionszulagen, sondern Risikoausgleichszulagen im dargestellten Sinne; — vgl. auch ausführlich *Langer,* 52.

[82] Der Ausdruck „Mankovergütung" (so *Stritzke,* NZfAR 29, 23; *Krönig,* GewKfmGer. 14, 318 — allerdings in richtiger Auslegung) sollte deshalb besser vermieden werden.

b) Selbständigkeit der Nebenabrede

Aus dem Sinn und Zweck von Kautionsrücklagen und von Risikoausgleichsbeträgen ergibt sich, daß die zugrunde liegenden *Neben*abreden von den eigentlichen Manko*haftungs*absprachen unabhängig sind. Der bloße Abschluß dieser Nebenvereinbarungen allein erzeugt noch keine haftungsverschärfenden Rechtswirkungen.

aa) Bei Kautionsgestellung

Einen Zusammenhang zwischen der Nebenabrede und der Mankohaftung des Filialleiters behauptet demgegenüber *Stritzke*[83]. Danach sei schon in der Bereitstellung einer Kaution im Zweifel „eine"[84] gleichzeitige ausdrückliche Haftungsübernahme zu erblicken. Der Inhalt dieser Haftungsverpflichtung wird nicht näher erläutert. Aus den vorangehenden Ausführungen kann aber geschlossen werden, daß der Filialleiter mindestens auch für Verfehlungen seiner Mitarbeiter haften und daß sich die Beweislast in jedem Falle umkehren soll[85]. Hinweise auf die haftungsbegründenden Eigenschaften einer Kaution oder auf den Grund der angeblichen Beweislastumkehr fehlen. Es ist auch nicht ersichtlich, warum sich der unterstellte (stillschweigende) Parteiwille für die Haftungserweiterung *und* für die Beweislastumkehr aus der Bezeichnung der Kaution als „Sicherheitsleistung für evtl. Inventurdifferenzen" ergeben soll. Dies räumt auch *Stritzke* ein, indem er im folgenden darlegt, es sei sehr wohl denkbar, daß die Mankohaftung nach dem Parteiwillen auch *über* die Kautionshöhe *hinaus*[86] übernommen werden könne, aber von vornherein nur für einen bestimmten Betrag Sicherheit geleistet werde.

Darin ist dieser Auffassung durchaus zuzustimmen. Gerade *weil* in der Gestellung einer Kaution keine gleichzeitige Vereinbarung „einer" Mankohaftung zu sehen ist[87], kann aus der Abrede über die Sicherheitsleistung weder entnommen werden, daß der Filialleiter nur in deren Höhe für Manki haftet[88], noch daß sich daraus seine Haftung für von Hilfskräften herbeigeführte Verluste ergibt, noch daß sich die Beweislast in dem einen oder dem anderen Falle umkehrt. Ob und in welcher Weise die Kaution mit einer vertraglich verschärften Haftung zusammenhängt, oder

---

[83] NZfAR 29, 28; ebenso *Elster*, AR-Lexikon, 110.
[84] Die unzutreffende Auffassung beruht offenbar auf der mangelnden Berücksichtigung der verschiedenen Haftungstatbestände.
[85] So auch *Elster*, AR-Lexikon, 110.
[86] Gegen ArbG Nürnberg, Urt. v. 8. 5. 28 (unveröfftl.), zit. bei *Stritzke*, a. a. O., 28, — aufgehoben durch LAG Nürnberg (vgl. JW 28, 2651) —, wonach in einer Kautionsrücklage eine Haftungsübernahme nur in Höhe der Kaution zu erblicken sei.
[87] So auch *Bulla*, Betr. 52, 82; *Würdinger* in RGRK, Anm. 23 zu § 59: *Marx*, Arbrecht 33, 157; *Sello*, MittIHK-Bln. 28, 780; LAG Bremen, Betr. 57, 460; LAG Nürnberg, JW 28, 2651; KfmG Posen, GewKfmGer. 18, 286.
[88] Vgl. Anm. 86.

ob die Kautionshöhe auch den Umfang der Haftung begrenzt, wird lediglich aus diesbezüglichen, ausdrücklichen Vereinbarungen hervorgehen können[89]. Die Kaution als solche hat grundsätzlich nichts mit der *Begründung* der Mankohaftung, sondern nur mit der *Sicherung* und Befriedigung des Arbeitgebers wegen künftiger Ersatzforderungen aus *feststehender* Haftung zu tun[90]. Die sonstigen Rechtsbeziehungen zwischen Arbeitgeber und Filialleiter werden von der Kautionsvereinbarung ebensowenig beeinflußt. Dies trifft in besonderem Maße auf die arbeitsvertragliche Mitwirkungs- und Fürsorgepflicht des Arbeitgebers zu. Von der Anleitung, Beratung und Überwachung oder von regelmäßigen Inventuren entbindet ihn die Hinterlegung einer Sicherheitsleistung seitens des Filialleiters nicht[91]. Die schuldhafte Vernachlässigung dieser Pflichten kann deshalb unter gegebenen Umständen zu einer Minderung seiner Ersatzansprüche gemäß § 254 BGB führen[92].

bb) Bei Gewährung von Mankogeldern oder Mankospannen

Unzutreffende Folgerungen werden zuweilen auch aus der Gewährung von Risikoausgleichszulagen, insbesondere von Mankogeldern, gezogen. So soll sich der Filialleiter durch die Vereinbarung eines Mankogeldes mit der Übernahme „der" Mankohaftung einverstanden erklären, selbst wenn ihm ein Verschulden nicht nachgewiesen wird[93], ohne Rücksicht darauf, ob er sich entlasten könne, oder ob der Erstattungsbetrag im Einzelfall das monatliche Mankogeld übersteige[94].

Diesen Ansichten ist nicht zuzustimmen. Zwischen der Zahlung von Mankogeld und der Einstandspflicht des Filialleiters für Fehlbestände besteht kein Zusammenhang. Es handelt sich wie bei Kaution auch hier um zwei verschiedene Tatbestände mit zwei verschiedenen, voneinander unabhängigen Rechtsfolgen. Erst wenn eine ausdrückliche Vereinbarung abgeschlossen wird, daß der Filialleiter in Höhe der gewährten Zulage haften soll[95], ist der Sachverhalt anders zu beurteilen[96].

---

[89] Ebenso *Bulla*, Betr. 52, 82; LAG Nürnberg, JW 28, 2651; vgl. hierzu das Beispiel in der Entsch. BAG, IfA 59, 4484 ff. (BB 59, 1028).

[90] Gleicher Ansicht *Bulla*, Betr. 52, 82; *Sello*, MittIHK-Bln. 28, 780; LAG Nürnberg, JW 28, 2651; — ausdrücklich unterscheidend und trennend auch die Praxis: Vgl. das Beispiel in der RAG-Entsch. ARS 10, 157 und die Vertragsmuster bei *Teichmann*, Angest.-Recht 6/55, 6 f.

[91] Vgl. LAG Breslau, ARS (LAG) 28, 180 f.

[92] *Bulla*, Betr. 52, 82; *Hueck*, Anm. zu LAG Breslau, ARS (LAG) 28, 182.

[93] *Langer*, 51; *Grub*, AR-Blattei I, C. II. 4. (mit Einschränkungen).

[94] *Bulla*, Betr. 52, 81 f.; *Klebba*, BlättSteuerr. 52, 255; vgl. auch *Galperin*, AR-Blattei, C. III. 2.

[95] Auch dann müssen Umfang der Haftung und Beweislastverteilung noch näher bestimmt werden; vgl. oben, S. 96 ff.

[96] Vgl. den ähnlichen Fall in RAG, ARS 42, 435 f.

Um Mißverständnisse zu vermeiden, sei nochmals festgehalten, daß ein „echtes" Manko immer vorhanden ist, wenn eine nicht gedeckte Bestandsdifferenz in der Kasse oder im Warenlager des Filialbetriebes eintritt, ohne Rücksicht darauf, wie sie zustande kam (z. B. durch Schwund oder Ladendiebstähle). Mankogelder oder -spannen können demnach weder ein Manko beseitigen noch einen Einfluß auf die Haftpflicht des Filialleiters ausüben[97]. Durch die Bereitstellung von Geldmitteln seitens des Arbeitgebers für einen möglichen Mankofall wird lediglich das Risiko der Ersatzpflicht gemindert[98]. Die Ausgleichszulage kann daher nicht etwa durch „...Ausschaltung der Verschuldensfrage ... die *Haftung* im Endergebnis ausgleichen"[99], sondern allein das Verlustrisiko des Filialbetriebes verteilen.

Verwirklicht sich das übernommene Risiko in Form der erwarteten Ausfälle nicht, so besteht die einzige Rechtsfolge darin, daß der Filialleiter die empfangene Zulage behalten darf[100] — eine Parallele zur Risikoprämie des Unternehmers. Dieser ökonomische Sachverhalt (geldlicher Ausgleich seiner Bereitschaft zur Risikoübernahme) erlaubt aber nicht gleichzeitig die rechtliche Schlußfolgerung, daß der Filialleiter mit der Vereinbarung von Mankogeldern oder Mankospannen ohne weiteres und ausdrücklich zur unbeschränkten Haftung auch für Zufall verpflichtet werde[101]. Wenn eine haftungserweiternde Vereinbarung getroffen wird, so findet der Ausgleich (Mankogeld, -spanne) *wegen* des durch die Haftungsverschärfung erhöhten Risikos statt. Daß diese wirtschaftliche Folge einer rechtlichen Verpflichtung (weiterreichende Haftungsübernahme) die Verpflichtung selbst begründen soll, geht aus dem gegebenen Verhältnis von Ursache und Wirkung nicht hervor[102].

c) Ausdrückliche Übereinkunft als Voraussetzung gleichzeitiger Haftungsübernahme

Zweifel können nur auftreten, wenn keine ausdrücklich erklärte haftungsverschärfende Vereinbarung besteht, von den Parteien aber ab-

---

[97] Nach *Grub* (AR-Blattei I, C. II. 4.) werden Mankogelder nur als Ausgleich für „wirkliche und echte" Manki gezahlt; „natürliche Fehlmengen", die beim Einwiegen, durch übliche Zugaben oder durch Schwund entstünden und demnach kein „echtes" Manko herbeiführten (vgl. bei *Grub* unter B. I. 1., dazu bereits oben, S. 34 f.) wären bei dieser Betrachtungsweise vom Risikoausgleich durch Mankogelder ausgenommen (vgl. auch *Langer*, 51). Für derartige Verluste werden diese Beträge aber gerade gezahlt!

[98] Ungenau *Kaskel-Dersch* I, 173, Anm. 3.

[99] *Dersch*, AR-Blattei I, C. II. 1. b.

[100] So auch *Grub*, AR-Blattei I. C. II. 4.; *Bulla*, Betr. 52, 82; *Langer*, 50; *Endemann*, AuR 53, 301.

[101] So im Ergebnis z. B. *Bulla*, Betr. 52, 81 f.

[102] Eine Haftungsverschärfung kann ohne ausdrückliche Abrede nicht stattfinden; für die Mankohaftung ist es insoweit gleichgültig, ob ein Risikoausgleich vereinbart wird. Umgekehrt setzt auch die Gewährung von Ausgleichszulagen nicht voraus, daß die Haftung demgemäß erweitert würde.

geschlossen werden *wollte*. Dann aber handelt es sich um eine — wenn auch stillschweigende — *Übereinkunft*, d. h. um eine unabhängige *Haftungs*vereinbarung. In solchen Fällen ist die rechtliche Beurteilung die gleiche wie bei ausdrücklich erklärten Haftungsabsprachen. Sofern sich z. B. der gewollte[103], tatsächlich vereinbarte Zusammenhang zwischen Haftungsübernahme und Risikoausgleich darin ausdrückt, daß der Filialleiter in Höhe der gewährten Zulage auch für nicht schuldhaft verursachte Verluste haften soll, kann diese erklärte Abhängigkeit unter Umständen auch eine Zufallshaftung begründen. Eine erschöpfende Erforschung des beiderseitigen Parteiwillens wird aber mit Rücksicht auf die möglichen Auslegungen[104] von Vereinbarungen über eine „unbedingte" Haftung selbst bei anscheinend zweifelsfreiem Wortlaut der Abrede nicht zu entbehren sein[105]. Bezüglich des Umfanges der Einstandspflicht ist in Betracht zu ziehen, daß sich die Haftungsübernahme für nicht verschuldete Manki nur nach den Beträgen richten kann, die als Risikozulagen für einen bestimmten Abrechnungs- bzw. Inventurzeitraum gezahlt werden[106]. Dies bedeutet (mit Rücksicht auf den vereinbarten Zusammenhang zwischen Haftungsübernahme und Risikozulage), daß Ersatzansprüche nur periodisch und zwar nur in der Höhe entstehen können, die den Gegenwert der Ausgleichsbeträge des jeweiligen Verrechnungsabschnittes[107] nicht übersteigt. Die allgemeine Verschuldenshaftung des Filialleiters wird hiervon nicht betroffen, weil die Gewährung von Mankogeldern nicht gleichzeitig die obere Grenze für den Ausgleich verschuldeter Manki festlegt[108].

Die Richtigkeit dieser Ansicht erweist sich an der Zweckbestimmung von Risikozulagen unter besonderer Berücksichtigung des Berechnungsverfahrens. Hat der Filialleiter in einem bestimmten Abrechnungszeitraum ohne Manko gearbeitet, so fällt der Befriedigungsanspruch des Arbeit-

---

Auch ohne ergänzende Haftungsvereinbarung können Mankogelder oder Mankospannen zugestanden werden; — wie hier in ähnlichem Zusammenhang (Kassiererhaftung) RAG, ARS 42, 436; vgl. auch LAG Berlin, BB 55, 1039.

[103] Zu weit gehend deshalb *Grub*, AR-Blattei I, C. II. 4., der in der Zubilligung eines Mankogeldes *regelmäßig* die Vereinbarung einer Zufallshaftung erblickt; gleicher Ansicht wohl auch *Galperin*, AR-Blattei, C. III. 2., enger *Langer*, 51 f.

[104] Vgl. oben, S. 101 f.

[105] Vgl. z. B. *Langer*, 51 f., nach dessen Meinung die Zubilligung eines Mankogeldes eine Umkehr der Beweislast bewirke. Die Haftung beschränke sich bei geglückter Exkulpation des Arbeitnehmers auf das erhaltene Mankogeld; im umgekehrten Falle müsse er für das entstandene Manko in voller Höhe haften.

[106] Vgl. auch *Langer*, a. a. O.

[107] Streng genommen müßte auf den (meistens monatlichen) Zahlungszeitraum der Mankogelder abgestellt werden. Es erscheint jedoch fraglich, ob bei Inventur- oder Verrechnungsperioden, die mit diesen Zeitabschnitten nicht übereinstimmen, der Nachweis geführt werden kann, daß ein Manko gerade in einem bestimmten Monat eintrat.

[108] Ähnlich *Grub*, AR-Blattei I, C. II. 4.

gebers aus der *dafür* bewilligten „Risikoprämie" weg[109], weil jede periodische Zuwendung nur den Zweck verfolgen kann, die im entsprechenden Zeitraum zu erwartenden Verluste aufzufangen. Demgemäß kann auch der jeweilige (z. B. monatliche[110]) Zufalls-Haftungsanspruch des Arbeitgebers nicht höher sein als die bereitgestellte Ausgleichssumme. Zu diesem Ergebnis gelangt auch das Landesarbeitsgericht *Hamburg*[111] bei der Auslegung einer Haftungsvereinbarung, nach der eine Verkäuferin „bis zum Höchstbetrag der ihr (lt. Vereinbarung) zu gewährenden Erfolgsprämie" für ein Manko zu haften hatte. Das Gericht entschied, daß die vertragliche Haftung sich auf die Summe der Erfolgsprämien beschränken müsse, die in der für die Entstehung des Mankos maßgeblichen Zeit verdient worden seien. Anderenfalls wäre der Haftungsumfang davon abhängig, wie lange eine Arbeitnehmerin beschäftigt sei; einer langjährigen Arbeitnehmerin würde also eine weitaus höhere Mankohaftung zugemutet als einer erst kurze Zeit angestellten. Die gleiche Folgerung wird sinngemäß auch zu ziehen sein, wenn die Haftung nicht an eine Erfolgsprämie anknüpft, sondern sich nach einer für den Ausgleich eines Verlustrisikos gezahlten Zulage bestimmt. Dieses Ergebnis trägt auch dem Unterschied zwischen Ausgleichszulagen und Kautionsrücklagen Rechnung. Beschränkte sich nämlich die Mankohaftung im oben erörterten Beispiel nicht, wie *Bulla*[112] meint, auf die Summe der für den betreffenden Zeitraum gezahlten Mankogelder, so setzte ein Rückgriff auf früher geleistete Ausgleichsbeträge eine Pflicht des Filialleiters — oder doch eine indirekte Nötigung — zur fortlaufenden Ansammlung der Zuwendungen voraus. Damit hätten Mankogelder oder -spannen aber den Charakter von Kautionen. Die Verfügungsgewalt des Filialleiters über diese Beträge würde ruhen, um mögliche Ersatzansprüche des Arbeitgebers zu sichern. Vom Sinn dieser Risikozulagen her gesehen, handelte es sich also praktisch um eine Risikoversicherung des Arbeitgebers, nicht mehr um einen Risikoausgleich, den die zugrunde liegende Abrede bezweckte.

III. Grenzen der Zulässigkeit von Vereinbarungen über die Mankohaftung

1. Gesetzliche Verbote (§ 134 BGB)

Wie alle Rechtsgeschäfte sind auch Mankohaftungsvereinbarungen oder Nebenabreden nur wirksam, wenn sie die Schranken der Rechtsordnung nicht durchbrechen. Beschränkungen der Abschlußfreiheit erlangen des-

---

[109] So übereinstimmend *Bulla*, Betr. 52, 82; *Grub*, AR-Blattei I, C. II. 4.; *Langer*, 50; vgl. auch oben, S. 108, zu Anm. 100.
[110] Vgl. Anm. 107 auf S. 109.
[111] ARST XVI, Nr. 515.
[112] Betr. 52, 81 f.

halb — auch im Hinblick auf das arbeitsvertragliche Abhängigkeitsverhältnis von Filialleitern — besondere Bedeutung. Als erste Zulässig-
keitsgrenze kommt die Bestimmung des § 134 BGB in Betracht. Danach
ist ein Rechtsgeschäft nichtig, wenn es gegen ein gesetzliches Verbot
verstößt.

*a) In bezug auf den vertraglichen Ausschluß der Schadensmittragung
bei vorsätzlicher Manko-Mitverursachung seitens des Arbeitgebers*

Ein solcher Verstoß liegt bei vereinbarter Mankohaftung vor, wenn die
Haftungsklausel dem Filialleiter keine Möglichkeit offen läßt, eine
vorsätzliche Mitverursachung des Arbeitgebers (§ 254 BGB) einzuwenden[1]. Sofern der Filialleiter für jegliches Manko, ohne Rücksicht auf eigenes oder fremdes Verschulden[2], haften soll, schließt diese Regelung
gleichzeitig auch die Schadensmittragung des Arbeitgebers wegen Mitverschuldens aus. Eine derartige Abrede kann zwar in bezug auf eine
fahrlässige[3], dagegen nicht in bezug auf eine vorsätzliche Mitverursachung
zulässig sein. Diese Folgerung ergibt sich aus dem Rechtsgedanken des
§ 276 Abs. 2 BGB, wonach dem Schuldner die Haftung wegen Vorsatzes
nicht im voraus erlassen werden kann. Entsprechendes wird gelten müssen, wenn der Schuldner, also hier der Filialleiter, verpflichtet werden
soll, für Manki aufzukommen, die der Arbeitgeber (Gläubiger) vorsätzlich
mitverursacht. Eine Abrede, die einen bewußt pflichtwidrigen Verstoß
des Gläubigers gegen die Gebote des eigenen Interesses und insoweit die
schwerste Form eines „Verschuldens gegen sich selbst" im Rahmen eines
Vertragsverhältnisses sanktionieren würde, würde dieses *Vertrags-
verhältnis* ohne Rechtfertigung einseitig und ausschließlich zum Nachteil des Filialleiters belasten, da sich der Arbeitgeber als Gläubiger
auch im Falle einer vorsätzlichen Eigenschädigung seiner arbeitsvertraglichen Verantwortung mit Hinweis darauf entziehen könnte, daß der
Filialleiter (Schuldner) gemäß getroffener Vereinbarung selbst für diesen
Schaden einzustehen habe. Inwieweit eine solche Abrede — etwa bei
nachweislicher Schädigungsabsicht seitens des Arbeitgebers — sittenwidrig wäre, weil sie auf eine wirtschaftliche Ausbeutung oder Knebe-
lung des Filialleiters hinauslaufen kann, sei dahingestellt. Ein vertraglicher Ausschluß der Schadensmittragung bei vorsätzlicher Mitverursachung eines Mankos durch den Arbeitgeber ist schon deshalb unzulässig,
weil die analoge Anwendung des § 276 Abs. 2 BGB in Vbdg. mit § 134 BGB

---

[1] Vgl. auch *Bulla*, Betr. 52, 81.
[2] Eine schuldhafte Mitverursachung des Mankos durch den Arbeitgeber ist
wegen Verstoßes gegen die Gebote des eigenen Interesses (— bei Vorsatz bewußte — Vernachlässigung der eigenen Sorgfaltspflicht) als „Verschulden
gegen sich selbst" aufzufassen; vgl. *Ennecc-Lehm*, § 16, I. 3.
[3] Bei Mankohaftung auch dies verneinend *Langer*, 46.

in den vorliegenden Fällen geboten erscheint. Jede darauf gerichtete indirekte Abrede (uneingeschränkte Zufallshaftung) über die Mankohaftung ist demgemäß ebenso unwirksam wie eine direkte[4].

b) In bezug auf tarifvertragswidrige Nebenabreden

Der gleichen Beschränkung unterliegen Vereinbarungen, die eine tarifvertraglich gesicherte Erfüllung der Gehaltsansprüche des Filialleiters hindern[5]. Dies ist z. B. der Fall, wenn der Arbeitgeber kraft Vertrages von vornherein berechtigt sein soll, pfändbare (also nicht schon von der Sperre des § 394 BGB eingeengte) Ersatzforderungen gegen das Gehalt des Filialleiters aufzurechnen, und wenn neben den übertariflichen Gehaltsbestandteilen und Risikoausgleichszulagen auch das Tarifgehalt des Filialleiters in Anspruch genommen werden darf. Mit einer solchen Abrede wird der Grundsatz der Unabdingbarkeit tariflicher Mindestansprüche verbotswidrig (§ 4 Abs. 1 und 3 TVG) verletzt, weil die Vereinbarung zu einem tarifvertraglich nicht zulässigen Gehaltsabzug führen würde. Dem steht die normativ-zwingende Wirkung des Tarifvertrages entgegen[6].

Eine bloße Vereinbarung über die Erweiterung der Mankohaftung (ohne zusätzliche Abrede, aus welchen Gehaltsbestandteilen des Filialleiters Ersatzansprüche befriedigt werden sollen) hat dagegen nichts mit der Unabdingbarkeit des Tarifgehaltes zu tun, weil der Schadensersatzanspruch des Arbeitgebers den tariflichen Gehaltsanspruch des Filialleiters nicht beeinträchtigt. Das Tarifgehalt als solches wird geleistet und verbleibt dem Filialleiter, auch wenn er für unverschuldete Manki haften muß. Ob er es nach erfolgter Auszahlung verwendet, um Ersatzansprüche aus Mankohaftung abzudecken, läßt die Frage der Unabdingbarkeit unberührt. Erst die vertraglich vorgesehene, unmittelbare Vorenthaltung des Tarifgehaltes durch Inanspruchnahme für Ersatzansprüche des Arbeitgebers verstößt gegen § 4 TVG[7].

2. Unzulässigkeit sittenwidriger Mankohaftungsvereinbarungen

Durch die Regel des § 138 BGB werden die gesetzlichen Grenzen zusätzlicher Vereinbarungen über die Mankohaftung erheblich enger abgesteckt. Die Prüfung haftungsverschärfender Abreden auf Sittenwidrigkeit spielt in der Praxis eine wichtige Rolle. Ein Schutz vor ungerechtfertigter wirtschaftlicher Belastung, insbesondere vor unangemessener Beteiligung des Filialleiters am Unternehmerrisiko, ist in doppelter Hinsicht gewährleistet.

---

[4] Ebenso *Grub*, AR-Blattei I, C. II. 5; *Bulla*, Betr. 52, 81; *Titze*, 774.

[5] Vgl. *Hueck-Nipp* II, 389 ff.

[6] Vgl. *Grub*, AR-Blattei I, C. I. 2. b.; ArbG Augsburg, ARST XV, Nr. 80; *Marx*, Arbrecht 33, 158; mit Einschränkungen ferner LAG Frankfurt, BB 55, 961.

[7] Nicht haltbar deshalb *Langer*, 44; mißverständlich LAG Frankfurt, BB 55, 961; ArbG Augsburg, ARST XV, Nr. 80.

a) Bei Verstoß gegen das Anstandsgefühl aller billig und gerecht Denkenden (§ 138 Abs. 1 BGB)

Gemäß § 138 Abs. 1 BGB sind Mankohaftungsvereinbarungen unzulässig, wenn sie in einer gegen die guten Sitten verstoßenden Weise[8] zur Ausnutzung und Übervorteilung des Filialleiters führen[9]. Die Sittenwidrigkeit der Abrede muß aus ihrem Gesamtcharakter hervorgehen, wie er sich aus der Zusammenfassung von Beweggrund, Inhalt und Zweck ergibt[10], sofern sich in der Vereinbarung eine rechtlich zu mißbilligende Gesinnung[11] des Arbeitgebers ausdrückt[12, 13].

Diese Voraussetzungen erfüllt z. B. eine Vereinbarung, durch die der Filialleiter bei nicht zu hohem Gehalt auch am Unternehmensverlust (etwa an einem Defizit wegen Geschäftsrückganges) beteiligt wird[14], ihm aber kein Widerspruchsrecht gegen die vom Arbeitgeber aufzustellende Bilanz zusteht[15]. Wird die allgemeine Verschuldenshaftung ohne angemessenen Risikoausgleich rechtsgeschäftlich erweitert, so kann es erschwerend ins Gewicht fallen, wenn sich der Arbeitgeber darüber hinaus vorbehalten hat, von ihm beliebig ausgewählte Personen als Vertreter des Filialleiters im Verkaufsstande einzusetzen ohne den Fillialleiter irgendwie zu hören. Unter diesen Umständen ist die Haftungsvereinbarung und damit auch die Abrede über die gegebenenfalls hinterlegte Kaution mit den guten Sitten nicht in Einklang zu bringen[16]. Das gleiche kann zutreffen, wenn eine Abmachung dem Filialleiter das Borgen auf eigenes Risiko gestattet und ein erhebliches Mißverhältnis zwischen der Höhe seines Gehalts und den Beträgen besteht, mit denen er zum Ausgleich

---

[8] D. h., wenn die Abreden, gemessen an den herrschenden Durchschnittsanschauungen (vgl. RGZ 77, 421; 48, 124 f.; *Staud-Coing*, Anm. 3 zu § 138; RGRK z. BGB, Anm. 1 zu § 138) dem „Anstandsgefühl aller billig und gerecht Denkenden widersprechen" (Mot. z. BGB II, 727, und die ständige Rechtsprechung des Reichsgerichts, des Reichsarbeitsgerichts und des Bundesgerichtshofes; Nachweise besonders in RGRK z. BGB, Anm. 1 ff. zu § 138); vgl. zum Ganzen allgemein *Staud-Coing*, Anm. 3 ff. zu § 138 BGB; *Ennecc-Nipp*, § 191; *Lehmann*, 183 ff. mit zahlreichen Literatur- und Judikaturhinweisen; ferner *Grub*, AR-Blattei II, C.; *Savaete*, AuR 57, 97 ff.; — über die Anwendbarkeit des § 138 BGB im Arbeitsrecht vgl. grundsätzlich RAG, ARS 26, 130 ff.
[9] Vgl. *Bulla*, Betr. 52, 81; *Grub*, AR-Blattei I, C. I.; RAG, ARS 16, 465; 10, 159; LAG Hannover, AP 53 II, 391.
[10] Vgl. RAG, ARS 16, 465; RGZ 150, 3.
[11] Unter Umständen genügt grobe Fahrlässigkeit; vgl. *Hueck-Nipp* I, 179, mit Hinweis auf BGH, NJW 51, 397.
[12] Vgl. *Grub*, AR-Blattei II, C. II. 2.; *Hueck-Nipp* I, 179; BGH, NJW 51, 397; RAG, ARS 31, 384; 27, 3 f. mit Anm. *Hueck; Savaete*, AuR 57, 97 ff.
[13] Bedenkliche Aufassung in GHBV-Ausblick, Aug/56, 4, wonach sittenwidrig alles das sei, was gegen das Rechtsgefühl verstoße.
[14] Bei übermäßiger Beschränkung der wirtschaftlichen Freiheit des Filialleiters liegt gleichzeitig auch ein Knebelungsvertrag vor; vgl. darüber *Hueck-Nipp* I, 179; *Bauer-Mengelberg*, 40 ff.
[15] LAG Dresden, ARS (LAG) 16, 6 f.
[16] RAG, ARS 10, 159; KfmG Danzig, Handb.-GewKfmGer., 628.

eines durch Borgen entstandenen Mankos in Anspruch genommen wird[17]. Gegen die guten Sitten verstößt auch eine Übereinkunft, wonach der Filialleiter bei fehlendem Risikoausgleich jegliches Manko ohne Rücksicht auf seine Ursachen verantworten soll (Zufallshaftung) und er als abhängiger Angestellter nur aus materiellem Druck diese starke Belastung ohne finanzielles Äquivalent akzeptiert. Solch eine Ausnutzung der wirtschaftlich schwachen Position des Filialleiters, der um jeden Preis eine Stellung annehmen muß, darf vom Recht nicht geduldet werden[18].

b) Bei Ausbeutung der Notlage, des Leichtsinns und der Unerfahrenheit (§ 138 Abs. 2 BGB)

Eine Haftungsvereinbarung kann ferner unzulässig sein, wenn sich der Arbeitgeber unter Ausnutzung der Notlage, des Leichtsinns oder der Unerfahrenheit des Filialleiters ohne angemessene Gegenleistung unverhältnismäßig hohe Vermögensvorteile versprechen läßt (§ 138 Abs. 2 BGB)[19]. Von Verstößen gegen die guten Sitten im Sinne des § 138 Abs. 1 BGB sind die hier in Betracht kommenden Fälle nur schwer zu unterscheiden. Beide Bestimmungen setzen praktisch bei diesen Fällen ein objektives Mißverhältnis zwischen Leistung und Gegenleistung voraus, und auch das subjektiv zu mißbilligende Verhalten des Arbeitgebers (bewußte[20] wirtschaftliche Ausnutzung[21] des Filialleiters) wird regelmäßig als gemeinsames Merkmal in Frage kommen[22]. Im Hinblick auf die gleichen Rechtswirkungen unterscheidet man die Literatur und Rechtsprechung demzufolge nur selten[23] zwischen der Nichtigkeit nach § 138 Abs. 1 und § 138 Abs. 2 BGB. Wann die Subsumtion unter den einen oder den anderen Tatbestand zu erfolgen hat, kann im Einzelfall erst nach eingehender Prüfung des gesamten Inhalts[24] der Haftungsklausel und der Nebenabreden unter Berücksichtigung aller Umstände des Arbeitsvertrages[25] entschieden werden. Eine Vereinbarung ist nach § 138 Abs. 2 BGB unzulässig, wenn der Filialleiter eine so scharfe Mankohaftung übernehmen

---

[17] Vgl. ArbG Reutlingen, Arbgericht 27, 327.

[18] LandG III Berlin, GewKfmGer. 10, 163; vgl. auch ArbG Kaiserslautern, ARST XIX, Nr. 577.

[19] Zum Inhalt der Begriffe „Ausnutzung" und „Notlage" vgl. im einzelnen RAGE 9, 236 ff.; *Grub*, AR-Blattei II, C. I.; wenig scharf und zu weit gehend *Langer*, 43.

[20] Vgl. *Hueck-Nipp* I, 179; RAG, ARS 28, 231 ff.; 19, 12; 17, 460; *Ennecc-Nipp*, § 191, II. 2. b.; *Ruhrmann* (Diss.), 30.

[21] Vgl. RAG, ARS 28, 231; 17, 459 ff.; 19, 10 ff.

[22] Vgl. auch *Nikisch* (Lehrb.), 161; *Hueck-Nipp* I, 178 f.; *Grub*, AR-Blattei II, C. II.; zum Ganzen kritisch *Elster*, Arbrecht 14, 90 ff.

[23] Z. B. RAG, ARS 10, 159 (§ 138 Abs. 1 BGB); desgl. ArbG Neumünster, ARST VI, Nr. 304.

[24] Vgl. *Hueck-Nipp* I, 178; *Nikisch* (Lehrb.), 161; *Bulla*, Betr. 52, 81; *Titze*, 632.

[25] Vgl. RAG, ARS 24, 264 f.

soll, daß das Geschäftsrisiko weitgehend auf ihm ruht, der Arbeitgeber aber unter wucherischer Ausnutzung der Notlage des Filialleiters keine ausreichende Gegenleistung, etwa durch Bewilligung eines angemessen erhöhten Gehalts oder durch Zahlung von Prämien oder Risikoausgleichszulagen, erbringt[26]. Keine sittenwidrigen Mankohaftungsvereinbarungen sind dagegen solche, die sich mit einer Verschuldenshaftung des Filialleiters begnügen. Die vertragliche Haftung entspricht in diesem Falle der gesetzlichen Regelung; sie kann insoweit auch nicht unzulässig sein[27].

c) Die wirtschaftliche Überbeanspruchung

Mithin entfällt der Vorwurf der Sittenwidrigkeit grundsätzlich schon dann, wenn ein *angemessener* wirtschaftlicher Ausgleich des vertraglich aufgebürdeten Risikos hergestellt ist. Auf die Tatfrage der Angemessenheit kann aber erst eingegangen werden, wenn Klarheit herrscht, *ob* und *in welchem Umfang* die Haftungsklausel eine ausgleichsbedürftige Risikoabwälzung zur Folge hat.

aa) Mehrbelastung bei Zufallshaftung

Als Hauptfall einseitiger Risikoüberbürdung ist die Zufallshaftung zu nennen. Muß der Filialleiter für jeglichen Fehlbetrag oder -bestand einstehen, ohne Rücksicht darauf, wer ihn verursacht und verschuldet hat[28], und kann er lediglich vorsätzliche Mitverursachung des Arbeitgebers einwenden, so wird der Arbeitgeber von allen filialbetrieblichen Geschäftsrisiken entbunden[29]. In noch größerem Umfang schlägt sich die Bela-

---

[26] Vgl. BAG, BB 59, 1028; BAGE 2, 341 f.; AP Nr. 4 zu § 611 BGB, Haftung des AN, mit Anm. *Götz Hueck*; RAG, ARS 31, 384 f.; 24, 264; 10, 159; LAG Düsseldorf, BB 56, 400; LAG Frankfurt, BB 55, 961; LAG Hannover, AP 53 II, 391 f., mit Anm. *Götz Hueck*; LAG München, ARS (LAG) 24, 155; LAG Duisburg, ARS (LAG) 3, 15; ArbG Weiden, ARST XXI, Nr. 86; ArbG Bayreuth, ARST XVIII, Nr. 98; ArbG Herne, ARST XVII, Nr. 451; ArbG Berlin, ARST XV, Nr. 568; ArbG Duisburg, ARST IX, Nr. 333; ArbG Neumünster, ARST VI, Nr. 304; ArbG Reutlingen, Arbgericht 27, 327; LandG III Berlin, GewKfmGer. 10, 163; KfmG München, GewKfmGer. 16, 119; KfmG Wilhelmsburg/LandG Stade, GewKfmGer. 12, 162; KfmG Berlin, JbKfmGer.-Bln., 278;
In der Literatur vgl. *Grub*, AR-Blattei I, C. I. 2. a.; ders., AR-Blattei II, D. IV.; *Bulla*, Betr. 52, 81; *Endemann*, AuR 53, 301; *Hueck-Nipp* I, 178 (Anm. 53) f.; *Nikisch* (Lehrb.), 161; *Staud-Nipp*, Anm. 90 zu § 611; *Titze*, 774, 633; *Stritzke*, NZfAR 29, 27 f.; *Sello*, MittIHK-Bln. 28, 780; *Krönig*, GewKfmGer. 14, 317 f.; *Neumann*, JbKfmGer.-Bln. 160; *Bobrowski*, 264; *Rewolle-Köst*, Anm. 3 zu § 138 BGB; zu weit gehend *Langer*, 42 f.; *Bovensiepen*, Arbrecht 22, 202.
[27] Vgl. LAG Hannover, AP 53 II, 392; ferner LAG Düsseldorf, BB 56, 400; LAG Duisburg, ARS (LAG) 3, 15.
[28] Vgl. RAG, ARS 24, 264; ArbG Weiden, ARST XXI, Nr. 86.
[29] Ökonomisch ist darin der einfachste Weg unternehmerischer Risikopolitik (vgl. darüber bes. *Weber* [Diss.], 89 ff.) zu sehen; statt einer Risikoverteilung oder Risikoversicherung erfolgt lediglich eine Risikoabwälzung zu Lasten des Filialleiters. Dieser muß infolgedessen auch Risiken ("Imponderabilien") übernehmen, "die allenfalls noch geahnt, aber nie zahlenmäßig berechnet werden könnten". (*Weber* [Diss.], 109), und gegen die es also auch keinen vollkommenen Schutz geben kann (so *Weber* [Diss.], 128).

stung des Filialleiters nieder, wenn er durch Beteiligung am Unternehmensverlust[30] auch das allgemeine Marktrisiko mitträgt.

Diese Beispiele zeigen den Unterschied der tatsächlichen *Mehrbeanspruchung* gegenüber der allgemeinen Verschuldenshaftung deutlich auf. Ohne nähere Feststellungen läßt sich jedoch auf die *Höhe* der effektiven Belastung nicht schließen[31].

So wird die Risikospanne der „einfachen" Verschuldenshaftung bereits ausgeweitet, wenn eine ergänzende Haftungsvereinbarung die Ersatzpflicht des Filialleiters grundsätzlich auch für unberechenbare und unabwendbare Ausfälle begründet[32]. *Jede* über den Rahmen der Verschuldenshaftung hinausgehende Einstandspflicht nimmt folglich dem Arbeitgeber das Unternehmerrisiko umgekehrt proportional zur Risikobelastung des Filialleiters ab. Am schärfsten prägt sich diese „Risiko-Umverteilung" in der Zufallshaftung aus[33]. Da es in einem solchen Falle nur auf den Erfolg (Mankoeintritt)[34] ohne Rücksicht auf die Möglichkeit einer Exkulpation ankommt, befreit die vertragliche Zufallshaftung den Arbeitgeber von sämtlichen Risiken, die sich aus der betrieblichen Gefahrenlage ergeben[35].

bb) Risikoabwälzung aufgrund von Beweislastverträgen

Vom Extremfall der Zufallshaftung abgesehen, findet eine Risikoverlagerung insbesondere auch dann statt, wenn die zusätzliche Belastung des Filialleiters auf haftungsverschärfenden Beweislastverträgen beruht. Auf die praktischen Schwierigkeiten, die sich der Exkulpation des Filialleiters entgegenstellen können, wurde bereits oben[36] hingewiesen. In vielen Fällen, z. B. wenn es sich um Filialbetriebe mit zahlreichen Hilfskräften oder mit starkem Geschäftsverkehr handelt, kann sich die vertragliche Mankohaftung des Filialleiters durch vereinbarte Umkehr der Beweislast, noch mehr durch die Übernahme der Beweislast für die Schuldlosigkeit der Mitarbeiter, im Ergebnis der Haftung für Zufall nähern[37]. Zwar lassen derartige Vertragsbestimmungen dem Filialleiter „die verschiedensten Rechtfertigungsmöglichkeiten offen"[38]; vorausgesetzt, daß diese „Möglichkeiten" nicht nur theoretisch, sondern

---

[30] Vgl. LAG Dresden, ARS (LAG) 16, 6 f.
[31] RAG, ARS 24, 265.
[32] A. A. z. B. LandG I Berlin, GewKfmGer. 07, 134.
[33] Zu Unrecht nimmt aber *Bovensiepen* (Arbrecht 22, 202) an, daß darin schon regelmäßig ein Verstoß gegen die guten Sitten zu sehen sei; desgl. KfmG Berlin, DJZ 17, 532; neuerdings auch *Langer*, 44 f.
[34] Nicht genügend trennend *Güntner*, AuR 57, 169; LAG Baden-Württemberg, Kam. Stuttgart, Betr. 57, 459.
[35] Vgl. auch BAG, AP Nr. 4 zu § 611 BGB, Haftung des AN.
[36] S. 82 ff.
[37] Vgl. ArbG Hamburg, ARST XVIII, Nr. 435.
[38] LAG München, ARST (LAG) 24, 155.

vor allem auch praktisch vorhanden[39] sind. Ob und in welchem Maße mankobegünstigende Fremdeinwirkungen und andere, schadensstiftende Einflüsse in diesem oder jenem Filialbetrieb überzeugend nachgewiesen werden *können*, ist Tatfrage. Je nach dem Grade der betriebstechnisch und -organisatorisch erschwerten Aufklärbarkeit und Zurechenbarkeit[40] von Mankoschäden[41] nimmt die Belastung des Filialleiters mit dem Unternehmerrisiko zu[42], wenn sich infolge einer vertraglichen Beweislastumkehr oder Beweislastübernahme für Fremdverschulden bzw. fremde Schuldlosigkeit seine Verantwortungsbereiche erweitern[43]. Die Schwere der konkreten Risikoüberbürdung kann im Einzelfall nur unter Berücksichtigung aller Tatumstände[44], insbesondere der tatsächlichen Entlastungsmöglichkeiten des Filialleiters, ermittelt werden.

cc) Ausgleich der wirtschaftlichen Schlechterstellung

Vom Ergebnis dieser Prüfung hängt es ab, ob ein Ausgleich seiner wirtschaftlichen Schlechterstellung notwendig ist und ob die vom Arbeitgeber gewährten Ausgleichsbeträge hoch genug sind, um ein Eingreifen des § 138 BGB zu verhindern[45]. Eine Risikoabgeltung kann sich schon im Grundgehalt des Filialleiters ausdrücken[46], sofern die vertragliche Risikobelastung bei der Gehaltsbemessung berücksichtigt wurde[47]. Mankogelder, Mankospannen oder Umsatzprovisionen sind gleichfalls in Rechnung zu stellen[48]. Hierbei wird erst die zugrunde liegende Abrede Aufschluß geben können, ob diese Beträge das zusätzlich übernommene Unternehmerwagnis oder nur das „normale" filialbetriebliche Geschäftsrisiko[49] ausgleichen sollten.

Die Höhe des gemäß § 138 BGB erforderlichen wirtschaftlichen Ausgleichs hängt vom Umfang der tatsächlichen Gesamtbelastung im Einzelfall ab[50], die, wie dargelegt, in den verschiedensten Formen und

---

[39] Vgl. die Beispiele in RAG, ARS 10, 158; LAG Duisburg, ARS (LAG) 3, 15; vgl. auch *Krönig*, GewKfmGer. 14, 317 f.
[40] Vgl. eingehend KfmG München, GewKfmGer. 16, 120; LandG III Berlin, GewKfmGer. 10, 163.
[41] Vgl. LAG Düsseldorf, BB 56, 400; Titze, 744.
[42] Vgl. ArbG Hamburg, ARST XVIII, Nr. 435.
[43] Dies übersieht z. B. des Landesarbeitsgericht Hannover (AP 53 II, 392), wenn es ganz allgemein ausführt, daß der Filialleiter „nur" hafte, wenn er sich nicht exkulpieren könne; ebenso *Titze*, 774; ähnlich LAG München, ARS (LAG) 24, 155 f; vgl. ferner *Stritzke*, NZfAR 29, 28; LAG Düsseldorf, BB 56, 400; LAG Bremen, Betr. 57, 460 (gegen LAG Frankfurt, WA 53, Nr. 103).
[44] Vgl. auch *Galperin*, AR-Blattei, C. III. 2.; *Grub*, AR-Blattei I, C. I. 2.
[45] Vgl. ebenfalls *Eckstein*, ABR 41, 259.
[46] Vgl. als Gegenbeispiel ArbG Duisburg, ARST IX, Nr. 333 (Tarifgehalt als nicht zureichender Ausgleich uneingeschränkter Mankohaftung).
[47] Vgl. BAG, IfA 59, 4491 f.
[48] Vgl. ArbG Berlin, ARST XV, Nr. 568.
[49] Vgl. oben, S. 104 f.
[50] Über einzelne Anhaltspunkte der Bemessung vgl. z. B. LAG Düsseldorf, BB 56, 400.

Abstufungen in Erscheinung treten kann. So wird z. B. — bei sonst über-einstimmenden betrieblichen und persönlichen Voraussetzungen — die vergleichsweise höchste Abgeltung bei Zufallshaftung, eine geringere dagegen etwa bei vereinbarter Umkehr der Beweislast für das eigene Verschulden des Filialleiters zu verlangen sein. Mit zunehmender Ver-antwortlichkeit des Filialleiters für Schäden, die durch das Verhalten Dritter[51] entstehen können, müssen auch die Zuwendungen des Arbeit-gebers für den Ausgleich der Risikoübernahme anwachsen.

d) Grenzen des Eingreifens des § 138 BGB

Gleichwohl kann hieraus nicht gefolgert werden, daß alle haftungs-verschärfenden Abreden gegen § 138 BGB verstoßen, wenn sie keinen oder nur einen unzureichenden Risikoausgleich vorsehen. Solche Ver-einbarungen über die Mankohaftung brauchen selbst dann nicht sitten-widrig zu sein, wenn ein objektives Mißverhältnis zwischen der ver-traglichen Mehrbelastung des Filialleiters und der Gegenleistung des Ar-beitgebers ersichtlich besteht[52]. Sofern das Verhalten des Arbeitgebers sonst zu keinem Vorwurf berechtigt (wegen Verstoßes gegen das An-standsgefühl aller billig und gerecht Denkenden, etwa in der Form un-billiger Ausnutzung der Notlage des Filialleiters), liegt keine Rechtsver-letzung im Sinne des § 138 BGB vor[53]. Sicher gibt es Fälle, bei denen von einem sehr auffälligen Mißverhältnis zwischen Leistung und Gegen-leistung auf die bewußte, unsittliche Benachteiligung des Filialleiters durch den Arbeitgeber zu schließen ist[54]. Fehlt es jedoch an einer Hand-habe für einen solchen Vorwurf, so entbehrt die Haftungsvereinbarung eines sittenwidrigen Inhalts. Nach den strengen Maßstäben der Sitten-widrigkeit, wie sie von der Rechtsprechung angelegt werden, erfüllen risikoabwälzende Haftungsklauseln demnach nur in vereinzelten Fällen den Tatbestand des § 138 BGB. Sozusagen als „Notbremse" greift diese Vorschrift erst bei besonders schweren Verstößen ein. Sie kann den Filial-leiter lediglich vor grober, bewußter Benachteiligung (wirtschaftlicher Ausbeutung, Lohnwucher) bewahren. Da die arbeitsvertragliche Schutz-würdigkeit des Filialleiters weiter reicht, kommt der § 138 BGB daher nur als obere Grenze für die Zulässigkeit einer Mankohaftungsver-einbarung in Betracht.

---

[51] Bedenklich aber ArbG Hamburg, ARST XVIII, Nr. 435, wonach sich die vertragliche Mankohaftung einer Filialleiterin „irgendwie *beschränken*" müs-se, weil die beiden anderen Verkäuferinnen keine Hilfskräfte (wohl Erfül-lungsgehilfen) der Filialleiterin seien, und diese keinen Einfluß auf sie habe.

[52] Vgl. *Staud-Nipp*, Anm. 90 zu § 611; *Staud-Coing*, Anm. 42. c. zu § 138; RAG, ARS 27, 4, mit Anm. *Hueck; Oertmann*, DJZ 13, 254 f.; *Ruhrmann* (Diss.), 29 f.

[53] Vgl. *Hueck-Nipp* I, 179 f.; RGZ 150, 1 ff., und die in Anm. 52 Zitierten; auch *Elster*, Arbrecht 14, 94 ff.

[54] RGRK z. BGB, Anm. 6 f. zu § 138; vgl. auch *Ruhrmann* (Diss.), 30; *Sa-vaete*, AuR 57, 100; als Beispiel vgl. besonders den Fall RAG, ARS 10, 159.

IV. Grenzen der Rechtsausübung trotz formell gültiger Zusatzvereinbarung

1. Berücksichtigung arbeitsrechtlicher Schutzprinzipien

Abreden über die Mankohaftung sind Bestandteile des Arbeitsvertrages. Die Zulässigkeit haftungsverschärfender Absprachen bestimmt sich infolgedessen nicht nur nach ihrer Vereinbarkeit mit den allgemeinen bürgerlich-rechtlichen Verbotsbestimmungen. Es sind auch arbeitsrechtliche Schutzprinzipien zu berücksichtigen, deren Beachtung der Filialleiter als Arbeitnehmer verlangen darf. Die Vorschrift des § 138 BGB reicht selbst bei weitester Auslegung nicht aus, um für alle Fälle zu scharfer Haftpflicht befriedigende Lösungen zu finden. Deshalb kommt den ergänzenden arbeitsrechtlichen Grundsätzen erhöhte Bedeutung zu, die den Filialleiter bei vereinbarter Mankohaftung vor zu weit gehender wirtschaftlicher Belastung schützen.

2. Einfluß des arbeitsrechtlichen Treuegedankens

a) Abgrenzung zu gesetzlichen Abredeverboten

Die hier zu erörternde weitergehende Beschränkung ist als Ausdruck eines arbeitsrechtlichen Billigkeitsrechts[1] aufzufassen, das sich aus dem personenrechtlichen Einschlag[2] des Arbeitsvertrages ergibt. In Lehre[3] und Rechtsprechung[4] — auf Entscheidungen des *Reichsarbeitsgerichts*[5] fußend — wird heute übereinstimmend die Auffassung vertreten, daß sich die Rechtsbeziehungen zwischen Arbeitgeber und Arbeitnehmer nicht nur im Austausch vermögenswerter Leistungen erschöpfen, sondern darüber hinaus tiefere Verpflichtungen zu gegenseitiger Treue und Fürsorge begründen. Danach obliegt es dem Filialleiter, sich jeder Beeinträchtigung der Arbeitgeberinteressen zu enthalten. Der Arbeitgeber ist demgegenüber verpflichtet, den Filialleiter vor Benachteiligungen aus dem Arbeitsverhältnis zu bewahren[6]. Wenn der Filialleiter wirksam verpflichtet werden soll, vertraglich eine schärfere Mankohaftung zu übernehmen, als das Gesetz vorschreibt, so ist zu prüfen, ob sich die damit verbundene „Umverteilung" des Geschäftsrisikos mit der Fürsorgepflicht, der Grundpflicht[7] des Arbeitgebers, rechtlich und im weitesten Sinne auch „sozial" vereinbaren läßt.

---

[1] Vgl. *Güntner*, AuR 57, 169 ff.
[2] Vgl. *Hueck-Nipp* I, 115 ff., *Siebert*, RdA 58, 366 ff.
[3] Vgl. statt anderer *Hueck-Nipp* I, 25 ff., 115 ff., 220 ff., 357 ff., jeweils mit eingehender Darstellung und Schrifttumshinweisen.
[4] Vgl. statt anderer BGHZ 16, 116 ff., BAG, Betr. 58, 25.
[5] Vgl. z. B. RAG, ARS 33, 176; 37, 236 f.
[6] Vgl. dazu die Ausführungen über den innerbetrieblichen Schadensausgleich, oben, S. 61 ff.
[7] *Hueck-Nipp* I, 357; *Dersch*, Festschrift Herschel, 73.

Dieser Gesichtspunkt wird im Schrifttum und in der Rechtsprechung zur Mankohaftung von Filialleitern nicht oder doch nur andeutungsweise[8] gewürdigt. Es kann nicht genügen, haftungsverschärfende Zusatzabreden lediglich auf Sittenwidrigkeit zu prüfen und sie regelmäßig dann für zulässig zu erklären, wenn dem übertragenen Risiko insbesondere[9] „ein wirtschaftlicher Ausgleich, etwa durch ein *angemessen erhöhtes Gehalt*"[10] gegenübersteht. Die ausschließliche Anlehnung an den allgemeinen Maßstab des § 138 BGB ist unbefriedigend, weil hinsichtlich dieser Vorschrift nur auf grobe und gröbste Verstöße abgestellt werden kann. Die arbeitsvertragliche Treu- und Fürsorgepflicht bleibt jedoch unberücksichtigt, obwohl gerade hieraus ein wesentliches Kriterium für die arbeitsrechtliche Beurteilung solcher Vereinbarungen zu gewinnen ist.

Die Übereinstimmung mit den guten Sitten gehört zu den Mindestbedingungen jedes Rechtsgeschäfts; von diesen Mindestvoraussetzungen unterscheiden sich aber die Grunderfordernisse eines personenrechtlichen Gemeinschaftsverhältnisses. Aus diesem Grunde tragen risikoüberbürdende Haftungsklauseln der arbeitsvertraglichen Treu- und Fürsorgepflicht des Arbeitgebers *erst* Rechnung, wenn einer auf Vereinbarung beruhenden außergewöhnlichen Risikobelastung des Filialleiters ein *arbeitsrechtlich* zu billigender Ausgleich gegenübersteht[11].

Den arbeitsrechtlichen Treuegedanken (auf der Grundlage des § 242 BGB[12]) heranzuziehen, widerspricht nicht der gebotenen[13] restriktiven Auslegung allgemeiner Schutzprinzipien. Ihn zur Ergänzung der gesetzlichen Abredeverbote angemessen zu berücksichtigen, erscheint vielmehr rechtlich möglich und auch nötig. Auf diese Weise kann der persönlich abhängige und wirtschaftlich unterlegene Filialleiter vor arbeitsvertraglich unzumutbaren Ersatzforderungen geschützt werden, die aus überspannten, haftungsverschärfenden Zusatzvereinbarungen herrühren. Vor allem wird dadurch auch eine vertretbare Lösung derjenigen Fälle erreicht, in denen die Inhaltsbestimmungen der Mankohaftungsabrede hart an der Grenze der Sittenwidrigkeit, § 138 BGB, liegen, aber wegen des „angemessenen wirtschaftlichen Ausgleichs" nach den Maßstäben *dieser* Vorschrift nicht unzulässig sind.

---

[8] Vgl. LAG Hamburg, ARST XVI, Nr. 517; LAG Frankfurt, BB 55, 961; ArbG Karlsruhe, IfA 59, 4447; eingehender *Langer*, 45, 56 f.

[9] Auf die Frage nach den *allgemeinen* Grundsätzen wird in den gefällten Entscheidungen regelmäßig nicht eingegangen. Eine Ausnahme bildet die Entsch. BAG, BB 59, 1029 (ausführlich in Ifa 59, 4484 (4492 f.).

[10] Vgl. die oben, S. 115, Zitierten (Anm. 26).

[11] Vgl. BAG, AP Nr. 4 zu § 611 BGB, Haftung des AN mit Anm. *Goetz Hueck.*

[12] Vgl. besonders *Hueck-Nipp* I, 357 f.; *Soergel*, (9. Aufl.), Anm. 5, 46, 162 (110 ff.) zu § 242.

[13] Vgl. dazu *Dersch*, Festschrift Herschel, 73 ff.; *Hueck-Nipp* I, 359 f.

Wenn man im Einzelfall davon ausgehen kann, daß die Tätigkeit des Filialleiters schadensgeneigt ist[14], würde eine haftungsverschärfende Mankovereinbarung auch die gegebenenfalls eintretende Minderung der Ersatzpflicht (innerbetrieblicher Schadensausgleich) ausschließen[15]. Demgegenüber gestattet es die Anlehnung an den arbeitsvertraglichen Treuegedanken, zusätzliche Belastungen aus schadensgeneigter Arbeit ergänzend zu berücksichtigen. Die Zulässigkeit der Berufung des Arbeitgebers auf die anspruchserweiternde Haftungsvereinbarung kann davon abhängig gemacht werden, daß der erforderliche wirtschaftliche Risikoausgleich auch die mögliche Schadensneigung der Filialleitertätigkeit mit einbezieht[16]. Durch dieses wirtschaftliche Äquivalent zum innerbetrieblichen Schadensausgleich wird die anderenfalls nicht gewährleistete Gleichstellung der (schärferen) vertraglich ergänzten Mankohaftung mit der (einfachen) allgemeinen Verschuldenshaftung erzielt[17]. Es besteht kein stichhaltiger Grund, Filialleiter im Falle der rechtsgeschäftlich erweiterten Mankohaftung bei im übrigen arbeitsvertraglich-personenrechtlich gleichen Bindungen und Rechtsbeziehungen um so vieles schlechter zu stellen als Filialleiter, die nur bei eigenem Verschulden haften und denen daneben noch die Möglichkeit gegeben ist, bei leichter Fahrlässigkeit unter Umständen von ihrer Haftung überhaupt befreit zu werden.

b) Auswirkungen der Treu- und Fürsorgepflicht auf die verschärfte Haftpflicht des Filialleiters

Daß der Arbeitgeber schon nach den allgemeinen Regeln der Rechtsordnung gehalten ist, eine abredebedingte Mehrbelastung des Filialleiters auszugleichen, hebt das *Bundesarbeitsgericht*[18] ausdrücklich hervor. Ein angemessener wirtschaftlicher Ausgleich müsse dem Filialleiter gewährt werden, wenn die Ausdehnung seiner Haftung dem Arbeitgeber wegen des bei ihm eintretenden Wegfalls sonst von ihm zu tragender Nachteile (Risiken) einen ihm nicht zustehenden Vorteil einbringe. Im fraglichen Streitfall lag der Ausgleich nach Ansicht des Gerichts in der nach der vorgesehenen Vereinbarung eintretenden Beschränkung der Haftung für gewöhnliche Fahrlässigkeit und auch für grobe Fahrlässigkeit infolge Abdeckung entstandener Manki aus einem vom Arbeitgeber mitgespeisten Mankofonds.

Auf den Kerngedanken dieser Auffassung läuft auch die hier vertretene Meinung hinaus, denn zu den allgemeinen Regeln der Rechtsordnung, nach denen ein angemessener wirtschaftlicher Ausgleich zu verlangen ist,

---

[14] Vgl. oben, S. 65 ff.
[15] Vgl. LAG Hamburg, ARST XVI, Nr. 517.
[16] Vgl. LAG Hamburg, ebenda; nahezu gleiche Ansätze bereits in der Entscheidung KfmG Berlin, JbKfmGer.-Bln., 278 (im Jahre 1910!).
[17] Vgl. LAG Frankfurt, BB 55, 961.
[18] AP Nr. 1 zu § 305 BGB (unter Hinweis auf BAG, AP Nr. 4 zu § 611 BGB, Haftung des AN).

gehören auch die Regeln, die den Schutz des persönlich abhängigen Arbeitnehmers, hier des Filialleiters, bezwecken. In bezug auf den Risikoausgleich im Falle vertraglich verschärfter Mankohaftung können infolgedessen nur Maßstäbe gelten, die insbesondere dem arbeitsvertraglichen Abhängigkeitsverhältnis des Filialleiters Rechnung tragen.

Ein solcher Ausgleich betriebsinterner Geschäftsrisiken setzt aber zunächst voraus, daß die Höhe und Zurechenbarkeit filialbetrieblicher Schadensursachen ermittelt[19] wird, um die tatsächliche Risikobelastung des Filialleiters feststellen zu können. Die Prüfung der vom Arbeitgeber geleisteten Ausgleichszahlungen auf ihre Angemessenheit, d. h. auf ihr richtiges Verhältnis zur Risikobelastung, erhält in der Treu- und Fürsorgepflicht einen zuverlässigen Bewertungsmaßstab, weil von der ordnungsgemäßen *Erfüllung* dieser Vertragspflicht die Zumutbarkeit der erweiterten Einstandspflicht *abhängt*[20]. Solche Überlegungen sind dagegen unbeachtlich, wenn nur geprüft wird, ob die Zusatzvereinbarung der Vorschrift des § 138 BGB genügt. Bei dieser Prüfung spielt weder die Frage der Treu- und Fürsorgepflicht, noch die des innerbetrieblichen Schadensausgleichs eine Rolle. Der Eigenart des dem Filialleiter übertragenen Unternehmerwagnisses entsprechend, können für den wirtschaftlichen Ausgleich auch nur *unternehmerische*[21] Gesichtspunkte maßgebend sein. Der Arbeitgeber kommt seiner Fürsorgepflicht nach, wenn er die auf ihn entfallenden filialbetrieblichen Geschäftsrisiken übernimmt[22], — sei es, daß er die Inanspruchnahme des Filialleiters auf nachweislich verschuldete Fehlbeträge beschränkt, sei es, daß er bei weitergehender Haftung ausgleichende Geldbeträge in Höhe der jeweiligen Risikobelastung bereitstellt und die Fürsorgepflicht sozusagen „materialisiert"[23].

c) *Arbeitsvertraglich gebotener Ausgleich kalkulatorisch aufgefangener Geschäftsverluste*

Der Frage, ob sich für den Arbeitgeber aufgrund der arbeitsvertraglich geschuldeten Treue und Fürsorge eine Rechtspflicht[24] ergeben kann,

---

[19] Auf der anderen Seite darf nicht verkannt werden, daß es praktisch schwierig sein kann, zu *genauen* Werten zu gelangen, weil das Wesen des Risikos vom Unwägbaren und Unberechenbaren bestimmt wird; vgl. auch *Langer*, 45.

[20] Gleichgerichtete Auffassungen bei LAG Hamburg, ARST XVI, Nr. 517; ArbG Hamburg, ARST XVIII, Nr. 435.

[21] Vgl. allgemein *Galperin*, RdA 49, 8 ff. (zur Betriebsgefahr); *Frey*, AuR 57, 267; *Bulla*, DAR 42, 22 und 35.

[22] Ein ähnlicher Gedankengang wie beim innerbetrieblichen Schadensausgleich; — so auch *Grub*, AR-Blattei I, C. V. 3.

[23] Aus der Erwägung heraus, daß „auch die konkrete Fürsorgepflicht mit eine Funktion der konkreten Wagnislage des Unternehmens" ist (Herschel, IherJb. 90, 161).

[24] Vgl. im einzelnen *Hueck-Nipp* I, 357 ff.; *Nikisch* (Lehrb.), 416 ff.; *Dersch*, Festschrift Herschel, 74 ff.

[25] Vgl. *Wussow*, DR 41, 2087 f.; auch *Volkmar*, Anm. zu RAG, ARS 30, 10; BAG, AP Nr. 1 zu § 305 BGB; BGHZ 16, 119.

Risikoausgleichszahlungen zu leisten[25], ist hier nicht weiter nachzugehen. Wenn dem Filialleiter ein solcher Anspruch nicht zusteht, schneidet sich der Arbeitgeber die Möglichkeit einer Berufung auf die haftungsbegründende Zusatzvereinbarung ab, wenn die Risikoübertragung nicht durch ein arbeitsvertraglich vertretbares, wirtschaftliches Äquivalent gedeckt ist.

Ein Ausgleich wäre etwa in Form einer nachträglichen Rückvergütung nicht eingetretener, aber einkalkulierter Manki möglich oder schon vorher durch Gewährung einer Prämie (erhöhtes Gehalt, Mankogelder, Mankospannen), die der Höhe der üblicherweise zu erwartenden[26], auch objektiv unvermeidbaren[27] Betriebsverluste[28] entspricht. Der stattfindende oder stattgefundene Ausgleich ist mithin vorauszusetzen, wenn der Arbeitgeber formell begründete Ersatzansprüche aus Haftungsabreden wirksam geltend machen will, die den Filialleiter über das gesetzlich vorgeschriebene Maß hinaus belasten. Dies ergibt sich notwendigerweise als rechtliche Folge der betriebswirtschaftlichen Zurechnung kalkulierter[29] und aufgefangener Geschäftsrisiken[30]:

In grober Vereinfachung[31] gliedert sich das Unternehmereinkommen in den kalkulatorischen Unternehmerlohn (Korrelat zum Arbeitsentgelt des Filialleiters) und in den Unternehmergewinn auf. Im Unternehmergewinn ist sowohl der nichtkalkulierbare Gewinnaufschlag für das allgemeine Marktrisiko enthalten, als unter anderem auch die kalkulierbare Abgeltung für die hier erörterten (filialbetrieblichen) Geschäftsrisiken[32]. Diese betriebsinternen Geschäftsverluste werden als (Gemein-)Kostenbestandteil (kalkulatorische Vorausvergütung) im Warenpreis kalkulatorisch berücksichtigt[33], also unabhängig vom Gewinnzuschlag als Aufwandsposten für das eigentliche, allgemeine Unternehmerwagnis (Marktrisiko)[34].

Verwirklichen sich weder Markt- noch Geschäftsrisiko, so vereinnahmt der Unternehmer neben dem Gewinnzuschlag auch den Gegenwert der veranschlagten betrieblichen Ausfälle als Zusatzprämie. Der Unternehmer (Arbeitgeber) wird seinen Ersatzanspruch gegen den Filialleiter somit auch rechtlich nur insoweit geltend machen können, als dieser in Höhe des gemäß getroffener Abrede auf ihm lastenden (Filial-)Betriebs-

[26] Vgl. darüber z. B. BAGE 2, 337 ff.; RAG, ARS 16, 252; LAG Groß-Berlin, AR-Blattei, Haftung des AN, Entsch. 7; KfmG München, GewKfmGer. 16, 120; *Klebba*, BlättSteuerr. 52, 254; *Denecke*, RdA 52, 209.
[27] Vgl. besonders LAG Groß-Berlin, AR-Blattei, Haftung des AN, Entscheid. 7.
[28] Vgl. zum Ganzen auch oben, S. 104 f.
[29] Vgl. *Bussmann*, 19 ff., 27 ff., 70 ff.; *März* (Diss.), 60 ff.; *Weber* (Diss.), 114 ff.; *Splettstößer*, 11.
[30] Vgl. darüber eingehend *Bussmann*, insbes. 44 ff.; *März* (Diss.), 58 ff.; *Weber* (Diss.), 112 ff.; *Splettstößer*, 11.
[31] Ausführlich *Bussmann*, 29 ff.; *März* (Diss.), 74 ff., 78 ff.; *Weber* (Diss.), 124 ff.
[32] Vgl. *Bussmann*, 29, 91; *Weber* (Diss.), 122 ff.; *März* (Diss.), 75 ff.

und Personalrisikos anteilsgerecht, d. h. „risikogerecht", am Geschäftser-
folg beteiligt oder vom Tragen dieser unternehmerischen Teilrisiken durch
Zahlung ausreichender Zwendungen befreit wird[35].

d) Richtiges Verhältnis zwischen Filialleitergehalt und Risiko-Ausgleichszulagen

Aus der pauschalen Übernahme des innerbetrieblichen Geschäftsrisikos durch Gewährung von Mankogeldern oder -spannen wird zuweilen
der unzutreffende Schluß gezogen, daß es sich bei derartigen Ausgleichszulagen um Bestandteile des Filialleitergehalts handele[36]. Zwischen dem
Arbeitsentgelt und den risikoausgleichenden Nebenleistungen ist jedoch
zu unterscheiden. Auch wenn sich die Risikozulage in einem erhöhten
Gehalt niederschlägt, wird im Einzelfall immer zu prüfen sein, ob der
überschießende Betrag das erhöhte Risiko abzudecken vermag und ob
dem Filialleiter nach Abzug der Verlustspanne das ihm arbeitsvertraglich
zustehende, angemessene[37] Gehalt[38] verbleibt. Anderenfalls würde die
Risikoüberbürdung auf Kosten der Leistungsvergütung erfolgen. Ein
solches Ergebnis wäre weder mit dem Entgeltscharakter des Filialleitergehalts, noch mit dem Ausgleichscharakter der Risikozulagen zu vereinbaren.

Ein Beispiel[39] mag die Notwendigkeit einer klaren Trennung verdeutlichen. Nachfolgend werden an Hand tarifvertraglicher Daten[40] in zwei
Fällen die Gehälter von Filialleitern *mit* Zufallshaftung[41] den vergleichbaren Gehältern von Filialleitern *ohne* Zufallshaftung gegenübergestellt.
Anschließend wird der mutmaßliche, jeweilige Risikoausgleich bei Zufallshaftung in den einzelnen Gehaltsstufen errechnet. Aus der Gegen-
überstellung und Auswertung lassen sich nähere Rückschlüsse auf das

---

[33] Vgl. *Bussmann*, 47 ff., 62 ff., 93 ff.

[34] Vgl. *Bussmann*, 62 ff., 91 f.; auch *Falk*, BB 47, 61 ff.

[35] Vgl. zum Ganzen besonders *Herschel*, IherJb. 90, 145 ff.; vorher auch
Titze, JW 22, 548.

[36] Vgl. die oben, auf S. 105, Genannten (Anm. 80 und 81).

[37] Eingehend *Bewer*, GruchBeitr. 67, 248 ff.; ebenfalls *Vallbracht* (Diss.), 92.

[38] Einschließlich sonstiger Gehaltsbestandteile (z. B. Leistungsprämien oder
Gratifikationen); vgl. im einzelnen *Hueck-Nipp* I, 274 ff.

[39] Vgl. die tabellarische Übersicht, Anhang, S. 141 ff.

[40] Mangels anderer Quellen in Schrifttum und Rechtsprechung werden für
die nachfolgende Darstellung zwei Gehaltstarifverträge herangezogen:
1. GehaltsTV für den Einzelhandel Nordrhein-Westfalen vom 23. 4. 56 (im
   folgenden: GehaltsTV-A),
2. GehaltsTV für die Angestellten im Einzelhandel im Lande Niedersachsen vom 23. 8. 55 (im folgenden: GehaltsTV-B).
Auf regionale und zeitliche Unterschiede der Geltungsbereiche wird ausdrücklich Wert gelegt; relevante Abweichungen sind insoweit nicht festzustellen.

[41] „Verkaufsstellenleiter ist, wer ... insbesondere für nicht schuldhaft verursachte Verluste haftet" (§ 4, GehaltsTV-A; gleichlautend § 4, GehaltsTV-B).

Verhältnis zwischen Filialleitergehalt und Risikozulage und damit auf die Angemessenheit des wirtschaftlichen Risikoausgleichs ziehen[42].

aa) Beispiele tarifvertraglicher Gehaltsbemessung

Vergleicht man die Arbeitsleistung und Verantwortlichkeit[43] von Filialleitern (hier zunächst: Gruppe der Verkaufsstellenleiter) mit der Arbeitsleistung und Verantwortlichkeit anderer, tarifgebundener Arbeitnehmer, und stellt man sodann Gehaltsvergleiche an, so sind bemerkenswerte Unterschiede festzustellen[44]:

Ein Beispiel aus dem GehaltsTV-A:
Angestellte mit selbständiger Tätigkeit (z. B. Hauptkassierer, 1. Statistiker, abschlußsichere Buchhalter, Leiter der Warenannahme, Leiter der Versandabteilung, Lagerverwalter, Atelierleiter, Direktricen, Zuschneider, Hausinspektoren, Einkäufer, Abteilungsleiter, Chefdekorateure)[45] erhalten im 4.—6. Jahr[46] dieser Tätigkeit ein um durchschnittlich DM 15,— höheres Monatsgehalt als Filialleiter, denen 7—8 Mitarbeiter[47] unterstehen[48].

Ein Beispiel aus dem GehaltsTV-B:
Angestellte mit selbständiger Tätigkeit (z. B. zum Einkauf berechtigte Abteilungsleiter in Abteilungen mit in der Regel 5 Angestellten, Hauptkassierer, Hauptbuchhalter, Chefdekorateure, Steuerbearbeiter, Hausinspektoren, Sachbearbeiter im Mahn- und Klagewesen, Atelier- und Werkstattleiter (Direktricen), Leiter der Warenannahme, die den Abteilungsleitern gleichgestellt sind)[49] erhalten im 4., 5. und 6. Jahr dieser Tätigkeit ein um durchschnittlich DM 40,—, DM 55,— und DM 70,— höheres Gehalt als Filialleiter, denen 5 bis 6 Mitarbeiter unterstehen[50].

Die Filialleiter (Verkaufsstellenleiter) haften aber nach den gleichlautenden Bestimmungen beider Tarifverträge (§§ 4) auch für nicht schuldhaft verursachte Verluste, während entsprechende Klauseln für die vorerwähnten anderen Angestellten fehlen.

Eine vergleichende Bewertung der verschiedenen Tätigkeiten und damit der jeweiligen arbeitsvertraglichen Leistungsanforderungen erscheint

---

[42] *Ein* Beispiel allein kann selbstverständlich nicht ausreichen, um die Gesamtproblematik und die rechtlichen Konsequenzen im ganzen zu erhellen. Verallgemeinerungen sind daher nicht berechtigt. Wie die hier aufzuzeigenden *Tendenzen* eines gegebenen Sachverhalts im konkreten Einzelfall zu berücksichtigen sind, muß der richterlichen Tatsachenwürdigung vorbehalten bleiben.

[43] Über die Arbeitsaufgaben und Tätigkeitsmerkmale vgl. oben, S. 23, Anm. 8; vgl. ergänzend auch die Geschäftsanweisungen I, II, Anhang, S. 143 ff.

[44] Zugrunde gelegt sind jeweils die mittleren Durchschnittswerte der tarifvertraglichen Zahlenangaben.

[45] § 4 (Gruppe III. b.), GehaltsTV-A.

[46] Bei einem Filialleiter in personalstarken Filialbetrieben wird gleichfalls eine mehrjährige (mittlere) Beschäftigungsdauer unterstellt werden dürfen; vgl. auch *Ehrlicher*, 71.

[47] Ohne Aushilfen, Laufburschen und Putzfrauen (§§ 4 beider GehaltsTV).

[48] § 4 (Gruppe III. b., Gruppe der Verkaufsstellenleiter), GehaltsTV-A.

[49] § 4 (Gruppe 3 [B 3]), GehaltsTV-B.

[50] § 4 (Gruppe 4 [B 4] 2; § 5 [B 3], [B 4]), GehaltsTV-B.

notwendig, um einen Eindruck gewinnen zu können, welches *angemessene Gehalt* Filialleiter allein aus *Arbeitsleistung* beanspruchen dürften. Hierbei sind auch die zusätzlichen Belastungen durch laufenden Kunden- und Lieferantenverkehr in Filialbetrieben zu beachten, weil diese Umstände die Arbeitsbedingungen und Aufsichtsobliegenheiten der Filialleiter erschweren. Solchen Einflüssen sind dagegen Hauptkassierer, Statistiker, Buchhalter usw. nicht ausgesetzt.

Die tariflichen Tabellen gestatten weitere Gehaltsvergleiche, die zu entsprechenden, wenn nicht augenfälligeren[51] Ergebnissen führen.

Man könnte mithin der Auffassung zuneigen, daß die arbeitsvertraglichen Anforderungen an Filialleiter — unter Berücksichtigung der filialbetrieblichen Arbeitsbedingungen — nicht geringer seien als die Anforderungen an die vorgenannten tarifgebundenen Arbeitnehmergruppen „mit selbständiger Tätigkeit" oder „mit fortgeschrittenen Kenntnissen und bzw. oder größerer Verantwortung". Die aus solchen, hier nur andeutbaren Ansätzen abzuleitende Schlußfolgerung könnte somit ohne Schwierigkeiten in der Feststellung münden, daß die tarifvertraglichen Gehaltsregelungen wohl allein auf Vergütung der Arbeitsleistung abzielen. Reine Arbeitsentgelte könnten es nicht zuletzt auch deshalb sein, weil es sich um tarifliche Ansprüche handelt, die lediglich kollektivrechtliche Mindestsätze vorsehen[52].

bb) Beispiele tarifvertraglichen Risikoausgleichs

Tatsächlich enthalten jedoch die Gehälter der Filialleiter mit Zufallshaftung (Gruppe der Verkaufsstellenleiter) gegenüber den Gehältern der Filialleiter ohne Zufallshaftung[53] (Gruppe der Verkaufsstellenverwalter) allem Anschein nach auch eine Risikoausgleichszulage. Dies geht aus

---

[51] Vgl. statt anderer, beliebig vermehrbarer Beispiele:
GehaltsTV-A:
Angestellte mit fortgeschrittenen Kenntnissen oder größerer Verantwortung (z. B. Verkäufer (auch mit Einkaufsbefugnissen), Kontoristen, Telefonisten in Betrieben mit mehr als 3 Amtsanschlüssen, Lageristen, Kassen- und Verkaufsaufsichten, 1. Kassierer, Buchhalter u. a.) — § 4 (Gruppe II) — erhalten im 4. und 5. Jahr der Tätigkeit durchschnittlich DM 350,—/Monat; Filialleiter (Verkaufsstellenleiter) mit 3 bis 4 Mitarbeitern erhalten bei Zufallshaftung DM 410,—/Monat;
GehaltsTV-B:
Angestellte mit fortgeschrittenen Kenntnissen und größerer Verantwortung (z. B. Erste Verkäufer [auch mit Einkaufsbefugnissen], Substituten [Stellvertreter des Abteilungsleiters], Reisende, erste Lageristen, Kassen- und Verkaufsaufsichten, erste Kassierer, erste Buchhalter, erste Statistiker u. a.) — § 4 (Gruppe 2 [B 2]) — erhalten im 6. und 7. Jahr dieser Tätigkeit durchschnittlich DM 340,— und DM 355,—/Monat; Filialleitern (wie oben) stehen bei 7 bis 8 Mitarbeitern (und Zufallshaftung) DM 420,—/Monat zu.
[52] Vgl. *Hueck-Nipp* II, 406 ff.; vgl. auch ArbG Duisburg, ARST IX, Nr. 333.
[53] Die Mankohaftung ist für die Gruppe der Verkaufsstellenverwalter (§§ 4 beider GehaltsTV) tarifvertraglich überhaupt nicht geregelt. Diese Filialleiter trifft demnach wohl nur die allgemeine Verschuldenshaftung.

einem Vergleich der Gehaltssätze beider Gruppen hervor[54]: In den Gehaltsdifferenzen der vergleichbaren Gehaltssätze drückt sich mit großer Wahrscheinlichkeit ein geldlicher Ausgleich für die tarifvertraglich übernommene „größere Verantwortung"[55], insbesondere für die Haftung „für nicht schuldhaft verursachte Verluste"[56] aus. Die Höhe der Zulagen ist genau zu ermitteln, da die Gehälter beider Filialleitergruppen übereinstimmend nach der Zahl der jeweils beigegebenen Mitarbeiter festgesetzt sind.

Auch wenn man es dahingestellt sein läßt, ob die nach Abzug der jeweiligen Risikozulage übrig bleibenden Gehälter der Filialleiter mit Zufallshaftung angemessene Leistungsvergütungen sind, ergeben sich dennoch Bedenken hinsichtlich der Angemessenheit des Risikoausgleichs. Als Maßstab eines Risikoausgleichs kann nur die Höhe des Risikos selbst in Betracht kommen, d. h., mit steigender Risikobelastung müßten auch die Risikozulagen proportional zunehmen. Der Umfang des Geschäftsrisikos eines Filialbetriebes wird sich in erster Linie regelmäßig in der Zahl des dort beschäftigten Personals widerspiegeln, denn eine wachsende Angestelltenzahl setzt einen entsprechend größeren Filialbetrieb, einen höheren Güterumschlag, einen stärkeren Kundenverkehr voraus, wovon die betriebliche Risikolage insgesamt beeinflußt und bestimmt wird. Daraus folgt, daß die tatsächliche Risikobelastung des Filialleiters an der jeweiligen Zahl der Mitarbeiter gemessen werden kann und daß diese Belastung bei Vergrößerung des Personals jedenfalls entsprechend wächst. Ebenso müßten sich demnach auch die für den Risikoausgleich bestimmten Zulagen oder die Erhöhungen der Gehälter zur Zunahme der Hilfskräfte proportional ansteigend staffeln. In den vorliegenden Beispielen beweist jedoch ein Blick auf die in Frage kommenden Vergleichszahlen[57] mit geringfügigen Ausnahmen das Gegenteil: Schon die einfachen Reihenwerte (Teil I) zeigen, daß die Gehälter der Filialleiter ohne Zufallshaftung von Stufe zu Stufe ansteigen (Spalten 1. a), die vergleichbaren Gehälter der Filialleiter mit Zufallshaftung dagegen nicht im gleichen Verhältnis (Spalten 1. b). Trotz Anwachsens der Mitarbeiterzahlen (also zunehmender Risikobelastung) ist in beiden Fällen (GehaltsTV-A und -B) keine entsprechende Erhöhung der Gehaltssätze der für Zufall haftenden Filialleiter feststellbar (vgl. Spalten 1. b). Das Verhältnis der ermittelten Steigerungsbeträge (in DM) in den einzelnen Gehaltsstufen (Spalten 2. a) und 2. b) und das Verhältnis der relativen Gehaltszuwachs-

---

[54] Vgl. Spalten 1. a) gegenüber Spalten 1. b) in der tabellarischen Übersicht, Anhang, S. 142.
[55] Gegenüber der Tätigkeit und Verantwortlichkeit von Verkaufsstellenverwaltern.
[56] §§ 4, GehaltsTV-A und GehaltsTV-B.
[57] Vgl. Übersicht, Anhang, S. 142.

raten (Spalten 3. a) zu 3. b) zueinander erhellen ohne weiteres, daß auf die proportional erhöhte Risikobelastung der für Zufall haftenden Filialleiter kaum Rücksicht genommen wird.

Betrachtet man lediglich die (errechneten) mutmaßlichen Risikoausgleichszulagen für sich (Differenzwerte, Teil II), so tritt auch das Mißverhältnis innerhalb dieser Beträge deutlich hervor: Die Monatsgehaltsdifferenzen (= Risikoausgleichszulagen, Spalten II. aa) bleiben trotz steigender Mitarbeiterzahlen zunächst gleich, erhöhen sich bei 5 bis 6 Mitarbeitern geringfügig und fallen mit weiter ansteigender Mitarbeiterzahl, d. h. mit zunehmender Risikobelastung, merklich ab. Sie betragen bei 11 bis 12 und bei über 12 Mitarbeitern weniger als zwei Drittel der Risikoausgleichszulage in der Anfangsstufe und erhöhen sich erst in der letzten Stufe wieder um DM 10,—. Die Höhe der Steigerungsbeträge der Ausgleichszulagen (Spalten II. bb), noch mehr die Indices dieser Zulagen (Spalten II. cc) = Indices von Spalten II. aa) zeigen die *Disproportion* dieses Risikoausgleichs bei Haftung „für nicht schuldhaft verursachte Verluste" deutlich auf. Bei den für einen Risikoausgleich vorgesehenen Beträgen (Spalten II. aa.) handelt es sich nicht um eine *Zuwachsrate*, die der proportionalen Risikobelastung entsprechen würde, sondern um eine scharf *abfallende* Degressionsrate[58].

V. Rechtsfolgen eines unzureichenden wirtschaftlichen Ausgleichs

1. Folgen der Gesetz- und Sittenwidrigkeit zusätzlicher Mankohaftungsvereinbarungen

a) Nichtigkeit der Abrede

Vereinbarungen über die Mankohaftung, die gegen ein gesetzliches Verbot, insbesondere gegen die guten Sitten verstoßen, sind nichtig (§§ 134, 138 BGB). Der Arbeitgeber kann aus der nichtigen Abrede keine Ersatzansprüche herleiten, da ihr eine verpflichtende Rechtswirkung versagt bleibt[1]. Bei Fortfall der Haftungsklausel wird die Mankohaftung jedoch nicht schlechthin ausgeschlossen; die Unwirksamkeit der Zusatzvereinbarung läßt die allgemeine Verschuldenshaftung des Filialleiters unberührt[2].

---

[58] Im vorstehenden wurde die Gefahr einer einseitigen und keineswegs erschöpfenden tatsächlichen Betrachtung in Kauf genommen. *Rechtlich* wäre im Einzelfall z. B. zunächst noch zu prüfen, ob eine Zufallshaftung als vereinbart gelten sollte (vgl. oben, S. 102 f.), oder ob auf einzelarbeitsvertraglicher Abrede beruhenden Risikoausgleichszulagen gezahlt werden. — Für die Erörterung grundsätzlicher Wertungsmaßstäbe erscheint die Untersuchung jedoch bedenkenfrei.

[1] Vgl. *Schlegelberger-Schröder*, Anm. 44 zu § 59; allgemein *Lehmann*, 155 ff.

[2] So auch *Grub*, AR-Blattei I, C. I. 3.

b) Fortbestand des Arbeitsverhältnisses

Gemäß § 139 BGB würde die Nichtigkeit der Haftungsabrede (= Teilnichtigkeit des Arbeitsvertrages) den gesamten Arbeitsvertrag erfassen, wenn nicht anzunehmen ist, daß der Anstellungsvertrag auch ohne die nichtige Abrede geschlossen worden wäre[3]. Es ist jedoch mangels besonderer abweichender Anhaltspunkte anzunehmen, daß nach dem Willen beider Parteien[4] das Arbeitsverhältnis des Filialleiters von der Unwirksamkeit der verbotenen Zusatzklausel nicht berührt sein soll; lediglich die Bestimmung über die Mankohaftung tritt also außer Kraft[5].

Der Arbeitsvertrag des Filialleiters ist aber auch bei fehlendem Parteiwillen ohne die nichtige Haftungsabrede aufrechtzuerhalten[6], selbst wenn der Arbeitgeber sich weigern sollte, das Arbeitsverhältnis nach Wegfall der Haftungsvereinbarung fortzusetzen. Bei entgegengesetztem Ergebnis würde der abhängige Filialleiter gerade des Schutzes beraubt werden, den ihm die verletzte Vorschrift ausdrücklich gewähren will[7]. Den berechtigten Interessen des Arbeitgebers wird auch bei Fortbestand des Arbeitsverhältnisses unter nunmehr nicht zu beanstandenden Bedingungen Rechnung getragen: Die vorgesehene Mankohaftung aus der ungültig gewordenen Übereinkunft fällt fort; an ihre Stelle tritt die allgemeine Verschuldenshaftung[8]. Unabhängig davon muß es aber dem Arbeitgeber unbenommen bleiben, eine neuerliche, diesmal zulässige, haftungsverschärfende Vereinbarung für künftige Mankofälle abzuschließen.

2. Einwand der unzulässigen Rechtsausübung

Verstößt eine Abrede, ohne schon sittenwidrig zu sein, gegen die arbeitsvertragliche Treu- und Fürsorgepflicht des Arbeitgebers, so verfällt die Haftungsklausel nicht der Nichtigkeit. Dafür kann dem Filialleiter unter Umständen die Einwendung der unzulässigen Rechtsausübung (gestützt auf § 242 BGB)[9] zur Seite stehen, wenn der Arbeitgeber sich auf die Mankohaftungsvereinbarung beruft[10]. Diese Möglichkeit[11] besteht

---

[3] Wie im Beispiel RAG, ARS 10, 159.
[4] Vgl. *Nikisch* (Lehrb.), 162; *Palandt*, Anm. 3 zu § 139; auch *Würdinger* in RGRK, Anm. 23 zu § 59; *Savaete*, AuR 57, 98.
[5] RAG, ARS 10, 159; Bulla, Betr. 52, 81; — vgl. als Gegenbeispiel LAG Dresden, ARS (LAG) 16, 7 f.
[6] Wie im Falle ArbG Reutlingen, Arbgericht 27, 327.
[7] *Hueck-Nipp* I, 169; *Nikisch* (Lehrb.), 161 f.; *Staud-Nipp*, Anm. 99 f. zu § 611; vgl. ferner *Savaete*, AuR 57, 100.
[8] So die in Anm. 7 Zitierten; *Grub*, AR-Blattei I, C. I. 3.; LandG III Berlin, GewKfmGer. 10, 163.
[9] Vgl. darüber *Güntner*, AuR 57, 169 ff.; *Soergel*, (9. Aufl.), Anm. 110 ff. (162) zu § 242; *Ennecc-Nipp*, § 239, III; *Staud-Weber*, Anm. 487 ff. zu § 242; RGRK z. BGB, (10. Aufl.) Anm. 4 zu § 242.
[10] Vgl. *Grub*, AR-Blattei I, C. V.
[11] Über die Grenzen vgl. vor allem *Soergel*, (9. Aufl.) Anm. 111 ff. zu § 242.

nur, wenn der Arbeitgeber den Filialleiter durch die Inanspruchnahme über ein arbeitsvertraglich zumutbares Maß hinaus, ohne Rücksicht auf Treu und Glauben, am Geschäftsrisiko beteiligt. Sie entfällt, wenn diese Belastung durch einen nach unternehmerischen Maßstäben berechneten Risikoausgleich aufgehoben wird. Eine besonders weitgehende Überbürdung des Unternehmerrisikos liegt bei Zufallshaftung vor, unter Umständen auch schon bei bloßer Umkehr der Beweislast[12]. Fehlt es an einem *echten* Risikoausgleich, wie ihn das arbeitsvertragliche Gemeinschafts- und Treueverhältnis erfordert, so kann es als Rechtsmißbrauch angesehen werden, wenn der Arbeitgeber in solch unbilliger Weise Ersatzansprüche geltend macht. Es kommt darauf an, daß das Verhältnis zwischen Gesamtrisiko und Risikozulagen *arbeitsvertraglich* ausgeglichen ist[13]. Ferner ist die mögliche Schadensneigung der Filialleitertätigkeit im Hinblick auf die Grundsätze des innerbetrieblichen Schadensausgleichs zu beachten[14], nach Sachlage auch Entstehung und Höhe des Mankos[15]. Genügt der Arbeitgeber den Erfordernissen eines billigen Ausgleichs nicht, so sind ihm insoweit Ansprüche aus der rechtsgeschäftlich verschärften Mankohaftung des Filialleiters mit Rücksicht auf das eigene vertrags- und treuwidrige Verhalten zu versagen[16, 17], mit denen er rücksichtslos, in einer unangemessen benachteiligenden Weise, die Befriedigung eigennütziger Interessen durchsetzen will[18].

Wann dem Arbeitgeber arbeitsvertraglich unbillige, formell aber zu Recht[19] bestehende Ersatzforderungen vorzuenthalten sind, hängt vom Ergebnis der richterlichen Tatsachenwürdigung und -feststellung ab. Die Wirkung der von Amts wegen zu berücksichtigenden[20] Einwendung bezieht sich lediglich auf den unbilligen Inhalt der Haftungsvereinbarung. Bei teilweiser, aber nicht ausreichender Risikoabgeltung kann das Gericht darüber hinausgehende Ansprüche des Arbeitgebers aberkennen, sofern die vom Filialleiter vorgebrachten[21] Tatsachen unter Berücksichtigung aller Umstände des Einzelfalles diese Entscheidung rechtfertigen[22].

---

[12] LAG Groß-Berlin, AR-Blattei, Haftung des AN, Entsch. 7.

[13] Vgl. auch *Endemann*, AuR 53, 301.

[14] Vgl. LAG Frankfurt, BB 55, 961.

[15] Grub, AR-Blattei I, C. V. 1., 2.

[16] Vgl. *Güntner*, AuR 57, 172 ff.; *Soergel* (9. Aufl.) Anm. 46, 162 zu § 242.

[17] Im Ergebnis ebenso *Grub*, AR-Blattei I, C. V. 3.; *Endemann*, AuR 53, 301; vgl. auch LAG Groß-Berlin, AR-Blattei, Haftung des AN, Entsch. 7.

[18] *Soergel*, (9. Aufl.) Anm. 162 zu § 242.

[19] Vgl. *Güntner*, AuR 57, 172; *Palandt*, Anm. 2. b. zu § 242; *Endemann*, AuR 53, 301.

[20] RGRK z. BGB, (10. Aufl.) Anm. 4 zu § 242; *Staud-Weber*, Anm. 517 zu § 242; *Ennecc-Nipp*, § 239, III.

[21] Für alle Tatsachen, die den Schluß auf einen arbeitsrechtlichen Rechtsmißbrauch des Arbeitgebers zulassen, hat der Filialleiter die Darlegungslast, — vgl. Lehmann 97; *Staud-Weber*, Anm. 517 zu § 242.

[22] Vgl. ferner *Grub*, AR-Blattei I, C. V. 3.; *Güntner*, AuR 57, 170 ff.

Auf den Fortbestand des Arbeitsverhältnisses oder auf die allgemeine Verschuldenshaftung des Filialleiters hat die Einwendung der unzulässigen
Rechtsausübung keinen Einfluß.

VI. Zusammenfassung

Die allgemeine Verschuldenshaftung von Filialleitern für Fehlbestände
oder -beträge und die erweiterte Mankohaftung kraft Zusatzvereinbarung
sind stets auseinanderzuhalten.

Da die Einstandspflicht des Filialleiters durch ergänzende Absprachen
auf vielfältige Art eingeschränkt oder ausgedehnt werden kann, ist eine
klare Scheidung der jeweils vereinbarten Haftungstatbestände notwendig. In besonderem Maße sind Beweislastverträge eingehend darauf zu
prüfen, ob und inwieweit sie die Haftung des Filialleiters verschärfen.
Vereinbarungen über die Mankohaftung und Nebenabreden über die Gestellung von Kautionen oder über die Gewährung von Risikoausgleichszulagen (Mankogeldern bzw. Mankospannen) stehen grundsätzlich in keinem Zusammenhang. Sie lassen auch die Frage nach der Verteilung der
Beweislast unberührt.

Der Inhalt ergänzender Zusatzvereinbarungen — sowohl der haftungs-
erweiternden Übereinkünfte als auch der Nebenabreden — kann sich
nur aus den zugrunde liegenden Willenserklärungen ergeben. Weitergehende Deutungen mutmaßlicher Vertragszwecke sind nicht zulässig.
Mit Rücksicht auf die abhängige Vertragsstellung von Filialleitern erscheint in allen Fällen eine enge Vertragsauslegung geboten[1].

Grundsätzlich ist jede Haftungsvereinbarung zulässig und gültig, sofern sie den Erfordernissen des Arbeitsvertrages Rechnung trägt. Die
Grenzen der Mankohaftung kraft Vereinbarung sind in doppelter Weise gezogen: Einmal durch die gesetzlichen Schranken der §§ 134, 138 BGB, zum
anderen durch die spezifischen Schutzprinzipien des Arbeitsrechts. Der
personenrechtliche Charakter des Arbeitsverhältnisses ist zu berücksichtigen, soweit es die Schutzbedürftigkeit des Filialleiters vor ungerechtfertigter wirtschaftlicher Übervorteilung erfordert. Wird der Filialleiter
durch eine Haftungsvereinbarung verpflichtet, einen Teil der unternehmerischen Geschäftsrisiken des Arbeitgebers zu tragen, so bedarf es eines
angemessenen wirtschaftlichen Ausgleichs nach unternehmerischen Maßstäben. Die Zahlung solcher Zuwendungen darf den Gehaltsanspruch des
Filialleiters aus Arbeitsleistung nicht beeinträchtigen. Wie bei der allgemeinen Verschuldenshaftung kommt es auch bei der Mankohaftung kraft
Zusatzvereinbarung auf die sorgfältige Prüfung *aller* rechtlich bedeut-
samen Umstände des Einzelfalles an. Insbesondere kann nicht darauf

---

[1] So auch *Schlegelberger-Schröder,* Anm. 45 zu § 59.

9*

verzichtet werden, die konkrete Risikobelastung des Filialleiters und ihr Verhältnis zur Gegenleistung des Arbeitgebers zu ermitteln. Aus der Höhe der Gegenleistung, d. h. der Risikoabgeltung, ergibt sich die Vereinbarkeit oder Unvereinbarkeit der Haftungsklausel mit den ausdrücklichen Verbotsvorschriften des bürgerlichen Rechts und mit den arbeitsrechtlichen Schutzprinzipien.

Bei Beachtung dieser Grundsätze bleiben die rechtlichen Interessen des Arbeitgebers und des Filialleiters gewahrt, ohne daß der arbeits- und sozialrechtliche Schutzgedanke vernachlässigt würde. Einer allgemeinen oder besonderen Haftungslockerung darf jedoch nicht das Wort geredet werden. Jede zusätzliche Vereinbarung über die Mankohaftung beruht auf dem Willen des Filialleiters. Sie bedarf also seiner Einwilligung, d. h. der Annahme des Vertragsangebotes seitens des Arbeitgebers. Deshalb sollte der Filialleiter nicht zuletzt selbst darauf bedacht sein, keine Verbindlichkeiten einzugehen, die ihm höhere Verpflichtungen auferlegen, als er zu tragen imstande ist[2].

---

[2] Das wird auch in Arbeitnehmerkreisen nicht verkannt; vgl. *Teichmann* (s. Z. Rechtsreferent der Deutschen Angestellten-Gewerkschaft), Angest.-Recht 6/55, 11, der allerdings nur von der leichtfertigen Abgabe von Verpflichtungserklärungen abrät.

D. Überblick über einzelne Rechtsfolgen eines den Filialleiter belastenden Mankotatbestandes

Über die Begründetheit von Schadensersatzansprüchen aus Mankohaftung und über weitere Rechtsfolgen eines den Filialleiter belastenden Mankotatbestandes entscheiden im Streitfall die Gerichte für Arbeitssachen. Da es sich um bürgerlich-rechtliche Streitigkeiten zwischen Arbeitgeber und Arbeitnehmer aus dem Arbeitsverhältnis handelt, sind die Arbeitsgerichte ausschließlich zuständig (§ 2 Abs. 2 Ziff. 2 ArbGerGes.)[1]

I. Pflicht zum Schadensersatz

Wenn die jeweiligen Tatbestandsvoraussetzungen erfüllt sind, ist der Filialleiter nach Maßgabe der in Betracht kommenden Anspruchsgrundlage (schuldhafte Schlechtleistung, Verletzung von Zusatzvereinbarungen, Delikt) dem Arbeitgeber zum Ersatz des entstandenen Schadens (Manko) verpflichtet. Der Inhalt des Ersatzanspruches richtet sich nach den allgemeinen Bestimmungen der §§ 249 ff. BGB[2]. Neben und auf Grund der Vorschrift des § 394 GBG sind auch die arbeitsrechtlichen Besonderheiten des Lohnpfändungsschutzes (§§ 850 ff. ZPO) bei der Aufrechnung von Ersatzansprüchen gegen Gehalt und Kaution des Filialleiters zu beachten. Das gleiche gilt für die Unabdingbarkeit tarifvertraglicher Leistungsvergütungen (§ 4 Abs. 1 und 3 TVG)[3].

II. Auswirkungen auf den Bestand des Arbeitsverhältnisses

1. Auflösung des Arbeitsverhältnisses

a) Außerordentliche Kündigung

Ein eingetretenes Manko kann nicht nur als Haftungsgrund, sondern auch als „wichtiger Grund" im Sinne der §§ 70, 72 HBG, 626 BGB Bedeutung erlangen und den Arbeitgeber zur außerordentlichen (fristlosen)

---

[1] *Grub*, AR-Blattei I, D. III. 2. b.; *Stritzke*, NZfAR 29, 32; vgl. aber *AmtsG* Kiel, Urt. v. 27. 4. 50 (16 0 410/50) — unveröffentl.
[2] Über technische Einzelheiten der Schadensberechnung vgl. Grub, AR-Blattei I. D. I.; ders., AR-Blattei III, F.; *Krönig*, GewKfmGer. 14, 318 ff.; RAG, ARS 22, 128 ff.; *Dersch*, AR-Blattei I, C., D. II.; teilweise bedenklich *Langer*, 59 ff.
[3] Ausführlich *Grub*, AR-Blattei I, D. III.; auch *Langer*, 67 ff.; zum Ganzen *Hueck-Nipp* I, 328 ff.

Kündigung des Arbeitsverhältnisses berechtigen. Wann eine solche Kündigung (auch bei dahingehender, ausdrücklicher Vereinbarung[4]) zulässig ist, läßt sich nur nach erschöpfender Würdigung aller Umstände des Einzelfalles unter Abwägung der beiderseitigen Interessen entscheiden[5].

Das Recht des Arbeitgebers, den verantwortlichen Filialleiter fristlos zu entlassen, wird mit Rücksicht auf dessen Vertrauensstellung und auf die erhöhten Anforderungen an seine arbeitsvertragliche Treupflicht bei vorsätzlicher Mankoverursachung grundsätzlich zu bejahen sein[6]. Auch bei fahrlässig herbeigeführten Manki ist dem besonderen Vertrauens- und Treueverhältnis Rechnung zu tragen. Die Zumutbarkeit der Weiterbeschäftigung des Filialleiters hängt vornehmlich vom Umfang seiner arbeitsvertraglich übernommenen Verantwortung[7], von der Häufigkeit[8] und Höhe der eingetretenen Manki[9], aber auch von der vertraglichen Zusage einer Dauerstellung[10] und von der Erfüllung arbeitsvertraglicher Mitwirkungspflichten des Arbeitgebers ab[11]. Die dem Manko zugrunde liegenden Vorgänge dürfen das Vertrauen des Arbeitgebers in die Geschäftsführung des Filialleiters nicht so sehr erschüttert haben, daß die Aufrechterhaltung des Arbeitsverhältnisses im Hinblick auf die damit verbundene weitere Gefährdung seiner Vermögensinteressen von ihm billigerweise nicht mehr zu erwarten ist[12].

Deshalb kann auch schon ein in der Entstehung des Mankos begründeter dringender Verdacht[13] eines treuwidrigen, unredlichen Verhaltens seitens des Filialleiters einen wichtigen Grund für seine fristlose Entlassung bilden, wenn sich daraus und aus den weiteren Umständen des

---

[4] Vgl. BAGE 2, 340 ff.; *Molitor* (Künd.), 273; *Staud-Nipp*, Anm. 53 ff. zu § 626; RAG, ARS 28, 27 f.;
Wenn der Arbeitgeber zur fristlosen Entlassung des Filialleiters abredegemäß schon bei Entstehung eines (unverschuldeten) Mankos berechtigt sein soll (etwa bei Zufallshaftung), kann dem bloßen Mankoeintritt die Bedeutung eines wichtigen Grundes nur dann zukommen, wenn diese Übereinkunft mit Treu und Glauben zu vereinbaren ist. Wie bei der *Haftungs*vereinbarung setzt die *Kündigungs*vereinbarung voraus, daß dem übernommenen Geschäftsrisiko ein vernünftiger wirtschaftlicher Ausgleich gegenübersteht. Anderenfalls ist die Kündigungsklausel sittenwidrig, — so das Bundesarbeitsgericht, BAGE 2, 341 f. weitergehend *Langer*, 74 f.
[5] Eingehend, BAGE 2, 336; 2, 216; BAG, AP Nr. 6 zu § 626 BGB; RAG, ARS 16, 251 f.; 10, 158.
[6] Ebenso *Bulla*, Betr. 52, 82; *Stritzke*, NZfAR 29, 29.
[7] Vgl. *Nikisch* (Lehrb.), 590 f.
[8] Vgl. BAGE 2, 340.
[9] Vgl. RAG, ARS 6, 577; *Stritzke*, NZfAR 29, 29; KfmG Posen, GewKfmGer. 16, 65.
[10] Vgl. BAGE 2, 336 ff.
[11] LAG Breslau, ARS (LAG) 28, 180 f., mit Anm. *Hueck*; ArbG Pirmasens, ARST XX, Nr. 167.
[12] BAGE 2, 335 f.; RAG, ARS 6, 577; 16, 251 f.; LAG Bayern, AmtsblBay. 56, C. 41; *Bulla*, Betr. 52, 82; *Stritzke*, NZfAR 29, 29.
[13] Vgl. zum Ganzen *Schäcker*, BB 60, 138 f.

Einzelfalles[14] ergibt, daß dem Arbeitgeber die Fortsetzung des Arbeitsverhältnisses unzumutbar ist[15]. Der Verdacht der Untreue muß schwer-
wiegend und hinreichend begründet sein[16]. Das Vorhandensein ungeklär-
ter oder unzurechenbarer Schadensquellen kann die Berechtigung zur fristlosen Kündigung aus wichtigem Grunde ausschließen[17], falls der äußere
Tatbestand des Mankos als Verdachtsmoment für die behauptete Untreue
dadurch an Überzeugungskraft einbüßt[18].

b) Ordentliche Kündigung

Wann ein schuldhaft oder schuldlos hervorgerufenes Manko die fristgerechte Kündigung des Arbeitsverhältnisses rechtfertigt, hängt nach
Maßgabe des Kündigungsschutzrechts davon ab, ob den Ursachen des
Mankos die Bedeutung eines Ausschließungsgrundes der Sozialwidrigkeit
beizumessen ist (§ 1 Abs. 2 KSchGes.). In der Regel wird dies bei Manki zutreffen, die auf Verschulden des Filialleiters zurückgehen, wenn auch die
besonderen Umstände des jeweiligen Einzelfalles (z. B. Schwere und Häufigkeit der Pflichtverletzungen, Höhe des Schadens) Ausnahmen zulassen
mögen[19]. Sind — auch bei unverschuldeten Fehlbeträgen — erhebliche
Verluste zu verzeichnen und läßt das Verhalten des Filialleiters künftige
Wiederholungen befürchten, so kann dies die ordentliche Kündigung des
Arbeitsverhältnisses rechtfertigen. Die fristgerechte Entlassung ist unter
diesen Umständen sozial gerechtfertigt[20].

c) Beweislast bei Kündigung

Das Kündigungsrecht des Arbeitgebers setzt voraus, daß der Kündigungsgrund nachweislich vorliegt. Für alle rechtserheblichen Tatsachen,
auf die er die Entlassung stützt, trifft ihn die Beweislast[21]. Dazu zählen
Mankoeintritt, zurechenbare Verursachung und, wenn das Verschulden
zum Kündigungsgrund gehört, insbesondere auch die schuldhafte Pflichtverletzung seitens des Filialleiters[22]. Diese Beweislastverteilung ist in

---

[14] „Allseitige und erschöpfende Erfassung des Sachverhalts" (BAGE 2,
336); bedenklich deshalb KfmG Posen, GewKfmGer. 16, 65.
[15] BAGE 2, 336; *Hueck*, Anm. zu LAG Breslau, a. a. O.; *Bulla*, Betr. 52,
82 f.
[16] BAGE 2, 335 ff.; LAG Bayern, a. a. O.; LAG Breslau, a. a. O.; anscheinend
anderer Ansicht *Bulla*, Betr. 52, 83 (bei „höhergestellten Angestellten in aus-
gesprochener Vertrauensstellung").
[17] Vgl. BAGE 2, 337.
[18] Vgl. BAGE 2, 337; RAG, ARS 10, 157 f.; LAG Breslau, a. a. O.
[19] Enger *Langer*, 76.
[20] Vgl. *Hueck* (Komm.), Anm. 35 zu § 1; *Langer*, 76 f.
[21] RAG, ARS 20, 94; LAG Bayern, AmtsblBay. 56, C. 41; *Staud-Nipp*, Anm.
50 zu § 626; *Nikisch* (Lehrb.), 627; *Monjau*, RdA 59, 367, *Krönig*, DAR 36, 216.
[22] BAGE 2, 338 f.; RAG, ARS 10, 158; LAG Bayern, AmtsblBay. 56, C. 41;
LAG Breslau, ARS (LAG) 28, 180; auch ArbG Rosenheim, ARST V., Nr. 331.

§ 1 Abs. 2 Satz 2 KSchGes. ausdrücklich festgelegt. Rechtsirrig ist es, die Beweislastregel des § 282 BGB auf die Frage anzuwenden, ob der Filialleiter einen Grund zu seiner (fristlosen) Entlassung gegeben hat[23].

Zwischen Beweislast und Beweisführungslast ist auch hier zu unterscheiden. Daß den Filialleiter im Zweifel ein Verschulden an der Entstehung des Manko treffen soll, wenn die ganze Sachlage dafür spricht[24], läßt lediglich auf die Möglichkeit eines prima-facie-Beweises (Beweisführung) schließen[25]. Ist dieser dem Arbeitgeber obliegende Hauptbeweis insoweit als geführt anzusehen, und erbringt der Filialleiter in einem solchen Falle den (Gegen-)Beweis seiner Schuldlosigkeit nicht, so ist die Kündigung gerechtfertigt, weil das Verschulden des Filialleiters feststeht (prima facie bewiesen *ist*), nicht aber, weil den Filialleiter infolge ungenügender (Haupt-)Beweisführung die Folgen der Beweislosigkeit (Beweislast) treffen. Die Beweislast des Arbeitgebers wird durch den geglückten Beweis des ersten Anscheins weder verschoben noch umgekehrt.

2. Rechte des Filialleiters bei Auflösung des Arbeitsverhältnisses

a) Anspruch auf Zeugnisausstellung

Die Entstehung eines dem Filialleiter zur Last fallenden Mankos mit der Folge, daß sein Arbeitsverhältnis durch Kündigung aufgelöst wird, entbindet den Arbeitgeber nicht von der Pflicht, ihm ein Zeugnis auszustellen. Die Ausstellung eines einfachen Zeugnisses wirft keine Zweifelsfragen auf, da lediglich Art und Dauer der Beschäftigung zu bescheinigen sind (§ 73 Abs. 1 Satz 1 HGB). Schwierigkeiten können sich jedoch ergeben, wenn der Filialleiter ein qualifiziertes Zeugnis verlangt (§ 73 Abs. 1 Satz 2 HGB).

Ob das Manko in dieser Bescheinigung über Führung und Leistung des Filialleiters zu erwähnen ist, hängt davon ab, ob das Zeugnis wahrheitsgetreu und vollständig bleibt, wenn diese Angaben weggelassen werden[26]. Es wird auf die Gesamtumstände des Falles und darauf ankommen, ob Einzelauslassungen zweckdienlich und nötig sind[27]. Insbesondere ist die Schwere der Pflichtverletzung in ihrem Verhältnis zur *gesamten*[28] Arbeitsleistung und Führung des Filialleiters angemessen zu berücksichtigen. Die Prädikate „treu" und „ehrlich" dürfen z. B. dann nicht verweigert werden, wenn das fragliche Manko allein zum Beweis

---

[23] BAGE 2, 338.

[24] So *Bulla*, Betr. 52, 83.

[25] A. A. *Hueck*, Anm. zu LAG Breslau, ARS (LAG) 28, 182; unklar *Bulla*, Betr. 52, 83.

[26] Mit Rücksicht auf die mögliche Inanspruchnahme des Arbeitgebers auf Schadensersatz wegen schuldhafter Verletzung der Zeugnispflicht; vgl. darüber *Hueck-Nipp* I, 423 ff.; *Nikisch* (Lehrb.), 704 f.

[27] Vgl. *Bulla*, Betr. 52, 83; *Langer*, 78 ff.

[28] *Hueck-Nipp* I, 421; *Nikisch* (Lehrb.), 702.

des Gegenteils nicht ausreicht[29] (etwa bei nicht erwiesenem Verschulden, bei nicht hinreichender Vorwerfbarkeit des Mankos[30] oder bei Geringfügigkeit der Fehlbeträge gegenüber hohem Geschäftsumsatz sowie im Hinblick auf unzurechenbare Schadensquellen[31]. Das Fehlen eines Hinweises auf nicht schuldhaft herbeigeführte Manki ist nicht zu beanstanden, wenn diese Verluste in keinem ursächlichen Zusammenhang mit der Führung und Leistung des Filialleiters stehen. Das gleiche gilt, wenn das Manko als Kündigungsgrund in das Zeugnis aufgenommen werden soll[32].

b) Anspruch auf Auskunftserteilung

Die vorstehenden Grundsätze treffen sinngemäß auch auf die Erteilung einer Auskunft[33] über die Person und Leistung des Filialleiters nach Beendigung des Arbeitsverhältnisses zu. Die Pflicht[34] des Arbeitgebers zur Auskunft ist allerdings nur insoweit anzuerkennen, als der wegen eines Mankos entlassene Filialleiter seinen Anspruch nicht durch treuwidriges Verhalten (z. B. durch vorsätzliche schwere Schädigung des Arbeitgebers) verwirkt hat.

Wenn auch der Arbeitgeber durch ergänzende[35] Auskünfte gegenüber Dritten (regelmäßig neuen Arbeitgebern) dem Filialleiter das berufliche Fortkommen erleichtern soll[36], dürfen diese Mitteilungen nicht nur Günstiges enthalten, sofern hierdurch ein falsches Bild über seine Qualifikation entsteht. Welche Bedeutung dem Umstand eines während seiner Tätigkeit eingetretenen Mankos beizumessen ist, kann sich wie bei der Ausstellung eines Zeugnisses nur aus der Würdigung und Abwägung der jeweiligen Gesamtumstände ergeben[37].

---

[29] Vgl. *Langer*, 79; enger *Stritzke*, NZfAR 29, 29 f.
[30] Vgl. *Bulla*, Betr. 52, 82; *Hueck-Nipp* I, 422, Anm. 21.
[31] Vgl. LAG Nürnberg, zit. bei *Stritzke*, NZfAR 29, 30 f.
[32] Vgl. *Bulla*, Betr. 52, 83; *Langer* (weitergehend), 79; *Stritzke*, NZfAR 29, 29 f.; *Hueck-Nipp*, I, 422, Anm. 19; *Nikisch* (Lehrb.), 702, mit weiteren Einzelheiten und Literaturangaben.
[33] Vgl. *Hueck-Nipp* I, 428 ff.; *Langer*, 81.
[34] Als Auswirkung des arbeitsrechtlichen Treue- und Fürsorgegedankens; vgl. *Hueck-Nipp* I, 428 f.
[35] Zum Verhältnis Zeugnis — Auskunft vgl. bes. *Stritzke*, NZfAR 29, 31 f.
[36] *Hueck-Nipp* I, 429; *Nikisch* (Lehrb.), 706.
[37] Vgl. zum Ganzen auch *Neumann*, Betr. 57, 868 f.

E. Ergebnisse

Die Mankohaftung von Filialleitern ist eine besondere Erscheinungsform der Schadenshaftung aus dem Arbeitsverhältnis oder aus unerlaubten Handlungen, soweit diese mit dem Arbeitsverhältnis im Zusammenhang stehen. Die Verantwortlichkeit von Filialleitern für festgestellte Fehlbestände oder Fehlbeträge richtet sich grundsätzlich nach den Bestimmungen des bürgerlichen Rechts. Arbeitsrechtliche Schutzprinzipien sind zu berücksichtigen.

Filialleiter sind persönlich abhängige Arbeitnehmer, denen es obliegt, nach Weisungen des Arbeitgebers wirtschaftlich und rechtlich unselbständige Filalbetriebe zentraler Unternehmen zu verwalten. Filialbetriebe werden von ihnen demnach nicht aus eigenem, sondern aus fremdem Interesse geleitet. Im Dienste eines anderen stehend, können sich Filialleiter bei der Erfüllung ihrer Aufgaben nur auf abgeleitete, unselbständige und jederzeit widerrufliche Verfügungsbefugnisse stützen. Als Arbeitnehmer sind sie in einen übergreifenden Betriebsorganismus eingegliedert. Ihre Arbeitsleistung ist infolgedessen vielgestaltigen Fremdeinflüssen und -beeinträchtigungen ausgesetzt, denen sie sich aus eigenem Willen nicht ohne weiteres entziehen können.

Unter diesen Umständen weicht die Schuldnerposition von Filialleitern von den Schuldnerpositionen schuldvertraglich unabhängig Verpflichteter beträchtlich ab. Die sich daraus ergebenden tatsächlichen und rechtlichen Abgrenzungen sind für die Frage der Mankohaftung von Filialleitern von grundlegender Bedeutung.

Unter Berücksichtigung dieser allgemeinen Gesichtspunkte führte die vorliegende Erörterung im einzelnen zu folgenden Ergebnissen:

Die vertragliche Mankohaftung von Filialleitern gliedert sich in zwei verschiedenartige Tatbestandsgruppen: In die allgemeine Verschuldenshaftung und in die Mankohaftung kraft zusätzlicher Vereinbarung.

Die deliktische Mankohaftung bleibt davon unberührt.

Die allgemeine Verschuldenshaftung beruht nicht auf einem aus Geschäftsbesorgungs-, Verwahrungs- und Arbeitsvertrag zusammengesetzten, gemischtvertraglichen Rechtsverhältnis. Gegen Arbeitnehmer gerichtete Ersatzansprüche aus Mankohaftung werden unmittelbar und ausschließlich durch den Arbeitsvertrag begründet. Bei der haftungsbewirkenden Leistungsstörung handelt es sich nicht um eine Unmöglichkeit der Leistung, sondern um eine positive Vertragsverletzung. Filialleiter sind danach zum Schadensersatz verpflichtet, wenn infolge Verletzung ihnen obliegender Pflichten aus dem Arbeitsvertrag (Schlechtleistung) ein Manko entsteht.

Mitarbeiter von Filialleitern sind im Regelfall nicht als deren Erfüllungsgehilfen anzusehen. Eine Haftung für von Hilfskräften herbeigeführte Manki gemäß § 278 BGB scheidet deshalb grundsätzlich aus.

Bei schuldhafter Mitverursachung eines Fehlbetrages durch den Arbeitgeber mindert sich die Ersatzpflicht des Filialleiters nach § 254 BGB.

Aus arbeitsrechtlichen Billigkeitserwägungen rechtfertigt sich ferner eine Haftungsmodifizierung in besonders gelagerten Einzelfällen, wenn die Voraussetzungen eines innerbetrieblichen Schadensausgleichs vorliegen, jedoch nur, wenn das Manko leichtfahrlässig verursacht wurde.

Die Beweislastvorschrift des § 282 BGB kann im Streitfall weder direkt noch analog angewendet werden. Mankoeintritt, adäquate Verursachung und Verschulden des Filialleiters sind Voraussetzungen des Klaganspruchs. Für alle Merkmale dieses Entstehungstatbestandes trägt der Arbeitgeber die Beweislast.

Durch zusätzliche Vereinbarung kann die allgemeine Verschuldenshaftung eingeschränkt, näher spezifiziert oder ausgedehnt werden. Üblicherweise werden haftungserweiternde Abreden getroffen. Haftungsverschärfende Wirkungen gehen auch von Beweislastverträgen aus, soweit sie den Filialleiter zur Exkulpation verpflichten. Eine reine Erfolgshaftung (Zufallshaftung) wird nur vereinbart, wenn der Filialleiter ohne Rücksicht auf eigenes oder fremdes Verschulden für jegliches Manko einstehen muß, das im Filialbetrieb auftritt.

Durch Nebenabreden über die Gestellung von Kautionen oder über die Gewährung von Risikoausgleichszulagen (Mankogeldern, Mankospannen) wird die allgemeine Verschuldenshaftung weder eingeschränkt noch ausgeweitet, es sei denn, daß die Einstandspflicht des Filialleiters sich gemäß ausdrücklicher Vereinbarung nach der Kaution oder nach der Ausgleichszulage bestimmt. In Zweifelsfällen sind haftungsverschärfende Zusatzvereinbarungen und Nebenabreden restriktiv auszulegen.

Schon bei der einfachen Verschuldenshaftung kann sich aus der jeweiligen filialbetrieblichen Risikolage im Einzelfall eine Belastung des Filialleiters mit unternehmerischen Wagnissen ergeben. Zur Übernahme solcher innerbetrieblichen Geschäftsrisiken erklären sich Filialleiter ausdrücklich bereit, wenn sie Absprachen treffen, die ihre Einstandspflicht über das gesetzlich vorgesehene Maß hinaus erweitern. Mit Rücksicht auf die arbeitsvertragliche Schutzbedürftigkeit von Filialleitern sind derartige Vereinbarungen — einschließlich haftungsverschärfender Beweislastverträge — für zulässig zu erachten, soweit dem übertragenen Risiko ein angemessener wirtschaftlicher Ausgleich gegenübersteht. Eine Vereinbarung, die diesen Ausgleich nicht vorsieht, wird bei Sittenwidrigkeit durch die Vorschrift des § 138 BGB begrenzt. Sittenwidrige Haftungsklauseln sind nichtig. Der gleichen Wirkung unterliegen Vereinbarungen, die gegen ein anderes gesetzliches Verbot verstoßen (§ 134 BGB).

Bei der Berufung des Arbeitgebers auf eine formell gültige Haftungsabrede kann dem Filialleiter unter Umständen der Einwand der unzulässigen Rechtsausübung (aus § 242 BGB) zur Seite stehen, wenn der Arbeitgeber trotz unzureichenden Risikoausgleichs (nach unternehmerischen Maßstäben) in scharfem Widerspruch zu der ihm obliegenden Treu- und Fürsorgepflicht arbeitsvertraglich unbillige Ersatzforderungen geltend macht.

Auf den Fortbestand des Arbeitsverhältnisses hat die Nichtigkeit unzulässiger Haftungsklauseln oder die Wirkung begründeter Einwendungen keinen Einfluß.

Der Inhalt des Ersatzanspruchs ergibt sich nach Maßgabe der jeweiligen Anspruchsgrundlage aus den §§ 249 ff. BGB. Unter bestimmten Voraussetzungen kann der Arbeitgeber auch berechtigt sein, das Arbeitsverhältnis wegen des unterlaufenen Mankos fristlos oder fristgerecht zu kündigen. Die Ansprüche des Filialleiters auf Ausstellung eines Zeugnisses und auf Erteilung von Auskünften bleiben grundsätzlich gewahrt.

Anhang

Tabellarische Übersicht
über tarifvertragliche Gehaltssätze
und (mutmaßliche) Risikoausgleichszulagen von Filialleitern.

a) Erläuterungen:

Die nachfolgende Übersicht dient dem Zweck, das tatsächliche Verhältnis zwischen Risikobelastung und Risikoausgleich bei Zufallshaftung an *zwei* praktischen *Beispielen* darzustellen. Die Ergebnisse dieser Aufgliederung und Auswertung werden im Abschnitt C. IV. der Abhandlung rechtlich gewürdigt.

Der Übersicht liegen ausschließlich Daten aus zwei Tarifverträgen zugrunde:

1. GehaltsTV-A:

Gehaltstarifvertrag für den Einzelhandel Nordrhein-Westfalen v. 23. 4. 56, Gehaltssätze gemäß § 4 dieses Tarifvertrages.

2. GehaltsTV-B:

Gehaltstarifvertrag für die Angestellten im Einzelhandel im Lande Niedersachsen v. 23. 8. 55, Gehaltssätze gemäß § 5 dieses Tarifvertrages.

Es werden wiedergegeben unter:

Teil I (Reihenwerte):

1. Die Monatsgehälter der von den jeweiligen Tarifverträgen erfaßten Filialleiter (in DM).
   a) Filialleiter *ohne* Zufallshaftung = „Gruppe der Verkaufsstellenverwalter".
   b) Filialleiter *mit* Zufallshaftung = „Gruppe der Verkaufsstellenleiter".

2. Die (errechneten) Steigerungsbeträge der Tarifgehälter in DM; die Steigerung in den einzelnen Gehaltsstufen bemißt sich nach der Zahl der Mitarbeiter der Filialleiter.
   Aufteilung in Spalten a) und b) wie unter I. 1.

3. Die indizierte Zuwachsrate der Tarifgehälter (Monatsgehälter aus Spalten I. 1.).
   Index-Basis: Monatsgehälter der Filialleiter in der Gehaltsstufe „bis zu 2 Mitarbeitern" = 100.
   Aufteilung in Spalten a) und b) wie unter I. 1.

Teil II (Differenzwerte):

aa) Die (errechneten) Differenzen zwischen den Monatsgehältern der Filialleiter *mit* Zufallshaftung und *ohne* Zufallshaftung in DM (= Spalte 1. b) minus Spalte 1. a).
   = mutmaßliche Risikoausgleichszulagen der Filialleiter mit Zufallshaftung.

b) Tabellarische Übersicht

Gehalts TV – A

Teil I. Reihenwerte

Zahl der Mitarbeiter	1. Monatsgehälter der Filialleiter in DM a) ohne Zufallshaftung	1. Monatsgehälter der Filialleiter in DM b) mit Zufallshaftung	2. Steigerungsbeträge in DM a) ohne Zufallshaftung	2. Steigerungsbeträge in DM b) mit Zufallshaftung	3. Gehaltszuwachsrate a) ohne Zufallshaftung	3. Gehaltszuwachsrate b) mit Zufallshaftung
bis zu 2	290,—	385,—	—	—	100	100
3 – 4	315,—	410,—	+ 25,—	+ 25,—	109	106
5 – 6	335,—	440,—	+ 20,—	+ 30,—	116	114
7 – 8	365,—	460,—	+ 30,—	+ 20,—	126	119
9 – 10	410,—	480,—	+ 45,—	+ 20,—	141	125
11 – 12	460,—	510,—	+ 50,—	+ 30,—	159	132
über 12	515,—	575,—	+ 55,—	+ 65,—	178	149

Teil II. Differenzwerte

Zahl der Mitarbeiter	aa) Monatsgehaltsdifferenzen in DM (= mutmaßliche Risikoausgleichszulagen)	bb) Steigerungsbeträge der mutmaßlichen Risikoausgleichszulagen in DM	cc) Zuwachsrate der mutmaßlichen Risikoausgleichszulagen
bis zu 2	+ 95,—	—	100
3 – 4	+ 95,—	± 0,—	100
5 – 6	+ 105,—	+ 10,—	111
7 – 8	+ 95,—	– 10,—	100
9 – 10	+ 70,—	– 25,—	74
11 – 12	+ 50,—	– 20,—	53
über 12	+ 60,—	+ 10,—	63

Gehalts TV – B

Teil I. Reihenwerte

Zahl der Mitarbeiter	1. Monatsgehälter der Filialleiter in DM a) ohne Zufallshaftung	1. Monatsgehälter der Filialleiter in DM b) mit Zufallshaftung	2. Steigerungsbeträge in DM a) ohne Zufallshaftung	2. Steigerungsbeträge in DM b) mit Zufallshaftung	3. Gehaltszuwachsrate a) ohne Zufallshaftung	3. Gehaltszuwachsrate b) mit Zufallshaftung
bis zu 2	260,—	350,—	—	—	100	100
3 – 4	280,—	370,—	+ 20,—	+ 20,—	108	106
5 – 6	300,—	400,—	+ 20,—	+ 30,—	115	114
7 – 8	325,—	420,—	+ 25,—	+ 20,—	125	120
9 – 10	370,—	440,—	+ 45,—	+ 20,—	142	126
11 – 12	420,—	465,—	+ 50,—	+ 25,—	162	133
über 12	470,—	525,—	+ 50,—	+ 60,—	181	150

Teil II. Differenzwerte

Zahl der Mitarbeiter	aa) Monatsgehaltsdifferenzen in DM (= mutmaßliche Risikoausgleichszulagen)	bb) Steigerungsbeträge der mutmaßlichen Risikoausgleichszulagen in DM	cc) Zuwachsrate der mutmaßlichen Risikoausgleichszulagen
bis zu 2	+ 90,—	—	100
3 – 4	+ 90,—	± 0,—	100
5 – 6	+ 100,—	+ 10,—	111
7 – 8	+ 95,—	– 5,—	106
9 – 10	+ 70,—	– 25,—	78
11 – 12	+ 45,—	– 25,—	50
über 12	+ 55,—	+ 10,—	61

bb) Die (errechneten) Steigerungsbeträge der mutmaßlichen Risikoausgleichszulagen in DM.
= Differenzen der Steigerungsbeträge der Monatsgehälter der Filialleiter *mit* Zufallshaftung und *ohne* Zufallshaftung (= Spalte 2. b) minus Spalte 2. a).

cc) Die indizierte Zuwachsrate der mutmaßlichen Risikoausgleichszulagen der Filialleiter *mit* Zufallshaftung.
Index-Basis: Mutmaßliche Risikoausgleichszulage der Filialleiter *mit* Zufallshaftung in der Gehaltsstufe „bis zu 2 Mitarbeitern" = 100.

Geschäftsanweisung I
Geschäftsanweisung für Verteilungsstellenleiter(innen)

A. Allgemeine Bestimmungen

1. Geltungsbereich

Diese Geschäftsanweisung gilt für alle mit der verantwortlichen Leitung von Verteilungsstellen betrauten Angestellten (Verteilungsstellenleiter). Für die Arbeit des Verteilungsstellenleiters sind diese Bestimmungen, sowie alle weiteren vom Vorstand ergehenden Anweisungen maßgebend.

2. Allgemeine Aufgaben und Pflichten des Verteilungsstellenleiters

Der Verteilungsstellenleiter hat die ihm obliegenden, im nachstehenden besonders aufgeführten Aufgaben und Pflichten sorgfältig und pünktlich zu erfüllen; er hat das Wohl der Genossenschaft in jeder Hinsicht wahrzunehmen.

Aufgabe des Verteilungsstellenleiters ist es:

a) Als Vertrauensperson des Vorstandes das Ansehen der Genossenschaft nach besten Kräften zu fördern und sie vor Schaden zu bewahren;

b) als verantwortlicher Vorgesetzter des übrigen Verteilungsstellenpersonals die Arbeit in den Verteilungsstellen einzuteilen und die Mitarbeiter zur ordnungsmäßigen Durchführung ihrer Aufgaben anzuhalten;

c) den Mitgliedern und Käufern der Genossenschaft gegenüber ohne Ansehen der Person jederzeit eine ruhige, freundliche, höfliche und zuvorkommende Haltung zu beobachten und in diesem Sinne auf die Mitarbeiter in der Verteilungsstelle einzuwirken;

d) durch schnelle, einwandfreie und sorgfältige Bedienung, durch Abgabe reiner und unverfälschter Waren bei vollem Gewicht zu den vorgeschriebenen Preisen die Entwicklung der Genossenschaft zu fördern;

e) . . .

f) durch anständiges Verhalten, Sauberkeit, Fleiß, Ehrlichkeit und Pflichterfüllung den ihm unterstellten Mitarbeitern stets als Vorbild zu dienen, sich fortgesetzt zu bemühen, nicht nur an der eigenen fachlichen Vervollkommnung zu arbeiten, sondern auch seine Mitarbeiter beruflich fortzubilden, sie in allen vorkommenden Arbeiten zu unterrichten, die Lehrlinge gründlich auszubilden und darüber zu wachen, daß sie die Berufsschule regelmäßig und pünktlich besuchen;

g) für die genossenschaftliche Idee zu werben und sich für die Gewinnung neuer Mitglieder einzusetzen;

h) ...

i) darauf zu achten, daß die Verteilungsstelle sowohl innen als auch außen, sowie die Nebenräume, ferner alle Einrichtungen und Geräte stets in sauberem, einwandfreiem Zustand gehalten werden;

k) dafür zu sorgen, daß alle Waagen und Meßgeräte den gesetzlichen Eichvorschriften entsprechen;

l) die Verteilungsstelle zu den vom Vorstand festgesetzten Tagesstunden geöffnet zu halten, darüber zu wachen, daß sämtliche Mitarbeiter vor Beginn der Geschäftszeit umgekleidet am Arbeitsplatz sind und die bei Beendigung der Geschäftszeit anwesenden Käufer zu Ende bedient werden;

m) den Mitgliedern des Vorstandes, den Verteilungsstellen-Kontrolleuren, sowie den mit der Überwachung der Verteilungsstelle beauftragten Aufsichtsratsmitgliedern den Zutritt zu allen Räumen zu gestatten, über jede seine Geschäftsführung betreffende Frage Auskunft, sowie Einsicht in die von ihm geführten Bücher und Abrechnungen zu geben und die vom Vorstand und von den Verteilungsstellen-Kontrolleuren beanstandeten Mängel zu beseitigen;

n) jede für die Entstehung von Verlusten und Fehlbeträgen mögliche Gefahrenquelle unverzüglich schriftlich zu melden (z. B. ungenau gehende Waagen, Verlust und Fehlen von Schlüsseln, mangelhafte Schlösser, Diebstahlsverdacht, Unregelmäßigkeiten beim Personal usw.);

o) ...

p) ...

q) das Leergut aller Art, wie Kisten, Kartons, Säcke, Fässer, Marmeladeneimer usw. nach Entleerung zu säubern, zu sortieren, sachgemäß aufzubewahren und schnellstens an das Zentrallager oder den Lieferanten zurückzugeben;

r) dafür zu sorgen, daß beim Verlassen der Verteilungsstelle sämtliche Türen, Fenster und Läden ordnungsgemäß verschlossen und gesichert sind.

3.—7. ...

B. Warenverkehr

8. Bestellung von Waren

Der Verteilungsstellenleiter ist verpflichtet, den Bedarf an allen in der Genossenschaft geführten Lebensmitteln und sonstigen Waren so zeitig vor der voraussichtlichen Räumung des vorhandenen Bestandes aufzugeben, daß der Vorstand bzw. das Zentrallager die erforderliche Lieferung rechtzeitig auszuführen vermag. Dabei hat der Verteilungsstellenleiter darauf zu achten, seine Warenvorräte möglichst niedrig zu halten, ohne daß Waren fehlen. Überhöhte Warenbestände sind totes Kapital, beeinträchtigen die Liquidität und bergen durch längeres Lagern die Gefahr erhöhter Qualitätseinbußen, Gewichtsverluste und vermehrter Ladenhüter in sich. Neu von der Genossenschaft eingeführte Artikel sind umgehend in das Warensortiment aufzunehmen und zum Verkauf anzubieten ...

Die Bestell- und Lieferscheine sind spätestens... Tage vor dem Liefertag — nach Abteilungen getrennt — dem Zentrallager einzureichen. Nachbestellungen in größerem Umfang müssen durch vorsichtige Dispositionen vermieden werden; sie sind auf leichtverderbliche Waren wie Butter, Margarine usw. zu beschränken.

9. *Warenübernahme*
Bei der Anlieferung von Waren durch eigene Fahrzeuge, durch die Bahn, Post oder sonstige Beförderungsmittel hat der Verteilungsstellenleiter Menge, Wert und einwandfreie Beschaffenheit der Waren genau zu prüfen. Festgestellte Differenzen sind vom Überbringer schriftlich zu bestätigen. Beanstandungen sind dem Vorstand sofort zu melden. Der Verteilungsstellenleiter hat den richtigen Empfang der angelieferten Waren unterschriftlich zu bescheinigen.

10. *Warenlagerung und -pflege*
Der Verteilungsstellenleiter hat die ihm übergebenen Waren in den Räumen der Verteilungsstelle sachgemäß aufzubewahren und durch dauernde Beobachtung und Pflege vor dem Verderb zu schützen.
Versäumt es der Verteilungsstellenleiter, dem Vorstand rechtzeitig Mitteilung davon zu machen, wenn Waren durch Verderb gefährdet sind, so hat er für den Schaden aufzukommen. Die polizeilichen Verordnungen und die gesetzlichen Bestimmungen über den Verkehr mit Lebensmitteln usw. sind von dem Verteilungsstellenleiter gewissenhaft zu beachten.
Durch die Art der Lagerung der Vorräte muß die Übersicht so vollkommen sein, daß ein rasches und fehlerfreies Bedienen sowie rechtzeitige Ergänzung der Bestände ermöglicht wird.

11. *Warenverteilung*
Sämtliche Waren sind zu dem vom Vorstand festgesetzten Preise abzugeben. Ohne Anordnung des Vorstandes oder seiner Beauftragten darf an den Waren eine Veränderung der Qualität oder der Mischung oder eine Änderung der Preise nicht vorgenommen werden.
Bei angeordneten Preisveränderungen ist der Verteilungsstellenleiter für die mit besonderer Sorgfalt vorzunehmende Bestandsaufnahme verantwortlich. Die Preisänderungsanzeige ist von allen Verkaufskräften gegenzuzeichnen. ...

12. *Borgverbot*
Borgen ist streng untersagt.
Der Verteilungsstellenleiter haftet der Genossenschaft für alle Verluste, die ihr aus entgegen den Anweisungen von ihm oder seinen Mitarbeitern gewährten Krediten entstehen.

13. ...

C. Instandhaltung der Einrichtung

14. Alle Einrichtungsgegenstände und Geräte sind in einem Inventarverzeichnis einzutragen. Das Verteilungsstellenpersonal hat auf sorgsamste Instandhaltung zu achten. Ladentische, Regale, Schubladen, Schaufenster, Fußböden, Fenster, Lampen, Öfen, Waagen, Gewichte, Messer, Maße, Schaufeln, Schalen und alle sonstigen Geräte müssen stets in sauberem Zustand erhalten bleiben.
Bei einer Übergabe der Verteilungsstelle ist der Empfang der in dem Verzeichnis nachgewiesenen Einrichtungsgegenstände unterschriftlich zu bestätigen.

D. Buchführung und Abrechnung

15. Der Verteilungsstellenleiter ist für die gewissenhafte und laufende Führung der ihm vom Vorstand vorgeschriebenen Bücher, Listen, Abrechnungen und Vordrucke verantwortlich. Alle diese Unterlagen und Schriftstücke sind sorgfältig aufzubewahren. Die Be- und Entlastung ist monatlich gewissenhaft und pünktlich nach den Anweisungen des Vorstandes
vorzunehmen und an das Büro einzusenden.

Für die Bestände an Geschäftsanteilmarken oder sonstigen Wertmarken
sind laufend einwandfreie Nachweise zu führen. Der Verteilungsstellenleiter ist für diese Bestände verantwortlich. Die hierzu vom Vorstand ergangenen Anweisungen sind genau zu beachten.

Die vom Vorstand herausgegebene „Kassenanweisung für Verteilungsstellen" bildet einen Bestandteil dieser Geschäftsanweisung.

16. Der Verteilungsstellenleiter ist verpflichtet, für eine möglichst sichere Aufbewahrung der Kassenbestände, der Bestände an Anteil- und Wertmarken, sowie von Mitgliedskarten zu sorgen. Geld darf über Nacht nicht in
der Ladenkasse aufbewahrt werden, die Kassenschublade ist offenzuhalten. Die vereinnahmte Ladenkasse ist nach der vom Vorstand erteilten
Anweisung in der Regel täglich abzuliefern.

Von Einbrüchen und Diebstählen ist dem Vorstand sofort Mitteilung zu
machen und die Kriminalpolizei zu benachrichtigen. Nach Möglichkeit ist
die Verteilungsstelle nach einem Einbruch erst dann zu betreten, wenn
die Polizei anwesend ist, damit der Tatbestand einwandfrei aufgenommen werden kann.

E. Bestandsaufnahme

17. Bestandsaufnahmen dürfen nur auf Anordnung des Vorstandes stattfinden. Die Durchführung einer eigenmächtigen Bestandsaufnahme berechtigt die Genossenschaft zur fristlosen Entlassung.

Der Verteilungsstellenleiter ist verpflichtet, bei den vom Vorstand angeordneten ordentlichen und außerordentlichen Bestandsaufnahmen mitzuwirken, auch dann, wenn die Inventur außerhalb der Geschäftszeit stattfindet.
Weigert sich der Verteilungsstellenleiter, bei der Bestandsaufnahme selbst
oder durch einen Beauftragten mitzuwirken, so begibt er sich jeder Einrede gegen die Richtigkeit und Vollständigkeit der ohne sein Mitwirken
vorgenommenen Bestandsaufnahme.

Die Bestandslisten sollen möglichst doppelt und getrennt geführt werden;
sie sind nach beendigter Aufnahme und Prüfung (Abstimmung) von dem
Verteilungsstellenleiter und allen bei der Bestandsaufnahme mitwirkenden Personen zu unterschreiben. Bei Übergabeinventuren sind drei Bestandslisten zu führen. Lehnt der Verteilungsstellenleiter ohne triftige
Begründung die unterschriftliche Anerkennung der Bestandslisten ab, so
gilt die Inventur trotzdem als anerkannt. Die Abrechnungen müssen ohne
Verzug fertiggestellt werden. Der Verteilungsstellenleiter hat seine Listen
auszurechnen. Die beiden bzw. drei Listen werden miteinander abgestimmt. Bei etwaigen Unstimmigkeiten über die Abrechnung gilt die von
der Genossenschaft aufgestellte Abrechnung oder die zu unterschreibenden täglichen, wöchentlichen und monatlichen Abrechnungen als Beweismittel.

F. Haftung

18. Der Verteilungsstellenleiter haftet der Genossenschaft für die richtige Verwendung der ihm übergebenen Waren, Wertzeichen und Marken, für die vollständige Ablieferung aller ihm anvertrauten Gelder, für die sachgemäße Verwahrung des ihm laut Verzeichnis übergebenen Inventars und für jeden die Genossenschaft infolge seines schuldhaften Verhaltens treffenden Schaden, insbesondere auch für Fehlbeträge, die sich aus der Abrechnung ergeben. Diese Haftung trifft ihn auch dann, wenn in der Verteilungsstelle unter seiner Leitung und seiner Aufsicht weitere Mitarbeiter tätig sind. Er wird von der Haftung, insbesondere für die aus der Abrechnung sich ergebenden Fehlbeträge, nur dann frei, wenn er nachweist, daß weder ihn, noch die ihm unterstellten Mitarbeiter ein Verschulden trifft.

G. Fristlose Entlassung

19. ...

H. Schlußbestimmungen

20. Der Vorstand hat jederzeit das Recht, den Verteilungsstellenleiter in eine andere Verteilungsstelle zu versetzen.

21. ...

Die vorstehende Geschäftsanweisung erkenne ich in allen Teilen für mich als verbindlich an. Sie ist ein Bestandteil meines Arbeitsverhältnisses.

Geschäftsanweisung II

Geschäftsanweisung für Verkaufsstellenleiter

Abk.: VSTL = Verteilungsstellenleiter

VST = Verteilungsstelle

KG = Konsumgenossenschaft

Der VSTL ist die vom Vorstand der KG eingesetzte verantwortliche Person. Er hat die ihm obliegenden Pflichten mit Gewissenhaftigkeit, Sorgfalt und Pünktlichkeit zu erfüllen. Das Wohl der KG ist von ihm in jeder Hinsicht zu wahren. Er ist der Vorgesetzte des Personals, das er zur Arbeit einzuteilen und zur Pflichterfüllung anzuhalten hat. Er hat dem Vorstand, den von diesem beauftragten Personen und den mit der Kontrolle beauftragten Aufsichtsratsmitgliedern jede auf seine Geschäftsführung bezügliche Auskunft zu geben und Einsicht in die von ihm geführten Bücher und Abrechnungen zu gewähren. Von wichtigen Vorkommnissen in der VST ist der Vorstand sofort zu unterrichten.

1. *Regelung des Geschäftsablaufes*

Der VSTL ist verpflichtet, in den vom Vorstand festgesetzten Tagesstunden geöffnet zu halten ...

Außerhalb der Geschäftszeit ist die Anwesenheit in der VST nur mit besonderer Genehmigung zulässig.

2. *Bedienung*

Der VSTL hat darüber zu wachen, daß alle Mitglieder bzw. Kunden freundlich und zuvorkommend bedient werden. Jeder Mitarbeiter muß bemüht sein, durch schnelle Bedienung unnötiges Warten der Kundschaft zu vermeiden. Es ist dem VSTL, sowie allen Mitarbeitern untersagt, sich selbst oder ihre nächsten Angehörigen zu bedienen. Darunter fällt auch das Einpacken der gekauften Waren, die Entgegennahme der Zahlung und die Verabfolgung des Schecks. Es ist auch verboten, Gegenstände jeglicher Art, wie schmutzige Berufswäsche u. ä., zum Mitnehmen selbst einzupacken. In allen Fällen muß ein Mitarbeiter diese Handlungen vollziehen. Der VSTL hat für die ordnungsmäßige Erledigung dieser Anweisung zu sorgen.

3. *Sicherheit der VST*

Der VSTL hat besonders darauf zu achten, daß vor dem Verlassen der VST, auch während der Mittagszeit, alle Fenster, Luken, Türen usw. gut und sicher verschlossen sind. Alle Barbeträge, Wertmarken, sowie Spar- und Mitgliedsbücher sind diebessicher aufzubewahren.

4. *Warenbestellung, -behandlung und -abgabe*

Der VSTL ist verpflichtet, den Bedarf in allen von der KG geführten Waren dem Hauptlager so aufzugeben, daß die erforderliche Ergänzung rechtzeitig erfolgen kann ...

Es ist verboten, irgendwelche Bedarfsgüter zum Zwecke der Weiterveräußerung auf eigene Rechnung zu kaufen.

Sofort nach Anlieferung von Waren vom Zentrallager ... hat der VSTL sich von der Richtigkeit des Gewichtes und Maßes zu überzeugen, Menge und Art genau zu ermitteln und dem Vorstand von jedem direkten Wareneingang Mitteilung zu machen. Die Differenzen, die gleich bei der Anlieferung festgestellt werden können, müssen vom Überbringer schriftlich bestätigt werden. Reklamationen müssen sofort, spätestens am Tage nach der Lieferung, auf dem dafür bestimmten Formular beim Vorstand erfolgen.

Der VSTL hat die ihm gelieferten Waren sachgemäß zu behandeln, aufzubewahren und vor dem Verderb zu schützen. In jedem Falle ist vor dem Unbrauchbarwerden dem Vorstand rechtzeitig Mitteilung zu machen. Verschuldete Verluste hat der VSTL zu ersetzen ...

Der VSTL muß darauf achten, daß sein Warenlager schnell umgeschlagen wird ...

5. ...

6. *Borgverbot*

Der VSTL hat darauf zu achten, daß die Warenabgabe *nur gegen sofortige Bezahlung* erfolgt. Das gleiche gilt auch für die Einkäufe des Personals. Ausnahmen bedürfen der ausdrücklichen Genehmigung. Der VSTL haftet der KG für alle Verluste aus unerlaubter Kreditgewährung.

7. *Bestandsaufnahmen und Preisänderung*

Bei Übernahme und Abtretung einer VST hat eine Bestandsaufnahme stattzufinden. Der VSTL ist verpflichtet, bei allen vom Vorstand angeordneten ordentlichen und außerordentlichen Bestandsaufnahmen auch dann mitzuwirken, wenn sie außerhalb der Geschäftszeit stattfinden. In dringenden Fällen kann er einen Vertreter, der Angestellter der KG zu sein hat, ernennen. Die Bestandslisten sind doppelt zu führen und nach beendigter Aufnahme von den Beteiligten zu unterschreiben. Nach jeder Inventur ist baldigst eine genaue Aufrechnung aufzustellen. Bei etwaigen Unstimmig-

keiten gelten die von der KG aufgestellte Abrechnung oder die zu unterschreibenden täglichen, wöchentlichen oder monatlichen Abrechnungen als
Beweismittel.

Bei Preisänderungen ist die Bestandsaufnahme der Waren mit größter
Sorgfalt unverzüglich vorzunehmen. Die Bestände sind vom VSTL und
— wenn möglich — mit einem Mitarbeiter aufzunehmen. Die Richtigkeit
der Aufnahme ist auf dem Preisänderungsschein vom VSTL und dem
Mitarbeiter zu bescheinigen. Die Preisänderungsscheine sind am Tage des
Inkrafttretens an den Vorstand einzusenden.

Der VSTL haftet der KG für sorgfältige Verwaltung der ihm anvertrauten
Vermögenswerte und für jeden die KG durch sein Verschulden treffenden
Schaden, insbesondere auch für Fehlbeträge, die sich aus der Abrechnung
ergeben. Er ist von der Haftung befreit, wenn er nachweist, daß ihn kein
Verschulden trifft.

8. Kassenvorschriften

a) Allgemeines

Der VSTL bestimmt, wer die Kasse zu führen hat. Der ernannte Kassierer ist allein für die Kasse verantwortlich, aber der VSTL hat die ge-
samte Kassenführung zu überwachen ... (genaue Vorschriften über die
Kassenführung im einzelnen).

Zur Feststellung der Tageskasseneinnahme zählt der Kassierer nach Ge-
schäftsabschluß das vorhandene Geld ab und schreibt die Beträge sorten-
weise auf die Rückseite der Kassenliste ...

Der VSTL hat das Geld nachzuzählen ... Nach Abstimmung der Tages-
kasseneinnahmen mit der Scheckabrechnung ... ist die Kassenabrechnung
vom VSTL fertigzustellen ...

Die zur Ablieferung an die Zentrale bestimmten Gelder sind vom Kassierer gewissenhaft zu zählen und von dem VSTL nachzuprüfen ...

(Ergänzung zur Geschäftsanweisung vom 12. 10. 54):

Bei Geldablieferungen wird das Geld von der Kassiererin der Kasse entnommen, gezählt und der VST-Leitung übergeben.

Diese sorgt für die Ablieferung. Bei Posteinzahlungen ist von der VST-
Leitung die Zahlkarte in deutlicher, gut leserlicher Schrift auszufüllen ...
Nach der Ablieferung läßt sich die VST-Leitung die Quittung sofort
aushändigen und überprüft sie auf Betrag und Quittungsleistung ... (Ende
der Ergänzung).

b) Listenkassierung

Der VSTL verteilt die Scheckblocks ...

Dem VSTL obliegt die Prüfung der Kasse. Er hat die Schecks am darauf-
folgenden Tage genau durchzusehen und mit der Kassenliste zu verglei-
chen ... Die Kassenlisten sind vom VSTL zu unterschreiben ...

c) Registrierkassenbedienung

Den Schlüssel für den Totaladdierer darf der VSTL für die Dauer seiner
Abwesenheit nur seinem Vertreter mit genauer Anweisung übergehen ...
Ist ein Betrag vertippt oder ein Bon ungültig geworden, muß der VSTL
sofort in Kenntnis gesetzt werden. Vertippte Bons hat der VSTL durch
eigenhändige Unterschrift für ungültig zu erklären ...

d) Kassenkontrollen

...

9. *Aufbewahrung von Geschäftspapieren*

Sämtliche Geschäftspapiere und Unterlagen sind nach Monaten geordnet sorgfältig in der VST zu verwahren . . .

10. *Inventar*

Alle Inventarstücke sind in ein Verzeichnis einzutragen. Auf ihre sorgsame Instandhaltung ist zu achten . . .

11. *Warenwerbung*

Der VSTL hat dafür zu sorgen, daß durch eine entsprechende Zurschaustellung der Waren in Laden und Schaufenster die Mitglieder und Kunden auf das Angebot der KG bestens hingewiesen werden . . .

12. *Polizeiliche Verordnungen*

Der VSTL ist verpflichtet, den polizeilichen Verordnungen bezüglich des Verkehrs mit Nahrungsmitteln usw. in jeder Beziehung nachzukommen . . .
Er hat dafür zu sorgen, daß Maße und Gewichte im ordnungsgemäßen Zustand erhalten bleiben . . .
Bei eintretendem Glatteis und Schneefall sind die VSTL dafür verantwortlich, daß die Fußsteige entsprechend den Vorschriften gereinigt und bestreut werden.

Literaturverzeichnis*)

1. Materialien, Lehrbücher, Einzeldarstellungen:

Bauer-Mengelberg, Knebelungsverträge, 2. Aufl., Halle, Leipzig, Berlin 1931.

Blomeyer, Arwed: Allgemeines Schuldrecht, 2. Aufl., Berlin u. Frankfurt a. M. 1957.

Bobrowski, Paul: Das Arbeitsrecht, 2. Aufl., Heidenheim/Brenz 1954.

Bussmann, Karl F.: Das betriebswirtschaftliche Risiko, München 1955.

Dietz, Rudolf: Anspruchskonkurrenz bei Vertragsverletzung und Delikt, Bonn 1934.

Ehrlicher, Harald: Das Massenfilialsystem, Stuttgart 1931.

Enneccerus, Ludwig: Allgemeiner Teil des Bürgerlichen Rechts, 15. Aufl., bearbeitet von Hans Carl *Nipperdey*, Tübingen; I. Halbband 1959, II. Halbband 1960 = *Ennecc-Nipp.*

— Recht der Schuldverhältnisse, 15. Bearbeitung, von Heinrich *Lehmann*, Tübingen 1958. = *Ennecc-Lehm.*

Geigel, Reinhardt und *Geigel*, Robert: Der Haftpflichtprozeß, 8. Aufl., München und Berlin 1956.

Henle, Rudolf: Lehrbuch des Bürgerlichen Rechts, I. Band, Allg. Teil, Berlin 1926.

Heymann, Ernst: Recht und Wirtschaft in ihrer Bedeutung für die Ausbildung der Juristen, Nationalökonomen und Techniker, Leipzig 1926 (Sonderdruck).

Hirsch, Julius: Die Filialbetriebe im Detailhandel, Bonn 1913.

Hoeniger, Heinrich: Untersuchungen zum Problem der gemischten Verträge. I. Band: Die gemischten Verträge in ihren Grundformen, Mannheim und Leipzig 1910. = *Hoeniger* (Grundformen).

Hueck, Alfred und *Nipperdey*, Hans Carl: Lehrbuch des Arbeitsrechts, 6. Aufl., Berlin und Frankfurt a. M., I. Band 1959, II. Band 1957, = *Hueck-Nipp.*

Isay: Das Recht am Unternehmen, Berlin 1910.

Isele, Helmut Georg: Geschäftsbesorgung. Umrisse eines Systems, Marburg 1935.

Jacobi, Erwin: Einführung in das Gewerbe- und Arbeitsrecht. Ein Grundriß. 5. Aufl., Leipzig 1926. = *Jacobi* (Einführung).

— Grundlehren des Arbeitsrechts, Leipzig 1927. = *Jacobi* (Grundlehren).

Jorns, Dieter: Das Betriebsrisiko, Heidelberg 1957.

*) Zitierweise:
A. Materialien bis Handbücher (Ziff. 1.—4.):
    Es werden angegeben: Name des Verfassers und Seite; Abkürzungen sind am Ende der betreffenden Literaturangabe vermerkt (=...). Dissertationen werden mit dem Zusatz „(Diss)" zitiert.
B. Abhandlungen und Aufsätze (Ziff. 5. und 6.):
    Es werden angegeben: Name des Verfassers, Fundstelle und Seite bzw. Nr. Abkürzungen lt. Abkürzungsverzeichnis auf Seite 14 ff. Zitiert wird nach Jahrgang (Jhg.) — ohne Jahrhundertangabe — bzw. Band (Bd.) und Seite/Spalte/Nr. oder Stichwort. Das gleiche gilt für Judikaturhinweise.

Kaskel, Walter: Arbeitsrecht (Neubarbeitung von Hermann *Dersch*), 4. Aufl., Berlin 1932. = *Kaskel-Dersch I.*

— Arbeitsrecht (Neubearbeitung von Hermann *Dersch*), 5. Aufl., Berlin, Göttingen, Heidelberg 1957. = *Kaskel-Dersch II.*

Kaufmann, Felix: Die Kriterien des Rechts, Tübingen 1924.

Kröger, Detlev: Nebenleistungen bei gegenseitigen Verträgen, Stuttgart 1935.

Langer, Karl A.: Die Mankohaftung, Hamburg 1957.

Larenz, Karl: Lehrbuch des Schuldrechts, 4. Aufl., München und Berlin, 1960. I. Band: Allgemeiner Teil, II. Band: Besonderer Teil.

Lehmann, Heinrich: Allgemeiner Teil des Bürgerlichen Gesetzbuches, 11. Aufl., Berlin 1958.

Lent, Friedrich: Zivilprozeßrecht, 7. Aufl., München u. Berlin 1957.

Leonhard, Franz: Die Beweislast, 2. Aufl., Berlin 1926.

Lotmar, Philipp: Der Arbeitsvertrag, Leipzig, Band I 1902, Band II 1908.

Maus, Wilhelm: Das Arbeitsverhältnis, Schloß Bleckede 1948.

Molitor, Erich: Das Wesen des Arbeitsvertrages, Leipzig, Erlangen 1925. = *Molitor* (Arbeitsvertrag).

— Die Kündigung, 2. Aufl., Mannheim 1951. = *Molitor* (Künd.).

Motive zu dem Entwurfe eines Bürgerlichen Gesetzbuches für das Deutsche Reich, Band II, Amtliche Ausgabe, Berlin und Leipzig 1888. = *Mot. z. BGB.*

Nikisch, Arthur: Arbeitsrecht, 2. Aufl., I. Band, Tübingen 1955. = *Nikisch* (Lehrb.).

— Die Grundformen des Arbeitsvertrages und der Anstellungsvertrag, Berlin 1926 = *Nikisch* (Grundformen).

— Zivilprozeßrecht, 2. Aufl., Tübingen 1952. = *Nikisch* (ZivProz.).

Oertmann, Paul: Der Arbeitslohn, Berlin 1921. = *Oertmann* (Arbeitslohn).

— Deutsches Arbeitsvertragsrecht mit Einschluß der Arbeitskämpfe, Berlin 1923 = *Oertmann* (Lehrb.).

Pisko, Oskar: Das kaufmännische Unternehmen, in: Ehrenbergs Handbuch des gesamten Handelsrechts, II. Band, 1. Abteilung, S. 195, Leipzig 1914.

Reinhardt, Rudolf und *König*, Wilhelm: Richter und Rechtsfindung. Zwei Vorträge: Reinhardt: Methoden der Rechtsfindung, S. 7 ff.; König: Die Aufgaben des Richters, S. 31 ff.; München und Berlin 1957. = *Reinhardt-König.*

Richter, Lutz: Arbeitsrecht als Rechtsbegriff, Leipzig, Erlangen 1923.

Rosenberg, Leo: Die Beweislast auf der Grundlage des Bürgerlichen Gesetzbuches und der Zivilprozeßordnung, 3. Aufl., München und Berlin 1953. = *Rosenberg* (Beweislast).

— Lehrbuch des deutschen Zivilprozeßrechts, 8. Aufl., München und Berlin 1960. = *Rosenberg* (Lehrb.).

Ruberg, C.: Der Einzelhandelsbetrieb, Essen 1951.

Schäfer, Erich: Die Unternehmung, Köln und Opladen 1956.

Schnorr von Carolsfeld, Ludwig: Arbeitsrecht, 2. Aufl., Göttingen 1953.

Schumann, Hans: Handelsrecht, Wiesbaden 1954.

Seyffert, Rudolf: Wirtschaftslehre des Handels, Köln und Opladen 1951.

Sinzheimer, Hugo: Grundzüge des Arbeitsrechts, 2. Aufl., Jena 1927.

Splettstößer, Johannes: Der Einzelhandel, Berlin 1936.

Titze, Heinrich: Das kaufmännische Hilfspersonal, in: Ehrenbergs Handbuch des gesamten Handelsrechts, II. Band, 2. Abt., S. 545, Leipzig 1918.

Wilburg, Walter: Die Elemente des Schadensrechts, Marburg 1941.

2. Kommentare:

Baumbach, Adolf: Zivilprozeßordnung (Kurzkommentar), neubearbeitet von Wolfgang *Lauterbach*, 25. Aufl., München und Berlin 1958. = *Baumbach-Lauterbach*.

Hueck, Alfred: Kündigungsschutzgesetz, Kommentar, 3. Aufl., München und Berlin 1954. = *Hueck* (Komm.).

Palandt, Otto: Bürgerliches Gesetzbuch (Kurzkommentar), 19. Aufl., München und Berlin 1960.

Rewolle, Hans Dietrich und *Köst*, Ewald: Handkommentar zum Arbeitsrecht, Band I, Göttingen 1953. = *Rewolle-Köst*.

Reichsgerichtsräte und *Bundesrichter* (Herausgeber), Das Bürgerliche Gesetzbuch, Kommentar, 10./11. Aufl., Berlin 1953/1959—60. = *RGRK z. BGB*.

Schlegelberger, Handelsgesetzbuch, Kommentar, 3. Aufl., bearbeitet von (Ernst *Geßler*, Wolfgang *Hefermehl*), Wolfgang *Hildebrandt*, Georg *Schröder*; Berlin und Frankfurt a. M. 1955—1957. = *Schlegelberger-Hildebrandt; Schlegelberger-Schröder*.

Soergel, H. Th.: Bürgerliches Gesetzbuch, Kommentar, 8. Aufl., Stuttgart und Köln 1952/1955; 9. Aufl., Stuttgart 1959 (§§ 1—432).

Staudinger, J. v.: Kommentar zum Bürgerlichen Gesetzbuch mit Einführungsgesetz und Nebengesetzen,
I. Band, Allgemeiner Teil, 11. Aufl., Bearbeiter (Franz *Brändel* und) Helmut *Coing*; Berlin 1957. = *Staud-Coing*.
II. Band, Recht der Schuldverhältnisse, 1. Teil, 10. Aufl., Bearbeiter: Wilhelm *Weber*; Berlin, Leipzig 1936. = *Staud-Weber*.
II. Band, Recht der Schuldverhältnisse, 3. Teil, 11. Aufl., Bearbeiter: Hans Carl *Nipperdey*; (Heinz *Mohnen*, Dirk *Neumann*, Hermann *Riedel*) Berlin 1958. = *Staud-Nipp*.
III. Band, Sachenrecht, 1 Teil (§§ 854—928), 11. Aufl., Bearbeiter: Günther *Seufert*; Berlin 1956. = *Staud-Seufert*.

Stein, Friedrich — *Jonas*, Martin — *Schönke*, Adolf: Kommentar zur Zivilprozeßordnung, 18. Aufl., Tübingen 1953/1956. = *Stein-Jonas-Schönke*.

Würdinger, Hans (Bearbeiter): — Reichsgerichtsräte-Kommentar zum Handelsgesetzbuch, Erster Band, 2. Aufl., Berlin 1953. = *Würdinger* in RGRK

3. Dissertationen:

Blociscewski, Stanislaus v.: Die Vermengung von Vertragstypen, Leipziger jur. Diss., Borna-Leipzig 1905.

Bretschneider, Herbert: Der Arbeitsgegenstand, Leipziger jur. Diss., Leipzig 1935.

Fickel, Ludwig: Das Wesen der Beweislast, Erlanger jur. Diss., Erlangen 1934.

Fritz, Paul: Die Schlechtleistung im besonderen Teil des Schuldrechts, Freiburger jur. Diss., Karlsruhe 1931.

Hoeniger, Heinrich: Vorstudien zum Problem der gemischten Verträge, Freiburger jur. Diss., Freiburg 1906.

Krell, Rudolf: Der Prima-Facie-Beweis, Erlanger jur. Diss. (ungedr.), 1949.

März, Otto: Die Kalkulierbarkeit des Risikos, Frankfurter wirtschafts- und sozialwiss. Diss. (ungedr.), 1948.

Mauritz, Helmut: Der gemischte Vertrag, Marburger jur. Diss., Marburg 1932.

Meißner, Helmut: Die Beweislast bei positiver Vertragsverletzung, Erlanger jur. Diss., Bochum-Langendreer 1938.

Ochs, Josef: Die Theorie des gemischten Vertrages unter kritischer Würdigung des heutigen Standes der Lehre, Erlanger jur. Diss., Kallmünz 1932.

Reinhardt, Kurt: Grenzfragen und Besonderheiten zum Begriff des Erfüllungsgehilfen, Heidelberger jur. Diss. (ungedr.), 1950.

Ruhrmann, Robert: Das Problem des Lohnwuchers, Kölner jur. Diss. (ungedr.), 1950.

Schmeling, Günther: Die Rechtsnatur der Beweislastfrage, Erlanger jur. Diss. (ungedr.), 1952.

Vallbracht, Gertmann: Die personenrechtliche Seite des Arbeitsverhältnisses in dem geltenden deutschen Rechte und in dem Entwurfe eines Allgemeinen Arbeitsvertragsgesetzes, Gießener jur. Diss., Gießen 1927.

Voll, Otto: Das persönliche und sachliche Anwendungsgebiet des § 278 BGB, Erlanger jur. Diss. (ungedr.), 1950.

Weber, Wilhelm: Das Risikoproblem des Einzelhandels, Frankfurter wirtschafts- und sozialwiss. Diss. (ungedr.), 1949.

Weeber, Rudolf: Erfüllungsgehilfe, selbständiger Unternehmer und Substitut, Tübinger jur. Diss., Tübingen 1933.

Wolf, Kurt: Die Beweislast für Verschulden, Marburger jur. Diss., Marburg 1927.

4. Handbücher und Lexika:

Gablers Wirtschafts-Lexikon, Wiesbaden 1956. = *Gablers* Wirtschafts-Lexikon.

Elster, Alexander (Herausgeber): Lexikon des Arbeitsrechts, Jena 1910. = *Elster*, AR-Lexikon.

Streller, Justus: Wörterbuch der Berufe, Stuttgart 1953.

Statistisches Jahrbuch für die Bundesrepublik Deutschland (Herausgeber: Statistisches Bundesamt, Wiesbaden) Stuttgart u. Mainz = Statistisches Jahrbuch (Jahr).

Wirtschaftskunde der Bundesrepublik Deutschland (Herausgeber: Statistisches Bundesamt, Wiesbaden), Stuttgart und Köln 1955. = Wirtschaftskunde.

5. Abhandlungen und Aufsätze:

Alewell, Karl, Filialen, in: Handwb-BW, Bd. I, 1778.

André, Fritz: Einfache, zusammengesetzte, verbundene Rechtsgeschäfte, in: Festgaben Enneccerus, Beitrag Nr. III.

Bertermann, Helmuth: Der Regreßanspruch des Unternehmers gegen einen Gefolgsmann, DAR 1940, 46.

Bewer: Zur Angemessenheit des Arbeitsentgelts, GruchBeitr. 67. Bd., 248.

Bötticher, Eduard: Besprechung: Rosenberg, Die Beweislast, 3. Aufl., ZZP Bd. 68, 230.

Bovensiepen: Verstöße gegen gute Sitte im Arbeitsverhältnis, Arbrecht 1922, 197.

Bulla: Mankohaftung des Arbeitnehmers, Betr. 1952, Teil I. S. 58, Teil II. S. 81.
— Schadensausgleich im Arbeitsverhältnis, DAR 1942, 19; 34.
— Die Sorgepflicht des Arbeitgebers um eingebrachtes Arbeitnehmer-Eigentum, RdA 1950, 88.
— Der leitende Angestellte im Sinne des Betriebsverfassungsrechts, in: Festschrift Herschel, 121.

Butz, Hans: Schadenshaftung des Arbeitnehmers, Betr. 1950, 614.

Cohn, Daniel: Die Beweislast bei Manko, GewKfmGer. 1909, 278.

Crone, Hans: Arbeitsvertrag und Einstellung, RdA 1952, 372.

Dersch, Entwicklungstendenzen im Arbeitsrecht unter Abweichung vom BGB, RdA 1958, 441.
— Haftung des Arbeitnehmers, AR-Blattei, Haftung des AN I, Übersicht. = *Dersch,* AR-Blattei I.
— Beschränkung vereinbarter Lohneingriffe, AR-Blattei, Lohnsicherung IV. = *Dersch,* AR-Blattei II.
— Arbeitnehmerhaftung bei gefahrbehafteter Arbeit, BB 1956, 501.
— Neue Entwicklung der Fürsorgepflicht im Arbeitsverhältnis, in: Festschrift Herschel, 71.
— Entwicklungslinien der Fürsorgepflicht des Arbeitgebers im Arbeitsverhältnis, RdA 1949, 325.

Denecke, Die Frage der Beschränkung der Haftung des Arbeitnehmers, RdA 1952, 209.

Eckstein, Ernst: Studien zur Lehre von den unsittlichen Handlungen, Rechtshandlungen und Rechtsgeschäften, insbesondere Verträgen, ABR Bd. 41, 178.

Ehrenzweig, Adolf: Gemischte Arbeitsverträge (im deutschen und im österreichischen Rechte), Arbrecht 1931, 475.

Elster, Alexander: Der Begriff des Wuchers im Arbeitsrecht, Arbrecht 1914, 87.

Endemann, H.: Die Mankohaftung des Arbeitnehmers, AuR 1953, 297.

Falk, Rudolf: Kostenrechnung in Gegenwart und Zukunft, BB 1947, 61.

Frey, Erich: Die Beschränkung der Schadensersatzpflicht des Arbeitnehmers, AuR 1953, 7.
— Der arbeitsrechtliche Ausgleichsanspruch, AuR 1957, 267.
— Die unzureichende Arbeitsleistung (Schlechterfüllung) als Gegenstand der Schadensersatzpflicht des Arbeitnehmers, BB 1960, 411.

Galperin: Zur Theorie der Lehre von der Betriebsgefahr, RdA 1948, 106.
— Rechtssprechung zum Arbeitsrecht, JZ 1954, 115.
— Haftung des Arbeitnehmers bei positiver Vertragsverletzung, insbes. in Fällen schadensgeneigter Arbeit, AR-Blattei, Haftung des AN III.

Gros: Die Beweislast im Arbeitsstreit, AR-Blattei, Beweislast I.

Groschuff: „Kaufmann" und „Handlungsgehilfe", JW 1935, 252.

Grub, Mankohaftung, AR-Blattei, Haftung des AN II. = *Grub,* AR-Blattei I.
— Lohnwucher, AR-Blattei, Lohnwucher I. = *Grub,* AR-Blattei II.
— Schadensersatz im Arbeitsrecht, AR-Blattei, Schadensersatz im AR I, Übersicht. = *Grub,* AR-Blattei III.

Güntner, Hans: Gesetzliches und richterliches Billigkeitsrecht, unzulässige Rechtsausübung und Verwirkung im Arbeitsrecht, AuR 1957, 169.

Gumpert, Jobst: Wann muß der Arbeitgeber den Arbeitnehmer von Schadensersatzpflichten gegenüber Dritten freistellen?, BB 1955, 480.
— Die gefahrengeneigte Arbeit in der Rechtsprechung, BB 1958, 740.

Herschel, Wilhelm: Das Unternehmerwagnis in Arbeits- und Wirtschaftsrecht, JherJb. 90. Bd., 145.
— Der Schadensersatzanspruch des Unternehmers gegen den bei ihm beschäftigten Kraftfahrer, JW 1939, 454.
— Schadensausgleich im Arbeitsrecht, SozPrax. 1941, 617.

Hubmann, Heinrich, Grundsätze der Interessenabwägung, AcP Bd. 155, 85.

Klebba, W., Kassenmanko und Mankohaftung, BlättSteuerr. 1952, 254.

Kleeis, Fr.: Haftet der Beschäftigte für Arbeitserfolg und Arbeitsleistung?, BABl. 1950, 304.

Krönig: Die Beweislast im Arbeitsgerichtsprozeß, DAR 1936, 213.
— Die Haftung des Filialleiters für Manko, GewKfmGer. 1914, 313.

Landsberger: Die Haftung des Filialleiters und Lagerhalters für Manko, GewKfmGer. 1909, 212.
— Die Haftung des Dienstverpflichteten für Verlust anvertrauten Gutes, GewKfmGer. 1910, 196.

Lent, Friedrich: Zur Unterscheidung von Lasten und Pflichten der Parteien im Zivilprozeß, ZZP, 67. Bd., 344.

Leonhard, Franz: Fahrlässigkeit und Unfähigkeit, in: Festgaben Enneccerus, Beitrag Nr. II.

Lindenmaier, Fritz: Zur Beweislast bei Dienstverträgen, Beherbergungs- und Gastaufnahmeverträgen sowie bei Beförderungs- und sonstigen Werkverträgen, in: Festschrift Raape, 349.

Martinek, Oswin: Zur Mankohaftung des Arbeitnehmers, RdA (Wien) 12./13. Heft, 1954, 14.

Marx: Die Rechtsstellung des Filialleiters, Arbrecht 1933, 150.

Meissinger: Treuepflicht im Arbeitsrecht, AR-Blattei, Treuepflicht im Arbeitsrecht I.

Monjau, H.: Die Beweislast im Rechtsstreit um die Beendigung des Arbeitsverhältnisses, RdA 1959, 366.

Müller, Gerhard: Zur Rechtsprechung des Bundesarbeitsgerichts, BB 1955, 577.

Neumann, Dirk: Auskunftspflicht des Arbeitgebers, Betr. 1957, 868.

Neumann: Ausgestaltung des Dienstvertrages im Wege der Rechtsprechung, an einigen Beispielen erläutert ... 4. Wann haftet der Filialleiter, der Lagerhalter für Fehlbeträge?, in: JbKfmGer.-Bln., 137 ... 4., 157.

Nikisch, Arthur: Dienstpflicht und Arbeitspflicht, in: Festschrift Nipperdey, 65.
— Die Eingliederung in ihrer Bedeutung für das Arbeitsrecht, RdA 1960, 1.

Nipperdey, H. C.: Die Pflicht des Gefolgsmannes zur Arbeitsleistung, DAR 1938, 186.
— Die Arbeitspflicht der Gefolgschaftsangehörigen, DJZ 1936, 529.

Oertmann, Paul: Leistungsunmöglichkeit und Annahmeverzug, LZ 1927, 1177.
— Hungerlöhne und Arbeitsvertrag, DJZ 1913, 254.

Raape, Leo: Die Beweislast bei positiver Vertragsverletzung. Zugleich ein Beitrag zur Überlassung von Sachen von gefahrdrohender Beschaffenheit, AcP 147. Bd., 217.

Rosenberg, Leo: Besprechung: Wassermeyer, Der prima facie Beweis und die benachbarten Erscheinungen, 1954, ZZP Bd. 67, 478.

Richter, Hans P.: Zur Haltung der Angestellten gegenüber Betriebseigentum, mensch und arbeit 1956, 9.

Savaète, Eugen: Sittenwidriges Verhalten im Zusammenhang mit Arbeitsverhältnissen, AuR 1957, 97.

Schäcker, Hanns: Verdacht strafbarer und unredlicher Handlung als Grund zur fristlosen Kündigung, BB 1960, 138.

Scheuerle: Der arbeitsrechtliche Fahrlässigkeitsbegriff und das Problem des innerbetrieblichen Schadensausgleiches, RdA 1958, 247.

Schelp, Günther: Gemischte Rechtsverhältnisse mit arbeitsrechtlichen Elementen, in: Festschrift Herschel, 87.

Schreiber, Otto: Gemischte Verträge im Reichsschuldrecht, IherJb. 60. Bd., 106.

Sello: Zur Mankohaftung des Filialleiters, MittIHK-Bln. 1928, 779.

Siebert, Wolfgang: Einige Entwicklungslinien im neueren Individualarbeitsrecht, RdA 1958, 366.

— Arbeitsvertrag, in: Handwb-SozWiss., Bd. I, 376.

Silberschmidt: Die abhängige Arbeit im Lichte der neuesten Forschung, LZ 1927, 286.

Stritzke, O.: Mankohaftung und Mankovergütung in Filialgeschäften, NZfAR 1929, 23.

Titze, Heinrich: Zur Risikofrage im Arbeitsverhältnis, JW 1922, 548.

Weber, Reinhard: Konsumgenossenschaften in Deutschland, in: Int-Handwb-Genossensch., 567.

Weidner, Peter: Die Haftung bei schadensgeneigter Arbeit, BetrVerf. 1956, 147.

Wussow, Werner: Die Verteilung der Haftpflicht zwischen Betriebsführer und Gefolgschaftsmitglied, DR 1941, 2085.

6. Veröffentlichungen der Interessenten und Interessentenverbände:

Klingler: Arbeitsgericht bekräftigt Mankohaftung, Verbraucher 1955, 690.

— Mankohaftung, ein Grundsatz der Rechtsprechung, Verbraucher 1956, 150.

Schatter: Zur Mankohaftung des Angestellten, Der kfm. Angest., Nov. 1952, 7.

Teichmann, Fritz: Die Mankohaftung des Filial- und Verkaufsstellenleiters, Angest-Recht Nr. 6/1955, 3.

Trescher: Zur Mankohaftung des Verkaufsstellenleiters, Verbraucher 1953, 285.

— Mankohaftung in Lebensmittelfilialbetrieben, Verbraucher 1953, 702.

— Fehlbetragshaftung des Filialleiters erneut bestätigt, Verbraucher 1954, 338.

Ohne Namensangabe, Die haftungsrechtliche Behandlung des Mankos, GHBV-Ausblick, August 1956, 3.

Printed by Libri Plureos GmbH
in Hamburg, Germany